Gertrud Höhler

Das Ende der Schonzeit

Gertrud Höhler

Das Ende der Schonzeit

Alphafrauen an die Macht

Econ

Econ ist ein Verlag der Ullstein Buchverlage GmbH

ISBN 978-3-430-20050-9

Gesetzt aus der Sabon bei LVD GmbH, Berlin
Druck und Bindung: CPI – Clausen & Bosse, Leck
Printed in Germany

Videmus nunc per speculum in aenigmate,
tunc autem facie ad faciem.

I Ad Corinthios 13, 12

INHALT

I AM ENDE DER SCHONZEIT: NICHT DER MANN, DIE ZEIT IST DER JÄGER

Die Frau, das unbekannte Wesen: Ein Mythos verliert seine Kraft

Was Frauen können, steht doch gar nicht mehr in Frage. Ob sie liefern, steht in Frage.

Ob sie sich entschließen, den Komfort des ›unbekannten Wesens‹ gegen diesen neuen Auftritt einzutauschen: die Frau, das bekannte Wesen.

Während die hochgewachsenen Businessfrauen der Spezies Alphatier endlich wieder ein zweites Gesicht zeigen, das weibliche, folgen ihre unentdeckten Schwestern der Versuchung, den Mythos der Schonzeit am Leben zu halten.

Das Leben in der Deckung, so ihr wehmütiges Resümee, hatte viele Vorzüge. Der Mann, das allzu bekannte Wesen, war beruflich wie privat zuverlässig in Schach zu halten, solange die Entscheidung zwischen Schlange und scheuem Reh einfach keinem Mann gelang.

Die Schonzeit erlaubte beides: Anklage und Versteckspiel. Hilfreich war das Desinteresse vieler Männer an der Frage, was die Frauen nun wirklich sind – außer schwer lesbar. Nur eine Minderheit von Psychologen, Dichtern und Ärzten widmet sich der Frage, wie Frauen nun wirklich seien, ein Künstler- oder Forscherleben. In der Männerwelt gelten diese Männer als untypisch beschäftigt.

Frauen kultivieren ihren Status als unerkannte Wesen auch als Racheakt: unverstanden und unverstehbar sein, um mangelnde Zuwendung einzuklagen.

Wenn die Schonzeit endet, brechen die Jäger auf. Nun verteidigt das aufgeschreckte Wild sein Leben. Seine Chance: feinere Sinne, bessere Witterung, Schnelligkeit.

Die Schonzeit für Frauen wird kein Jäger aufkündigen. Sie

gilt, seit der Feminismus in einem trügerischen Friedensschluss neue Tabus setzte, die zumal von Frauen nicht als das erkannt werden, was sie sind: Drohungen und Artenschutzgebote, die den Sonderstatus der Frauen fortschreiben. Schonzeit ohne Ende, paragraphengeschütztes *Noli me tangere*. Aus zornigen Feministinnen sind geschonte Opfer mit erstklassigen Prozessaussichten geworden. Die männlichen Kollegen sehen einen späten Sieg: So können sie die auf Regelverletzungen lauernde Kollegin schon mit Mitte Dreißig loswerden. Wenn sie wirklich mitspielen will, fängt sie es anders an.

Fast alle Debatten, die wir führen, sind längst überflüssig geworden. Ob sie enden, bestimmen aber allein die Frauen. Männer haben gelernt, durch versöhnliche Gesten Handeln zu ersetzen. Sie haben gelernt, geduldig darüber zu diskutieren, was Männer Frauen schuldig bleiben. Virtuos umschiffen sie die unbeherrschbaren Themen, bei denen sie als Mitspieler chancenlos sind: Sie gestehen kampflos zu, dass sie bekannte, die Frauen dagegen weitgehend unbekannte Wesen sind.

Die Schonzeit für Frauen hat längst Züge eines Komplotts entwickelt. Männer wie Frauen schwanken, ob man das Ende dieses Schwebezustands wünschen soll. Die Männer haben sich schon einmal stärker gefühlt. Warum den Auftritt der Beute früherer Tage als Jägerin gerade jetzt zulassen?

Und die Frauen zählen einander ihre Vorteile auf, die kein Mann erfahren darf. Solange die Frau ein Rätsel bleibt, wird der Mann leise auftreten. Solange sie als potentielle Anklägerin in der Deckung bleibt, schlägt sein Gewissen, ohne dass er sich wehren könnte: Was genau wirft sie ihm vor? Dass sie nicht mitspielen darf? Dass er nicht zuhört? Dass er seine Arbeit liebt? Dass er keine Selbstzweifel hat?

Ihre Macht besteht aus lauter Unterlegenheitsritualen. Er weiß, dass die Spielregel ihm verbietet, von ihrer Macht zu sprechen.

Dieses Spiel muss enden. Wir müssen endlich entscheiden, dass Frauen ihre Macht nicht mehr in Versteckspielen vergeuden sollten. Die Zähmung der Männer, die manche Frau in der neuen Sanftmut mutloser männlicher Partner lesen möchte, hat nicht stattgefunden. Die Verweigerung der Frauen vor den endlich erreichten endlosen Möglichkeiten dabeizusein, Einfluss zu nehmen, mitzuspielen, Alphatiere nach vorn zu schicken, um auch die Männer wieder zu ermutigen, ist der ernste Befund. Und vor allem: Die Konsequenz aus diesem Verweigerungs-Szenario ist eben nicht die Aufforderung an die Männer, die Frauen ins Bild zu rücken, sondern der zornige Appell an die Frauen, endlich ihre Kraft dem Ganzen zur Verfügung zu stellen, statt sich im Ghetto der Schonzeit Sonderkonditionen zu erklagen.

Alphatiere sind Stellvertreter. Wie die Männer ihre Vorbilder auf den Gipfeln brauchen, um sich selbst das heute Unmögliche zuzutrauen, so brauchen Frauen die Alphagestalten mit weiblichem Gesicht, die ihnen Mut machen. Was schon kleine Jungen wissen – dass sie zu einer mächtigen Spezies gehören –, das ist der neue Alphatext für Frauen: Du gehörst zu den Frauen dieser Welt, ohne die jeder männliche Aufbruch sein Maß verlöre. Du gehörst zu den Frauen, die nicht auf Entdeckung warten, sondern entdecken. Ohne dich und die andern Frauen weltweit werden Männer immer nur auf das angewiesen sein, was Männern einfällt, und das ist höchstens die Hälfte aller möglichen Ideen – wahrscheinlich aber weniger, weil Männer Schlachten wiederholen wollen, in denen sie siegreich waren.

Die Welt nach der Schonzeit ist eine fordernde Welt, nicht nur für Frauen. Es war ja ein Komplott, das beide, Männer und Frauen, mit Spielräumen beschenkte, die beiden gaben, was zu ihnen passte: den Frauen ihr Geheimnis und das männliche Versagen vor ihrer Kultur der Missverständnisse; den Männern die täglichen Freibriefe, den tumben Toren zu spielen, wenn Frauen quer zum System argumentieren, und alle Zwischentöne zu überhören, wenn es um den Tagessieg ging – unter Männern und im gemischten Team.

Beide beherrschen ihre Rollen meisterhaft, aber der Diskurs, den beide aus Erfahrung meiden, wäre ohne Balance. Sie kämpft mit dem Benachteiligungsverdacht, der schon im Kindergarten trainiert wurde, und er möchte vortragen, dass sie nicht fair ist. Beide wissen, dass er sich dabei über ein Tabu hinwegsetzen müsste. Und beide wissen, dass sie dafür sorgen würde, dass ihm das schlecht bekommt. Es gibt kein Entrinnen: Sein Vorwurf ist berechtigt, und ihr Verdacht ist nicht fair.

Wir brauchen einen ganz neuen Anfang, wenn die Rückkehr

der Alphafrauen gelingen soll. International hat sie bereits begonnen. Die Frauen haben keine Wahl, ihre Schonräume in den reichen Ländern zu verteidigen. Nun endlich geht es nicht mehr um Warten, Zuschauen, Gefunden- oder Verschmähtwerden, Verhindert- oder Gefördertwerden, es geht um etwas, was die Frauen mit den Sonderkonditionen fast verlernt haben: ums Handeln. Nicht mehr gehandelt werden, sondern handeln. Nicht mehr Objekt und Beschwerdeführerin sein, nicht mehr lauern und überlisten, sondern ins Werk setzen, was Männer niemals für Frauen tun werden, weil die große Entmutigung ihre Fehlerquote gegenüber Frauen dramatisch erhöht. Wir haben keine Zeit, auf die Erholung der männlichen Objektivität gegenüber Frauen zu warten. Wir haben auch keinen Anlass, immer weiter von den Männern zu fordern, dass sie uns Handlungsvorlagen liefern oder uns gar beim Handeln vertreten. Frauen wissen, warum das so bequem war: Immer waren die Männer schuld, wenn etwas in Frauenkarrieren danebenging.

Die Vorbilder für die neue Souveränität sind in hinreichender Zahl versammelt, in vielen Hautfarben und Ländern: Alphafrauen, die keinen Wert darauf legen, als unbekannte Wesen angestaunt und geschützt zu werden. Alphafrauen, die nicht permanent die Männer in ihrer Umgebung mit Rätseln anstrengen und mit Tricks irritieren. Lesbare Frauen, die berechenbare Partner im Weltgeschehen sein wollen.

Was mit ihrem Auftritt endet, ist nicht nur die Schonzeit, von der beide zu profitieren hofften. Es endet auch der kraftraubende Stress, der ein Erbe des Feminismus ist und für Männer eine ständige Bedrohung, für Frauen eine alltägliche Ablenkung von allem, was sie liefern könnten, wenn sie nicht mehr Gefangene eines Sklavenmythos wären, der den latenten Vorwurf an alles, was männlich ist, zur intellektuellen Pflicht macht.

Die neue, unbequeme Botschaft lautet: Frauen müssen es machen, weil Männer es gar nicht können – den Alphaplatz der Frau besetzen, glaubwürdig und mit jener Stärke, die den Männern seit der großen feministischen Verunsicherung fehlt. Erfolgreiche Kulturen haben dieses doppelte Alphagesicht, das männliche mit weiblichen Zügen mischt. Wie groß die Verluste sind, die eine Kultur macht, wenn der männliche Blick jede Diagnose und jede Entscheidung dominiert, zeigt die Geschichte der Industriekultur. Die Bruchlandung der Wohlstandsgesellschaft trägt eine männliche Handschrift. Frauen gaben sich lustvoll-ahnungslos. Sie griffen zu Doppelrollen, die nur Frauen sich gestatten: Konsumentinnen und Querulantinnen zugleich, waren sie immer Verbündete und Anklägerinnen des Kapitals. Diese schillernden Rollenspiele aufzugeben, fällt schwer.

Aber es lohnt sich, die Lust der Abhängigkeit gegen den Triumph der Spielführerin einzutauschen. Der historische Augenblick ist so günstig wie nie: Die Männer entdecken die Grenzen ihrer Macht als Weltenlenker in Wirtschaft und Politik, und die Frauen setzen den Fuß in männliches Gelände, ohne die Männer weiter einzuschüchtern. Teile deine Arbeit mit mir, sagt ihr Auftritt. Teile auch meine Arbeit mit mir. Lass uns teilen und gemeinsam herrschen, wo wir einzeln gescheitert sind.

Nach dem Feminismus können nur Frauen diese Sätze sprechen. Männer suchen noch nach den richtigen Worten. Alphafrauen beweisen ohne Imponiergehabe, dass sich für beide, Männer und Frauen, eine neue Freizügigkeit ergibt, die sie nicht kannten. Der Feminismus war die Zeit der strategischen Geringschätzung der Frauen für Männer – und im Umkehrschluss der Männer für Frauen.

Seit beide einander gegenüberstehen, ist die Rivalität zu Ende. Endlich ist der Mann im Olymp nicht mehr allein. Endlich ändert die schillernde Anklägerin die Botschaft. Sie fragt nicht mehr, ob sie mitspielen darf. Sie verspricht: Mit uns müsst ihr rechnen. Auf uns könnt ihr euch verlassen, wenn ihr Männer begreift, was wir Frauen endlich begriffen haben: Erfolge, die nicht nur Väter, sondern auch Mütter haben, sind zuverlässiger.

Da ist es wieder, das Motto der Rückkehr: berechenbar werden. Für viele Frauen ein großer Verlust. Ihr Geheimnis, so glauben sie, ihre Unlesbarkeit war Garantin ihrer Macht. Und Ursache der großen Verstörung, die viele Männer erfasst hat.

Objekt- oder Subjektfrau – Die Schönheitsfalle

Frauen haben mehr Optionen.

Immer können sie wählen: Subjekt- oder Objektfrau. Subjektfrauen, das sind die neuen Heldinnen des globalen Business. Sie haben sich für die Täterrolle entschieden. Sie wollen nichts geschenkt, weil sie verstanden haben: Geschenke muss man oft später teuer bezahlen.

Zuerst mit Lebenszeit, dann mit *Loser*-Rollen. Die Jahre als Objektfrau fordern irgendwann ihren Preis. Aber der Start ist leicht; die Starterinnen im Circus Maximus der Objektfrauen werden über Nacht zu ›very important people‹, Medienbeute und plötzlich ›prominent‹, also ›wichtig‹. Aufmerksamkeit ist die Droge, die ihnen für kurze Zeit den Ausstieg aus Milieus sichert, an die ihre Schwestern gefesselt bleiben.

Objektfrauen gibt es nicht auf den Magazin-Covers und auf den Laufstegen in Mailand, Paris und New York, Düsseldorf und Berlin. Glänzende Jahre als Objektfrau können auch lokalprominente Frauen wählen, die den dominanten Unternehmer der Region heiraten oder für sich gewinnen. Als Teilhaberin seiner Machtposition fühlt die Partnerin sich mächtig. Längst hat sie von ihren erfahrenen Schwestern gelernt, dass sie für die Zeit des Machtverlustes vorsorgen muss: mit Verträgen.

Gäbe es einen Vertrag, der Tüchtigkeiten liefert, die man als Objektfrau nicht üben kann, dann könnte der Wechsel später gelingen – von der Objektfrau zur Subjektfrau.

Aber Objektrollen korrumpieren.

Das Funktionsprestige des männlichen Partners verdampft, die Droge Aufmerksamkeit wird in immer schmaleren Portionen geliefert. Dass die Schattenfrau nun über Geld verfügt, reicht nicht aus, um in einen kraftvollen Subjektauftritt umzusteigen.

Jetzt lohnt sich nur noch die Opferrolle. Viele Frauen greifen spontan zu, weil der Beifall der andern Frauen wie ein Versprechen für neue Aufmerksamkeit klingt. Erst später erfahren sie, dass die Opferrolle den Charakter einer Wunderkerze hat: sprühendes Licht, das die Sterne des Himmels regnen lässt. Dann schlagartig Dunkelheit.

Das Modell Opfer-Power haben Frauen jahrzehntelang auch im größeren Stil probiert: im Feminismus als globales Anklageritual. Heute lebt es in der Wirtschaft und in Behörden fort, inzwischen gesetzlich stabilisiert als eine janusköpfige Zusage. Sie lockt auf die Verliererseite mit einem trügerischen Bonus. Weise nach, dass man dich zum Objekt gemacht hat, und du wirst vor Gericht obsiegen. Siege für den Nachweis von Opferrollen – das ist ein fatales Angebot der westlichen Welt, weil es Karrieren nicht beflügelt, sondern die Flügel stutzt; auch aus diesen Verfahren gehen Frauen mit viel Geld nach Hause. Eine souveräne nächste Etappe als Subjektfrau kann ihnen kein Richter und kein Rechtsanwalt schenken.

Die Heldinnen aus andern Teilen der Welt, deren Opfergeschichten vor allem Frauen in der freien Welt verschlingen, sind das Gegenbeispiel: Sie haben sich durchgekämpft auf die andere Seite, meist auch auf die andere Seite des Globus, um aus ihrer Objektrolle einen großen Sieg als Subjekte ihres Schicksals zu machen.

Die Geflohenen revidieren nicht eine eigene bequeme Entscheidung, sondern sie entrinnen einem Schicksal, das ihnen von Geburt an verordnet war. Ihre Leidenschaft spiegelt ihre Erfahrung mit Gewalt, die Leiden schafft.

Objektfrau in der Medienwelt – das ist eine Option auf einem andern Stern. Hunderte von Frauengesichtern an den Kiosken in Stadt und Land, Hunderte in den Magazinen, die wir blättern. Der Mann hat nicht den Schatten eines solchen Massenauftritts. Er hat sich zwar herangerobbt ins weibliche Terrain – die Werbeagenturen ziehen ihn herüber[1] –, aber flächendek-

1 Siehe dazu S. 187–204.

kend, wie die Frauen, wird er dort nicht als Objekt auftreten. Als Objekt der Begierde? Reicht das weibliche Begehren nach männlichen Objektrollen nicht aus? Und die Herrschaft der Frauen über die Magazine – entspricht sie männlichem Begehren oder weiblicher Lust an der Objektrolle? Vor allem Frauen lesen Frauenmagazine, die von Mode und Lifestyle, von Wellness und Beziehungen handeln.

Bei den Beziehungsgeschichten schleichen sich auch Männer als Voyeure ein: Wer mit wem und wo, das sind gemischte Auftritte, bei denen Männer als Akteure, selten wirklich als Opfer dabei sind. Selbst wenn sie ihn verlässt, wählt sie spontan noch die Opferrolle, weil die stärkere Emotionen weckt und die Schuld im Sinne des alten weiblichen Konzepts der Opfer-Power verteilt: Sie leidet, und er ist schuld. Frauen inszenieren diese Geschichten für Frauen, gnadenlos dem Prinzip folgend, dass Frauen aus einer Opferrolle in die nächste wechseln statt aus der *Loser-Community* ins Gewinnerlager.

Die Blattmacher, männlich und weiblich, können Subjektfrauen nur in sehr kleiner Zahl gebrauchen. Gemeinsam mit denen, die oft erst nach Jahren spüren, dass sie nicht die Heldinnen der Medien, sondern ihre Beute sind, setzen die Medienmacher auf Teilkompetenz, und sie sind sich über Jahre mit ihren Objekten einig, dass diese Vertragsgrundlage für beide Seiten den größten Erfolg bringt.

Dass nur eine Seite dauerhaft profitiert, bemerken die Beutefrauen erst bei der Kündigung des informellen Vertrags. Ihre Dompteure sind die Jäger; sie können ihre Objekte gleitend wechseln. Die Teilkompetenz, auf die viele Frauen mit diesen Partnern an den Schalthebeln der Medien zu setzen lernen, heißt Schönheit oder Attraktivität. Die Objektfrau setzt damit auf Gaben mit einem zeitlichen Limit. Weil sie dieses Limit am Horizont erkennt, setzt sie alles daran, es hinauszuschieben. Von der Objekt- in die Subjektrolle zu wechseln, plant sie am Anfang noch; sie kommt aber nicht dazu, diese geplante Rolle vorzubereiten.

Objektfrauen folgen einem Angebot der Welt, in der sie leben. Zu ›zeigen, was man hat‹, verspricht Erfolg, Schönheit und Anmut werden belohnt, vor allem wenn sie weiblich sind – eines von vielen Privilegien der Frauen, die für Männer nur im Einzelfall gelten. Die Zahl der Männer, die sich auf dieses Konzept einlassen, ist viel geringer. Weil die Nachfrage geringer ist? Oder weil Männer realistischer einschätzen, dass dieses Konzept, ›gezeigt zu werden‹, das Subjekt eines Lebens zum Objekt macht.

Sind Männer durch ihr Dominanzbedürfnis besser geschützt vor solchen Fehlkalkulationen? Ihr Bedürfnis, ihr Leben selbst zu leben, das sie auch ihrer Hormonlage verdanken,[2] führt zu anderen und belastbaren Quellen für Aufmerksamkeitstransfer und Prestige. Die Teilkompetenzen Schönheit und Attraktivität kommen in einer Karriere ebenfalls zur Geltung. Die Forschung zeigt uns, dass sie positiv bewertet werden. Dasselbe gilt für Frauen, wenn beruflich nutzbare Kenntnisse und Strategien die von der Natur geschenkten Teilkompetenzen ergänzen. Objektfrauen werden gelebt, statt selbst zu leben. Im ›Selberleben‹ sind sie wenig trainiert, weil die Rückmeldungen über den eigenen Wert – auf einem schmalen Sektor – nur eine einzige Kondition hatten: Verfügbarkeit, Präsenz.

Das erzwungene Lebensstückwerk, das sich so ergibt, garantiert die hohen Wogen der Anschlusstragödie, von der die Medien planvoll erneut profitieren: Der Absturz der Opfer in die nächste, nicht mehr bejubelte Opferrolle gehört wieder ihnen, den Jägern.

Frauen haben mehr Optionen: Wer diese eine auswählt – Aufmerksamkeit durch Schönheit und Attraktivität –, verliert gleich mehrere andere Optionen. Denn der Tag zum Umsteuern wird immer weiter hinausgeschoben. Wann soll er kommen, jener Tag, an dem sie ein Schild um den Hals trägt: ›Ab jetzt geballtes Know-how und Kompetenz‹? Die Zeit zum Nachladen fehlte, also fehlt auch der Mut zu diesem Neustart.

Sie war ja nicht die ganze Zeit in der falschen Gesellschaft. Bei den Empfängen und ›Events‹, bei denen sie glänzte, waren immer auch viele wichtige Männer. Später stand in der Zeitung unter ihren Bildern der Name des Designers, dessen Kleid sie trug,

---

2 Vgl. dazu Gertrud Höhler/Michael Koch, *Der veruntreute Sündenfall. Entzweiung oder ein neues Bündnis?* Stuttgart 1998.

bei ihm die Titel und *business levels*. Sie könnte hier neu anfangen, denn der Alltagshintergrund feiert seine Schauseite. Die Legende, der Lese- und Erzählstoff, die Story wird aus Alltagsleistung geschrieben. Auch diese Story glänzt; sie ist das andere Designerlabel, das nicht auf den Namen Valentino oder Armani hört, sondern Goldman-Sachs heißt oder Royal Bank of Scotland – Labels, die Kompetenz transportieren, ohne dass die schöne Frau den Mund auftun oder auf Dior setzen muss. Mehrfach qualifiziert hat sie dann mehr Erfolg als der Mann. Jetzt sieht jeder: Sie hat tatsächlich mehr Optionen.

Aber ist nicht auch er ein Knecht der *musts* in seiner *Community*, wenn er auf diesen ›Events‹ erscheint? Der entscheidende Unterschied: Er hat weniger, aber auch weniger vergängliche Optionen. Wenn er emotional intakt ist, kennt und trägt er Top-Designerkreationen. Sein entschiedener Vorteil aber: Er muss nicht auf sie setzen. Sein Kiton-Jackett begleitet ihn nur zur strategischen Kommunikation dieses Abends; denn natürlich macht er wie alle seine Freunde und Feinde, die auch hier sind, aus dem Leerlauf des Empfangs ein *business meeting*, wo erledigt werden kann, was am Tag liegenblieb. Männer kommunizieren strategisch, Frauen um des Kommunizierens willen. Sie kommen zurück, von vielen Komplimenten berauscht und mit ebenso vielen kritischen Beobachtungen an ihren minder schönen und minder glanzvoll designten Schwestern; sie möchten über den Abend reden, weil sie ihre kleinen Neidattacken besänftigen und sich beruhigen wollen, dass es für Auftritte mit Kompetenz statt Prominenz noch immer nicht zu spät ist. Objektfrauen schreiben auch die Verschärfung ihrer Gefangenschaft in der Objektrolle in einen Ausstieg um: Endlich Subjekt ihres Lebens zu werden, heißt, mit Fachleuten den Schwund der Ressource Schönheit und Jugend bekämpfen. Während sie in eine neue Abhängigkeit gleitet, schmeichelt sich die Objektfrau, nun habe sie die Regie über ihr Leben zurückgewonnen. Die Entscheidung für Botox ist aber nicht – was die Flüchtende glaubt – der Befreiungsschlag, sondern der Schritt in neue Zwänge: Einmal Botox, immer Botox, so wird ihr der Schönheitschirurg erklären. In der *Community* der Erfolgreichen fehlt ihr auch in Zukunft die Aura der Kompetenz, und ihr Problem verschärft sich, während ein Schweige-

Frauen haben mehr Optionen: Die amerikanische Außenministerin Condoleezza Rice – hier mit der im Mossad geschulten israelischen Außenministerin Tzipi Livni – ist elegant, perfekt gekleidet und sportlich trainiert.

kartell sie von allen warnenden Hinweisen abschneidet. Wer hätte den Mut, ihr zu sagen, dass in ihrem verjüngten Auftritt fünf ›gewonnene‹ Jahre fünfundzwanzig verlorenen IQ-Punkten gegenüberstehen? So urteilen Männer über die späten Barbie-Geschichten der Schönen bei jenen Meetings, wo die einen um Dominanz und Kompetenz, die andern um Schönheit und Attraktivität wetteifern.

Alphafrauen lösen den Scheinkonflikt auf neue Weise: Attraktivität – ein Blick in die Männerwelt belegt es – ist eine zuverlässige Begleiterin der Kompetenz. Menschen, die etwas zu bieten haben – Gesprächsphantasie, Berufserfahrung, Sensibilität in der Wahrnehmung des andern –, entwickeln Anziehungskraft, Attraktivität. Nur wer Attraktivität aus der Welt des geistig-sinnlichen Vergnügens vertreibt, verliert diese Option aus den Augen. Wenn die ›attraktive‹ Frau nur als Objekt des Begehrens wahrgenommen werden will, wählt sie selbst die schmalste Spur, um Aufmerksamkeit zu wecken. Zugleich irritiert die Objektfrau mit diesem Selbstkonzept viele Männer: Sie möchten sich unbefangen bewegen und selbst bestimmen, wann sie als begehrende Subjekte, und damit befangen, unterwegs sein wollen.

Die Botschaft der Alphafrauen lautet: Kompetenz und Können, Know-how macht attraktiv. Das gilt für Frauen wie für Männer. Von Männern wussten wir das schon länger. Und von Frauen? Warum erreicht uns diese Nachricht so spät?

Die Frauen selbst sind es, die an die Wahrheit dieser Botschaft nicht glauben möchten. Sie fühlen sich sicherer, wenn sie für ihr Erscheinungsbild Aufwand treiben – das ist in Ordnung. Sie fühlen sich sicherer, wenn sie sich begehrenswert finden können. Ob sie klug und überlegen wirken, interessiert sie weniger. Das ist sonderbar genug. Aber sie gehen noch einen Schritt weiter: Eher schließen sie, um sich gut zu fühlen, jede Männerbegegnung bei einem Kongress oder Arbeitsmeeting tiefstapelnd kurz, um akut zu erleben: Ich gefalle. Frauen glauben zu wissen, dass Klugheit Frauen nicht attraktiv macht.

Männer haben dazu keine abgeschlossene Meinung. Sie sind aber auf keinen Fall überzeugt, dass Schönheit auf Klugheit oder Kompetenz schließen lasse. Die brauchen schöne Frauen ja auch eine ganze Weile nicht – wenn sie sich für die Objektvariante entschieden haben. Dass Schönheit bei gleichzeitiger Klugheit stört, behaupten Männer nicht. Wenn Schönheit von Klugheit ablenkt, dann meistens, weil die Frauen es so wollen. Sie sind einfach nicht sicher, ob Klugheit für einen bleibenden Eindruck reicht. Wenn man einander nie wiedersieht, mag das eine unschädliche Strategie sein. Hat die Frau aber verstanden, dass sie Subjekt ihres Lebens werden sollte, statt nur auf Objekterfolge zu setzen, vernichtet sie ihre Chancen durch diese Tiefstapelei. Obendrein irrt sie, wenn sie von sich auf die Männer schließt: Männer beneiden kluge Frauen nie, weil Männer höchstens mit ihresgleichen rivalisieren. Das Dominanzbedürfnis des Mannes ist durch eine kluge Frau nicht zu erschüttern, wenn sie ihre übrigen Gaben einsetzt, um ihn nicht einzuschüchtern.[3]

Die Botschaft der Alphafrauen lautet also: Ein Mann wird dich nie um deinen Verstand beneiden. Er will ja keinen weiblichen Verstand, sondern einen männlichen. Zeige also deinen Verstand, den Männer niemals haben können! Dann werden sie verstehen, warum sie dich brauchen.

Frauen müssen ihr Schönheitsideal erweitern. Der Glanz kluger Gedanken fesselt; das Temperament und die Leidenschaft der Argumente entwickeln eine geistige Attraktivität, die genau das sichert, was Frauen oft nur durch Kosmetik gewährleistet glauben: Bewunderung und Zustimmung, Karriereförderung. Frauenförderung im Idealfall ist nur dies: die Entschlossenheit, vom Objekt fremder Fürsorge zum Subjekt der eigenen Karriere zu werden.

Wer glaubt denn allen Ernstes, dass andere uns besser entwickeln können, als wir uns entwickeln? Wer hält es denn für möglich, dass andere sich mehr für uns interessieren als wir selbst? Wer will jemandem zumuten, alle Energie in unseren Erfolg zu investieren? Wir selbst, ob Männer oder Frauen, haben viel mehr Energie zur Verfügung, um sie in unseren Erfolg zu investieren, als irgend jemand anders; für uns ist Scheitern nämlich viel ernster als für irgendeinen Coach oder eine Frauenbeauftragte oder einen Personalentwickler.

---

3 Siehe dazu S. 29–34; S. 35–42.

›Entwickle dich selbst‹, ist deshalb der beste Rat, weil niemand so sehr Anteil an uns nehmen kann wie wir selbst. Weil jeder andere neben ein paar guten einen Haufen falscher Ratschläge für uns hat, die wir abwehren müssen, statt uns die ganze Zeit um uns und unser Wohl zu kümmern. Kümmere dich um dein Wohl, das muss man vor allem den Frauen zurufen. Hör auf mit den Appellen an Männer, die viel zu wenig von dir verstehen. Begreife endlich deine Zuständigkeit, dein Leben nicht mehr in fremde Hände zu legen.

Alphafrauen leben aber nicht nur für sich selbst. Sie sind es, die mitwirken, wenn junge Frauen in die vorderste Reihe der Models geschoben werden, Elfen mit Kindergesichtern und Kinderseelen, androgyn und großäugig, Objektfrauen in einer Sonderwelt, die auf ihren eigenen Gesetzen beharrt. Frauen sind es, die sich hier die Verantwortung für die steilen Karrieren ihrer jugendlichen Schwestern mit Männern teilen. Frauen sind es, die das Zutrittsticket *Anorexia nervosa*, Magersucht, so beharrlich leugnen wie ihre männlichen Mittäter: »Mode sieht an dünnen Frauen einfach besser aus«, erwidern sie schnippisch. Es muss noch andere Motive geben, die den morbiden Charme der ausgehungerten Kinder ausmachen – eines mag der fast obszöne Kontrast sein, den Luxuskleider am knabenhaften Körper junger Mädchen liefern.

Die spezielle Mischung von Männern und Frauen bei der Regie in der globalen *Fashion*-Szene spielt sicher eine Rolle: »Anders als in Deutschland sind in Paris oder Mailand die Entscheider zu 70 Prozent schwul«, erklärt der Gründer von *Placemodels*, Yannis Nikolaou. »Diese Männer haben einfach eine bestimmte Vorstellung des Frauenkörpers, nämlich schmal und flachbrüstig.«[4] Auch diese Erklärung liefert nur einen Teil der Wahrheit. Das Klima, das bei den großen Schauen entsteht, entwickelt eine Magie, die sich weder mit der Inszenierung noch mit der Faszination durch die Entwürfe der Meister noch durch die Erlesenheit des limitierten Publikums erklären lässt.

---

4 Interview in der *Frankfurter Allgemeinen Sonntagszeitung* vom 20.4.2008.

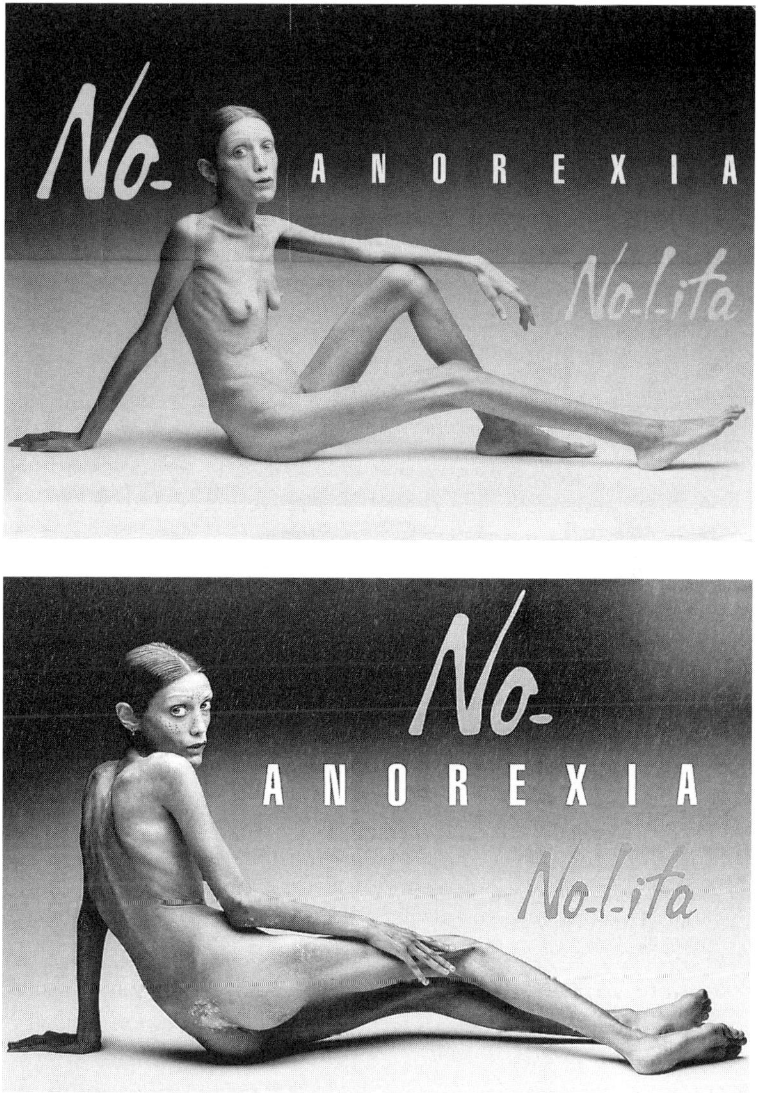

Magermodel klagt an. Der italienische Fotograf Oliviero Toscani startete 2007 mit dem vom Tode gezeichneten französischen Model Isabelle Caro eine Kampagne gegen die Berufskrankheit der Models, *Anorexia nervosa*.

Es mischen sich atmosphärische Schwingungen ein, die niemand zu benennen wagt: ein Hauch von Pädophilie, eine kleine Prise Lasterhaftigkeit, der gemeinsame Hochgenuss, diese Tabus sozusagen *undercover* konsumieren zu können bei hermetischem Sprechverbot. Eine verschworene Kaste zeigt ihre unwirklichen Geschöpfe in Entwürfen für die Auserwählten. Bleiche Hinterhofgesichter, Beine ohne Schenkel, Hüftwiegen ohne Hüften, große Augen, die aus nie betretenen Quartieren erzählen könnten, wenn es nicht nur ums Hinschauen ginge. Die Hoheit, die diese Sklavinnen fremder Wünsche entwickeln, ist ihre einzige Waffe gegen ein lüsternes Publikum, das die exotische Mischung von morbiden Gedanken und Überlegenheitsgefühlen schlürft.

Der Hungerkult ist die ebenso bestrittene wie anerkannte Grundlage dieser Geldmaschine. Frauen steuern Frauen. Sie tun es von Agenturen aus, als Magazinchefinnen, als Journalistinnen. Ihre Empathie mit den jungen Hungerkünstlerinnen lässt zu wünschen übrig. Ihre Kampfbereitschaft tendiert gegen Null. Wo bleiben die Alphafrauen?

Wenn schöne Frauen klug werden: Der Käfig ist offen

Frauenrollen und Frauenbilder spiegeln die Käfighaltung, aus der die Frauen sich endlich befreien. Attraktivität von Frauen in der wohlhabenden Industriegesellschaft wurde an äußerlichen Merkmalen festgemacht: Schönheit, als Package von erotischen Signalen, die mit zunehmender Freizügigkeit unverhüllte sexuelle Appelle an das latente männliche Begehren aussenden: Übergroße Brüste, schwellende Lippen trivialisieren das Schönheitsideal und treiben immer mehr Frauen in Richtung Boulevard, wo der Auftritt laut und vulgär sein muss, um ganz beliebige Adressaten zu erreichen.

Mit Schönheit hat diese auf Voyeursmilieu gepolte Willfährigkeit der Frauen nichts mehr zu tun. Schönheit ist nie nur ein Angebot zum sofortigen Verzehr. Sie stellt Abstand her und weckt Bewunderung. Das Ebenmaß der Formen und Gebärden ist nur ein Aspekt unserer Wahrnehmung, wenn wir einen Menschen ›schön‹ nennen. Die Bilder im Kopf sprechen mit. Der Zeitgeist schreibt diese Bilder behutsam um, aber die Harmonie, nicht die Übertreibung bleibt ein starker Impuls für unser Schönheitsempfinden. Nicht die Attacke, sondern das friedliche Angebot für Wohlgefallen macht das Wesen der Schönheit aus.

Das trivial veräußerlichte Schönheitsideal unserer Tage setzt Frauen tatsächlich in einen Käfig, der die vielversprechenden Fluchtwege von Anfang an versperrt. Eine zum Sexsymbol umgemodelte Frau wird auch bei guter Intelligenz kaum eine große Business-Karriere machen können. Hauptgrund: der Ablenkungsfaktor für Männer, die alles tun werden, um ihren Arbeitsbereich von unverhüllten sexuellen Attacken freizumachen.

Die Entartung der Schönheitsideale wird auch durch Vermutungen der Frauen selbst vorangetrieben: Fangorgane wie das rote Minigummiboot im Antlitz einer Frau entsprechen nicht dem Mehrheitsgeschmack der Männer, sondern werden von ihnen, wie so manche weibliche Eskapade in der Selbstwahrnehmung, mit resigniertem Langmut hingenommen. Männer fürchten schrille Reaktionen, wenn sie in die Intimzonen der weiblichen Selbststilisierung eingreifen. Deshalb halten sich zahllose Missverständnisse der Frauen über Männerwünsche. Oder provozieren die Frauen dieses Schweigen der Männer zu ihren Selbstversuchen im Boulevardmilieu, um weiterspielen zu können, ungestört?

Aber es bleibt ein Spiel im Käfig. Und der Käfig aus trivialen Schönheitsidealen, aus dem so viele Frauen nicht ausbrechen, gehört zum Programm ›Schonzeit‹. Nicht mitspielen auf vielen Bühnen, weil die schmale Bühne für Frauen Ideale fürs Aussehen präsentiert, die für keinen Mann gelten, das macht die Verweigerung leicht.

Während übergewichtige und hässliche Männer neben gutaussehenden und schlanken Wettbewerbern auf die vorderen Plätze drängen, macht die Frau im Schönheitskäfig keinen Versuch, ihre Ausstrahlung, ihr Charisma, ihre Aura zu entwickeln – jene Formen der Schönheit, die den männlichen Gnom auf einem Spitzenplatz zu einer bewunderten und umschwärmten Figur machen, nicht weil er laute sexuelle Signale aussendet, sondern weil das Zusammenspiel von Leistung, Zuwendung und Originalität einen Glanz entwickelt, der jede triviale Anfrage vom Boulevard gegenstandslos macht.

Ende der Schonzeit heißt auch: das Ende der Zumutung an die Männer, die Frauen aus dem Käfig zu befreien, in dem sie sich selbst verbarrikadiert halten. Stoßen sie selbst die Käfigtür auf, dann werden auch die Männer erleichtert aufatmen. Einiges in der Selbstfesslung der Frauen war ihnen ja schon lange unverständlich; und mit dem Käfig der Schönheit und ihrer verwirrenden Boulevardisierung verschwindet auch ein Vorwurf, mit dem die Männerwelt bisher leben musste: dass sie, die Männer, Frauen auf sexuelle Attraktivität einseitig festnageln.

Nur die Frauen können den Männern zeigen, dass Weiblichkeit sich nicht erschöpft in erotischer Attacke und sexuellen Appellen. Solange die Frauen selbst die Karte ›Schönheit‹ als Trivialvariante spielen, wird der Mann ihnen aus Bequemlichkeit folgen.

Die Karte ›Klugheit‹ zu spielen, ist längst nicht so erfolgreich, wendet die mäßig kluge Frau ein. Setzen wir den provozierenden Satz dagegen: ›Kluge Frauen sind schön‹, behaupten wir also, dass Klugheit eine Form der Schönheit ist, so müssen wir der mäßig klugen Frau genauer erklären, wo ihr Schönheitsdefizit bei ihrem ›klugen‹ Auftritt liegt; warum sie also weniger erfolgreich war als die ›Nurschöne‹. In ihrem Kopf wohnt das bekannte Vorurteil, Männer mögen kluge Frauen nicht. Die mittelkluge Frau sagt sich nun in der Teamdebatte: Diese Männer mögen mich nicht, weil ich klug bin. Also werde ich sie durch meine Klugheit überflügeln.

Schon wegen des stärkeren Selbstbewusstseins der Männer wird ihr das nicht gelingen. Es wäre aber ohnedies der falsche Plan. Sie muss, wie jeder, der überzeugen und die Zuhörer für sich gewinnen will, mehr liefern als ›nur‹ Klugheit. Nur dann werden die Mitspieler gefesselt sein und ihre Ausstrahlung als ein Element der Schönheit wahrnehmen. Dahin führt nur der ›gemischte‹ Auftritt, den Frauen eigentlich besonders gut beherrschen. Vergessen wir nicht, was die Hirnphysiologen uns sagen: Frauen mischen besser. Ihnen gelingt mühelos, was bei Männern kein Mehrheitstalent ist: die zielführende Beweiskette mit emotionaler Power auf den Weg in die andern Köpfe zu schicken.

Am Start muss sie aber die Legende aus ihrem eigenen Kopf vertrieben haben, die ihr zuflüstert: ›Männer mögen kluge Frauen nicht.‹ Warum sie diese Frau ohne Vorurteil und mit der begeisternden Portion *Passion,* Leidenschaft, so überzeugend fanden, dass sie glatt behaupten würden, ihr Auftritt habe ›Schönheit‹ ausgestrahlt, das können Männer in aller Regel nicht analysieren. Die Wirkung entscheidet; sie besiegt das Vorurteil auch in den Männerköpfen. Männer sind ohne Umschweife bereit, Frauen zu bewundern, wenn diese ihnen im Grunde mehr bieten als ihresgleichen. Es ist aber nicht ein einfaches ›Mehr‹, wie die Frauen vorwurfsvoll behaupten, wenn sie meinen, Frauen müssten für gleiche Plätze besser sein als Männer. Es ist ein spezieller Mehrwert, den nur Frauen produzieren können.

Der weibliche *added value* ist der geglückte Mix aus Ratio und emotionaler Stärke, die Markttugend Nummer eins, die Zustimmung und Bewunderung auslöst, nicht aber Neid bei Männern, die deutlich spüren, das ist weibliches Terrain, da ist nur sie zu Hause. Gut, dass sie zu uns gehört. Nur Frauen, die noch nicht angekommen sind, werden sie weiter beneiden.

Auch dieses weibliche Laster steht am Ende der Schonzeit zur Disposition. Männer und Frauen werden profitieren, wenn wir nun endlich die Boulevard-Kategorien für Schönheit fallenlassen. Die Schönheitsideale wandeln sich; wäre sie es allein, die Schönheit, die Erfolg sichert, dann hätten wir keine anderen Wörter für die Ausstrahlung, das Charisma, die Aura, die machtvolle Präsenz von Menschen, die wir bewundern, denen wir uns anvertrauen. Die Schönheit der Gedanken ist es oft, die ihren Glanz über die Gesichtszüge, die Gebärdensprache von Menschen legt. Die Klarheit, die Überzeugungskraft, die fühlbare Stärke von Menschen ist es, die ein Gesamtbild von Attraktivität vermittelt, das dem Ebenmaß der Gesichtszüge so viel hinzufügt, dass wir mit dem Wort ›schön‹ überhaupt nicht mehr auskommen, wenn wir die kraftvolle Präsenz dieses Menschen beschreiben wollen.

Wirkung auf andere, die Bindungsfreude erzeugt, kann die simple Schönheit nach zeittypischem Ideal nicht allein entfalten.

Im Kraftfeld der Alphafrauen werden auch die Frauenbilder unserer Gegenwart aufholen in Richtung auf die Lizenzen, die Männer längst genießen: nicht einem banalen Ideal von ›Schönheit‹ unterworfen zu sein, das im Glücksfall kurzfristig, niemals aber nachhaltig Erfolg bringt. Einige der meistbewunderten Männer unserer Geschichte hatten die äußere Gestalt von Krüppeln und Gnomen; ihr Ruhm dauert durch die Jahrtausende hindurch wegen der Großartigkeit und Schönheit ihrer Gedanken und Werke an.

›Schönheit‹ endlich auch für Frauen auf einer viel breiteren Skala wahrzunehmen, das müssen die Frauen selbst die *Community* der Vereinfacher lehren. Wenn wir einen ›schönen Abend‹ mit Freunden verbringen, dann nicht, weil wir lauter ›schöne‹ Menschen um uns versammelt hätten, sondern weil wir uns wohl gefühlt haben: Wir können dafür mindestens zehn Gründe

Madeleine Albright, Außenministerin der USA von 1997 bis 2001. Vorher war sie Botschafterin der USA bei der UNO. Albright ist 1937 in Prag geboren. Ihr Vater war tschechischer Diplomat. Die Familie floh zweimal ins Exil, 1939 nach London und 1948, nach dem kommunistischen Staatsstreich, in die USA. Madeleine Albright studierte Politologie, Rechts- und Staatswissenschaften in Amerika. Seit den siebziger Jahren engagiert sie sich für die Demokratische Partei.
Albright war die erste Frau im Amt des amerikanischen Außenministers. Sie hat wie nur wenige die Fronten des kalten Krieges durchmessen. In den USA erfuhr sie von ihrer jüdischen Abstammung. 1996 erst wurde ihr vom Mord an ihren Großeltern in Auschwitz berichtet. Madeleine Albright ist Mutter von drei Töchtern. Heute arbeitet sie als Beraterin in politischen und strategischen Fragen.

aufzählen; aber die Bilanz ist uns wichtiger, es war ein schöner Abend.

Solche Beispiele zeigen, dass wir viel mehr über die Schönheit wissen, als wir zugeben. Meine klügsten Freunde, Naturwissenschaftler, waren immer auf der Hut vor ›nur schönen‹ Frauen, ja sie plädieren auch bei neu entdeckten Arbeitspartnerinnen und Freundinnen gern gegen ›Schönheit‹ im trivialen Sinne. Mehr erfährt man über diese Vorsicht nicht von ihnen; sie meinen wohl, Schönheit kostet Nähe, Schönheit könnte die Schöne selbst zur Gefangenen von Idealen machen, gegen die nachdenkliche Menschen keine Waffen haben. Es knistert zwischen Männern und Frauen, wenn über Schönheit debattiert wird. Alle sind so befangen, dass ernsthafte Definitionsversuche nicht geduldet werden.

Seit die Käfigtüren aufgesprungen sind und die Objektfrauen ins Lager der weiblichen Subjekte wechseln können, stehen auch die autoritären Schönheitsideale zur Disposition, mit denen man Frauen knechten konnte. Der Höhenflug beginnt. Und wieder müssen es die Frauen sein, die ihresgleichen und den Männern zeigen, dass sie für ein viel umfassenderes Schönheitsideal unterwegs sind, so wie ihre männlichen Kollegen seit Menschengedenken.

Spätentwickler unter sich: Wie ER und SIE einander entdecken

Die Schonzeit verlassen, das heißt auch: die Welten wechseln. Von der Objekt- zur Subjektfrau.[5]

Die Zeit, nicht der Mann ist der Jäger. Wer das einmal begriffen hat, kann nicht mehr zögern auszubrechen, auch ohne auf das zustimmende Nicken einer Umwelt zu warten, die von Objektfrauen lebt: die Magazine, die Bildmedien, die Durchschnittsfrauen. Die meisten Männer. Aber die große ›Männerverunsicherung‹[6] sendet klare Signale; die Helden der Wohlstandskultur fliehen in einen Knabenstatus, der nur als Appell verstanden werden kann: Sie kauern vor übergroßen Parfumflacons und schnuppern; sie lagern halbentkleidet auf Polstern, während SIE, clean und cool, im Business-Anzug zum Aufbruch bereit den Beschauer fixiert. Ein Rollentausch?

Noch haben beide nur halb verstanden, was sich da anbahnt. SIE möchte alles; die Schönheitsfalle lockt immer noch. Und ER lebt im Entzug: Schwache Frauen machen starke Männer, so die Legende, mit der er aufwuchs. Nachdem SIE seine Nadelstreifen trägt und provokant seine edlen Krawatten um den eigenen Hals schlingt, eine schwere Herrenuhr am Handgelenk trägt, aber immer noch ihre langen Locken über den Schultern, ein fataler Mix aus Attraktion und Distanz, ist ER auf eine Weise allein, die er bisher nicht kannte: nicht mehr Wolf unter Wölfen, ein Herrentier mit Alphamanieren, sondern Wolf unter Wölfinnen, die ihren Alphastatus an den Beißritualen vorbei erzwingen.

---

5 Siehe dazu S. 18–28.

6 Siehe dazu S. 157, 188, 227.

Einmal noch James Dean sein: Luxuslabels wie Prada beleben den 1955 tödlich verunglückten Filmhelden wieder, weil Retro, die Flucht nach gestern, immer fernere Traumziele braucht.

Plötzlich zeigen sich die Entsprechungen: Während SIE zu ihren Stärken zurückkehrt, kann auch ER seine Heimkehr zu sich selbst beginnen – die Flucht aus den Heldenrollen, die ihn fast aller Optionen beraubt hatten. Seine Rückkehr in die Welt der Zwischentöne führt über die Knabenrolle. Wie ein Heranwachsender tastet er zurück zu seinen frühen, leichtfertig geopferten Möglichkeiten, Männlichkeit umfassender in Besitz zu nehmen als seine Lehrer und Chefs. Nicht gleich James Bond, nein zuerst James Dean werden; nicht mit den Wölfen heulen, sondern nachts dem Wind in den Bäumen lauschen. Am liebsten: Taube *und* Adler sein, Löwe *und* Gazelle. Ohne Scham und Scheu.

Während die Frau als Aufsteigerin von sich reden macht, durchqueren spät erwachte Männer scheu und ohne große Worte ein Knabenpensum, das die Erziehung zum Erfolg für Männer nicht vorsah. Die Frauen haben wenig Zeit hinzusehen, was die führenden Werbe-Agenturen der Welt da an neuen sanften Helden in die Luxusmärkte schicken: Immer sind es die starken Labels, die das vorher Undenkbare, erst recht aber Unsagbare, jedoch längst Geträumte in Bilder fassen: Jünglinge, die – eben wie James Dean – halb trotzig, halb flehend in die Kamera schauen; Schmollmünder, ein verblüffend dreister Lippenklau aus dem weiblichen Boudoir, laszives Lagern vor Duftflacons, halbbekleidet, jedenfalls nicht im Aufbruch, und sichtlich gefangen im Augenblick – wie die Legende es bis dahin Frauen zuschrieb –, Leben in der Schönheitsfalle.

Unterhalb des Luxuslevels lebt er noch, der ›männliche‹ Mann alter Spielart. Er schreitet im Business-Anzug über die Werbeflächen von René Lezard und Windsor, von Aigner und Bogner. Sein Blick ist in Karrierreferne gerichtet, nur keine Experimente, keine Schwächeanfälle.

Die Labels, die ihn so zeigen, haben für ihr Überleben dieselbe Philosophie. Bei Zegna und Bottega Veneta hat er nichts zu suchen, der risikoscheue Normalo. Im oberen Segment startet die Männerbefreiung, das ist ungewöhnlich genug. Aber dort treten auch sie auf, die Alphafrauen mit dem Schonzeitüberdruss. Sie starten durch, während ihre erschrockenen Mitspieler erst einmal die Flucht nach rückwärts antreten: Jünglingsmut nachladen, um diesen starken Starterinnen gewachsen zu sein. Und sie verfallen auf dieselben Tricks, die früher die Frauen angewandt haben: kultivierte Unterlegenheit, hilfloser Blick unter schweren Lidern am Beschauer vorbei, Schüchternheit als Waffe.

Die Frau macht sich um ihn, der durch jede Umarmung erlöst werden könnte, keine Gedanken. Sie macht sich endlich nicht mehr seine, sondern ihre eigenen Gedanken. Perfektion und Pünktlichkeit sind ihre Vorzüge; alles, was früher Quelle von Trotz und Zorn war, kann sie nun genießen: dass sie *multi-task* wahrnimmt, sozial hellhörig wie kein Mann, dass sie chaostüchtig ist und mit einem *multi-view* ausgerüstet, einem Rundumblick, der vieles simultan verarbeitet, was Männer erst voneinander trennen müssen, um es zu verstehen.

Sie hat den Vorteil, endlich erwachsen zu werden, während er, atemloser Entdecker seiner verlorenen Träume, noch einmal zurückeilt in seine Kindheit, um zu retten, was zu retten ist:

Beide sind sie Spätentwickler. Beide begreifen sie erst nach langen, eigensinnig gewählten Umwegen, dass sie viel mehr aus ihrem Leben machen können; dass sie viel mehr aus dem Gelände des jeweils anderen in Besitz nehmen können. Beide sind sie einstweilen mit diesen Entdeckungen beschäftigt. Es wird noch eine kleine Weile dauern, bis sie das Naheliegende tun: einander als Entdecker eines endlich kompletten Lebens um den Hals zu fallen.

Bis dahin lenken immer wieder Störfeuer beide ab: SIE spielt nach anderen Spielregeln, meint der Mann irritiert. Er kann diese Regeln nicht verstehen. SIE hat denselben Eindruck: ER spielt in einem anderen Match, dessen Spielregeln sie nicht kennt. Das kostet Zeit für beide, weil sie obendrein verschieden auf die Irritation reagieren: SIE mit Opfermanieren, er mit gespielter Gleichgültigkeit. Beide fallen ins alte Rollenklischee zurück, wenn es ihnen nicht gelingt, die Strategie des/der andern zu entziffern. Das Klischee bietet Schutz, hier kennt man/frau sich aus. Was beide nicht beachten: Es wirft sie zurück. Es entfernt sie voneinander, der Weg wird länger.

SIE klagt über Geringschätzung, auf die sie heimlich gewartet hat, und er fühlt sich so schlecht als Frauennichtversteher, dass er den desinteressierten Sieger zu geben versucht. Damit sind die beiden Spätentwickler wieder in der alten Welt. Sie schmollt, er beschäftigt sich demonstrativ mit anderem – schließlich ist sein Spielzeug die Welt, da zählen beleidigte Frauen nicht.

Setz dich auf den Platz des andern! Schau mit seinen Augen! Nichts ist für Frauen und Männer schwerer, wenn es um ihr eigenes Ego geht. Eine Regel, die beide als Marktteilnehmer und Berufsmenschen beherrschen, wird zur Zumutung, wenn es um Rivalitäten geht, in denen beide sehr unerfahren sind. Als Frau mit Männeraugen sehen? Im Business: ein Vergnügen! Als Mann mit Frauenaugen? Eine Siegerstory! Nur im Nahkampf weigern beide sich, die Markttugend anzuwenden. Sie glauben hier nicht an deren Erfolg.

Männer und Frauen haben noch nicht gelernt, erfolgreich und fair miteinander zu konkurrieren. Ihre Reaktionen auf dieses tägliche Misslingen sind so gegensätzlich, dass beide immer wieder aus der Bahn geworfen werden – und jeder seine Vorurteile von vorgestern zornig bestätigt sieht.

Aber es sind Nachhutgefechte, die beide nicht lange fesseln. Frauen im Männerreich, Männer im Frauenreich: Beide profitieren schon eine Weile, ohne es offen zuzugeben. Die Reviere, in denen beide früher gefangen waren, werden weitläufiger. Und die Handlungsoptionen mehren sich für beide, seit Männer im Frauenland und Frauen im Männerland unterwegs sind.

Noch zögern beide, über die wechselseitige Landnahme zu berichten. Das Entweder-Oder, Du-oder-Ich, die Welt der Blöcke galt ja auch für Frauen- und Männerland. Von dieser Fiktion bezog der Feminismus seine stärksten Kampfpositionen.

Aus dem Spaltungslatein der Frauenbefreiung stammt auch der Schlachtruf ›Frauen führen anders‹, der die Behauptung transportieren soll, dass mit Frauenkarrieren ein großes Versprechen für die Qualität von Führung präsentiert wird.

›Frauen führen anders‹? Niemand bemerkt bisher, dass dieser Satz einstweilen nicht bewiesen werden kann. ›Frauen führen andere‹ – das ist es, was zunächst einmal den Unterschied macht.

Männer führen ihresgleichen, jedenfalls mehrheitlich, und Frauen führen andere, nämlich Männer, und dies mehrheitlich. Das wird noch eine Weile so bleiben. Damit ist das Führungsszenario für Frauen deutlich anders als jenes, das Männer Tag für Tag in der Wirtschaft vorfinden. Männer führen Männer, das sind Menschen derselben Spezies wie sie selbst. Unterlegene und Rivalen sind darunter, Angepasste und Intriganten, die Mehrheit erleichtert die Führungs-Empathie durch das Merkmal: männlich. Aufsteigerfrauen führen andere: die von der anderen Seite, jene, gegen die ihre Mütter Krieg geführt haben, jedenfalls die aus dem anderen Lager. Frauen führen die, die schon lange hier unterwegs sind, in den Firmen und Behörden die Chefplätze besetzt halten, die *high potentials* liefern, unter ihnen nur hier und da eine Frau. Von ihr geführt zu werden, ist nicht nur ungewohnt; es ist auch nicht unbedingt nützlich fürs Prestige.

Auch die geführten Männer sind noch auf der Übungsstrecke, wo immer Frauen führen. Nicht, weil Frauen ›anders führen‹, sondern weil männliche Führung als normal gilt, weibliche dagegen die Ausnahme bietet.

Wenn Männer Männer führen, dann gibt es einen Grundkonsens, der aus der Gewissheit kommt: Wir sind einander sehr ähnlich, wir verstehen einander mühelos in den wichtigsten Fragen. Wir akzeptieren und genießen den spannungsreichen Kontrast zwischen Zusammengehörigkeit und Wettbewerb: Männer mit Männern, Männer gegen Männer, Männer für Männer. Der Grundton ist das homogene WIR. Wir schaffen das, wir sind gut und erfolgreich. Wir streiten auch, und wir sind ganz verschiedene Temperamente. Aber wir alle sind Männer, irgendwie aus dem gleichen Stoff gemacht, Leute, die fürs Team geschaffen sind.

Wenn Frauen Männer führen, sind die Wege zueinander weiter. Andere Gewohnheiten blitzen auf, von denen keiner genau weiß, ob sie hier gelten: Rücksicht, weil sie eine Frau ist? Spöttische Distanz? Freche Dominanz, um ihr Stehvermögen zu testen? Ritterlichkeit? Wettläufe um ihre Gunst anzetteln? Abwegige Fragen stellen, um ihr Reaktionsvermögen zu prüfen?

Nichts ist normal, so das subjektive Empfinden der meisten Männer, die plötzlich von einer Frau geführt werden. Da hilft auch die Präsenz vereinzelter Frauen wenig, die sich schnell für Sympathie oder Antipathie, für Neid oder Solidarität entscheiden: Frauen konkurrieren mit Frauen ebenso ungeschickt wie unerfahren. Die Frauenkonkurrenz ist eine eilige Lektion, vor der sich die Frauen in großer Solidarität davonschleichen. Lieber stolpern sie von Niederlage zu Niederlage, als die Gunst der Stunde zu begreifen: Gemischte Führung ist im Männerland ein ungeschriebenes Kapitel. Ein Text, den man bislang einfach nicht gebraucht hat. Nun, da wir ihn brauchen, fehlt den Männern die Lust und die Zeit, vor allem aber das Know-how, diesen innovativen Part zu entwerfen: *mixed leadership.*

Mixed leadership ist das Modell der Zukunft, und die Frauen sind die Innovatorinnen. Noch verliebt in die Klägerinnen- und Nörgelrolle, zögern sie, im *driver's seat* Platz zu nehmen und sich einen alten Traum zu erfüllen: dass Frauen die neuen Spielregeln schreiben für Führung und gemischte Konkurrenz; dass sie, die Frauen, das Textbuch für fairen Wettbewerb zwischen Männern und Frauen entwerfen, das die männliche Gestaltungskraft überfordert.

Die Entwürfe der kontroversen Jahrzehnte taugen nicht, weil sie defensiv und reaktionär sind. ›Agieren wie die Männer‹, lange eine Lieblingsformel von denkfaulen Mitläuferinnen, ist schon deshalb ein Konzept für *Loser*, weil genug Männer unterwegs sind, die als Männer, nicht nur **wie** Männer agieren. ›Gegen die Männer agieren‹, ist der zweithäufigste Rat aus dem Narrenschiff der Bequemen. Gegen die Männer unterwegs zu sein, ist genauso unklug wie gegen die Frauen.

Was gegen uns läuft, kann nur deshalb gegen uns laufen, weil wir uns nicht entscheiden können, ob wir es zulassen. Frauen maulen, um sich vor dem Machen zu drücken. Frauen provozieren Gegnerschaft, wenn sie Lust auf Schuldige haben. Frauen verpassen deshalb eine Chance wie diese: die völlig neue Lektion über faire Konkurrenz zwischen Männern und Frauen zu schreiben; Führung für die einen, die uns sehr ähneln, und für die andern, die uns weniger ähnlich sind, Führung von Männern und Frauen für Männer und Frauen.

Wer dieses neue Kapitel unserer gemeinsamen Geschichte besetzt, spielt von da an ganz vorn mit.

Frauen holen gleich zwei Vorteile, wenn sie das neue Führungs- und Wettbewerbskonzept liefern: Sie profitieren von ihrer ausgeprägten Kenntnis nicht nur der Frauen, sondern auch der Männer, weil ihre soziale Hellhörigkeit sie mit hundertmal mehr Details versorgt, als sie der Mann erreichen kann. Männer leben vom Wegstreichen der Details, Frauen vom Flutlicht auf Einzelheiten.

Der zweite Vorteil ist ein Lernstück: Frauen konkurrieren intuitiv und leidenschaftlich; sie vernachlässigen gern die rationale Kontrolle im Wettbewerb. Ihr Unrechtsempfinden ist ausgeprägt und parteiisch; die Fairness wird oft zum Verlierer, wo Frauen mit Frauen oder Männern konkurrieren. Die Frau ist eine *Newcomerin* in Konkurrenzkultur. Nur wenn sie hier Spitzenverantwortung übernimmt, kann sie so schnell umlernen, wie wir alle es brauchen.

Wir alle – das sind Männer und Frauen. Ihr gemischtes Wettkampfkonzept ist zugleich ein Textbuch für Teamerfolg, wie er im männerdominierten Business nicht möglich war.

II SCHWIERIGKEITEN AUF DEM WEG IN DIE ALPHAZONE

Wenn Privilegien zu Lastern werden

Schonzeit: Das war Schonzeit für alle – auch für die Männer.

Wo Frauen das *Fair play* verweigern, genügt oft jener gleichgültige Blick, mit dem Männer sich wieder den Akten zuwenden oder den Raum verlassen, um eine Zigarette zu rauchen. Wo Frauen ihre Überlegenheit in Unterlegenheit umbauen, die provozieren soll, nutzen Männer die einzige Chance, die sie als Sieger dastehen lässt: Sie sparen sich jede Reaktion.

Das Grundmuster ist immer dasselbe: Frauen suchen Aufmerksamkeit durch Regelbrüche oder Opferrollen, die sie für unwiderstehliche Appelle an das männliche Gewissen halten. Schon hier irren sie, weil sie eine weibliche Reaktion in Männerköpfen wecken wollen. Männer wissen obendrein längst, was die Frauen verschweigen.

Die weibliche Attacke gilt gleich drei Zielen:

1. Das eigene Gewissen zu beschwichtigen, dass sie eine faire Kooperation verweigert. Sie möchte ihre Privilegien behalten – von denen wir noch reden werden.
2. Sie möchte den Mann verunsichern, um sein Täterprofil aus der Opferperspektive zu bestrafen.
3. Sie möchte moralisch überlegen erscheinen; dafür braucht sie sein schlechtes Gewissen.

Der Angriff hat viele Gesichter; er ist immer ein sehr komplexes Spiel und findet in aller Regel *undercover* statt. Frauen erhalten sich immer die Chance, ahnungslos zu wirken, und Männer irren zwischen lauter Verbotsschildern umher, die keine adäquate Gegenoffensive zulassen.

Die Frauen selbst haben sich in eine Situation manövriert, die der Mann nicht mehr verbessern kann, weil er neben den Verboten die Täuschungsmanöver der unberechenbaren Weiblichkeit gegen sich hat.

Auch das liebste Privileg aus der Opferecke, der Mann müsse die Lage der Frauen verbessern, während deren hinhaltender Widerstand gegen jedes *Fair play* in diesem Projekt anhalten soll, ist damit hinfällig. Die Frauen werden staunen, wenn sie entdecken, wie belastbar die neuen Privilegien sind, die sie einhandeln, wenn sie endlich rigoros in dem Logbuch der Laster aufräumen, das ihre fragwürdigen Privilegien hütet.

Es ist kein Zufall, dass zahllose Mythen und Sagen, in denen die Menschen ihre Erfahrungen miteinander, ihre Erwartungen und Hoffnungen eingedampft haben, die Frau als Retterin des Mannes zeigen. Männliche Retter treten mit schweren Waffen auf und befreien von realen Gegnern, die Drachen oder männliche Rivalen des Befreiers sein können. Frauen befreien nicht nur, sie erlösen von Gegnern, gegen die keine Waffe taugt: Krankheit, Gefangenschaft in Irrtümern. Sie selbst sind die Waffe. Sie bringen sich selbst, ihren Mut, ihre Hingabe, ihre Ausdauer.

Der Mann befreit, um zu erobern: Die Frau ist sein Preis. Frauen erlösen, ohne nach dem Preis zu fragen. Der hilflose Mann ist in der männlichen Geschichtsschreibung natürlich nicht unter den Lorbeerbekränzten; aber er fehlt in keinem Epos der Literatur- und Religionsgeschichte. Dass die männlichen Chronisten ihn im Schatten lassen, zeugt von der solidarischen Siegerwartung der Männer an ihresgleichen: Solange einer auf der *Loser*-Straße ist, bleiben die Scheinwerfer ausgeschaltet. Vielleicht steht er schon morgen als strahlender Sieger im Lorbeer über allen.

Die Frauen unserer Tage pflegen die Opfersolidarität: Ihre Heldinnen sind Verliererinnen weltweit, deren ›Sieg‹ an die Opferrolle gekettet bleibt. Erfolgsgeschichten ohne Verliererstart gefallen den Frauen bei ihresgleichen nicht besonders; der Neid fährt mit. Frauen folgen immer noch dem evolutionär längst überholten Muster: ›Nur eine kann den Häuptling kriegen.‹

In der Wirklichkeit werden nicht nur die Häuptlinge mehr; auch die Stämme, deren Häuptling man erobern oder ersetzen kann – als Gattin des CEO oder als CEO im Großkonzern –, sind Legion.

Da wir verstanden haben, dass die Frauen ihre trügerischen Privilegien selbst aufgeben müssen, weil kein Mann ihnen den Gefallen tun kann, sie davon zu befreien, kann der Katalog der Laster besichtigt werden, der im Privilegienschatz der Frauen abgeschirmt wird. Viele von diesen Lastern tragen ein Tugendetikett, das der Irritation der Männer dient.

Alphafrauen haben diesen Irrgarten meist schon im Schulalter verlassen; sie zeigen allen anderen Frauen, wie lohnend Berechenbarkeit, Fairness und Transparenz der weiblichen Strategien sind. Große Karrieren gelingen nicht mit dem alten Set an Tricks und Täuschungen, für den Erfolg der Frauen sind die Frauen allein verantwortlich. Sie sind es, die neben ihren eigenen moralisch fragwürdigen Privilegien die Irritationen der Männer auflösen müssen, die sie selbst, die Frauen, planvoll herbeigeführt haben. Nun ist die Frau also Befreierin auf der ganzen Linie: Eva, die das Paradies geknackt hat, Eva, die den Erlöser geboren hat. Der von Männern dominierte Bericht legt Wert darauf, dass sie einen Menschenmann für diesen Erlösungsakt nicht gebrauchen könnte. Kaum einen modernen Theologen interessiert es, was diese von Männern erzählte Geschichte bekräftigt: Das Heil kommt von den Frauen, die den Menschenmann nicht überschätzen. Josef begleitet Maria, die, analog zu antiken Mythen, einen göttlichen Erzeuger traf. Josef schützt sie, obwohl er der Betrogene ist.

Maria führt, weil sie den zentralen Platz im Erlösungsdrama innehat. Maria trägt alle Züge einer Alphafrau; sie ist nicht Opfer, sondern Hauptfigur eines Prozesses, der ein inkommensurables Versprechen einlöst. Es ist ein Versprechen, das verschlüsselt über Jahrtausende die orientalischen Völker begleitet hat, in immer neue Varianten gekleidet. In der Mitte des Erfüllungskapitels dieser mehrtausendjährigen Geschichte steht eine Frau. Sie steht dort, um den Platz freizuhalten für einen Mann, der seine ersten zwölf Lebensjahre unscheinbar unter ihrem Schutz verbringt, weil er ein Kind ist.

In solchen Geschichten wird die Reichweite und Macht der Frauen so lapidar beschrieben, dass jeder Widerspruch gegenstandslos wird. Nach langer und wechselvoller Geschichte auf und hinter den Bühnen der Weltgeschichte kann sie sich heute nicht mehr verstecken, weil sie dringender als jemals gebraucht wird: Alpha-Eva, Alpha-Maria – die Frau, die sich selbst und die Männer aus allen Täuschungen befreit, was den Platz der Frauen in der Geschichte, heute, angeht. Eva, die sich so gern als ausgeliefertes Opfer darstellt, muss endlich liefern.

Eigentlich ist es eine gute Nachricht, dass das künftige *standing* der Frauen in der Hand der Frauen liegt. Aber schon hier sind wir bei einem weiblichen Laster. Frauen haben bisher sehr gut damit gelebt, dass sie ihr Schicksal – eine mit Bedacht gewählte Vokabel für die verfolgte Unschuld – andern zur Last legen konnten. Dass sie ohne diese Anklagehaltung viel besser leben könnten, wissen die meisten Frauen nicht.

Die Position muss auf jeden Fall geräumt werden. Frauen profitieren sehr davon, wenn jedermann – und jeder Mann – sich in ihrer Nähe wohlfühlt. Das ist nur möglich, wenn Frauen die Verantwortung für das, was ihnen gelingt, und auch für das, was danebengeht, mit allem sichtbaren Zorn und aller übermütigen Freude, die Siege und Niederlagen begleiten, selbst übernehmen. Emotionskultur ist das Ziel, das nebenbei erreicht wird: Klare Signale für Glück und Enttäuschung machen jeden, der mit uns umgeht, sicherer. Warum? Weil wir berechenbar und glaubwürdig werden. Positionen räumen – auch weil die anklagende Haltung bei Männern Verständnislosigkeit statt Verständnis auslöst. Sag es dir jeden Tag vor, Eva: Männer sind keine Frauen. Männer können nichts anfangen mit chronisch beleidigten Frauen. Männer verabschieden sich sofort aus einem Szenario, in dem sie sich nicht mehr auskennen – auch wenn sie körperlich im Raum bleiben.

Zur Anklage gehört die Verteidigung. Frauen verteidigen sich übereilig, auch wenn niemand sie dazu auffordert. Aus Meisterinnen im Verlagern von Schuld werden im Handumdrehen Virtuosinnen der Defensive: »An mir lag es wirklich nicht, ich habe getan was ich konnte. Ich habe mehr gemacht als die andern.« Da spricht das fleißige Schulmädchen, das sich hinter großmäuligen Jungs benachteiligt fühlt. Das Schulmädchen hat den beleidigten Ton von der Lehrerin kopiert; die spricht auch so, wenn die Jungs sie lächerlich machen.

Es sind traditionelle Erfolgsprogramme, die durchschlagen,

wenn Frauen sich unaufgefordert verteidigen. Fast immer bekommt es ihnen schlecht. Was sie lernen müssen: ihre sensible Wahrnehmung von Gedanken im Kopf der andern zu ignorieren und mehr auf das äußere Szenario zu achten, wo Erfolg oder Misserfolg stattfinden. Schlüsselfrage: Was kommt jetzt besser? Die Antwort: Egal was der Gegner deiner Meinung nach gleich Aggressives ausspucken wird: auflaufen lassen! Durch Nichtreaktion verblüffen!

Thema wechseln! Das ist Dominanz, und Frauen können sie nicht erst seit Merryl Streeps Meisterleistung im Film *Der Teufel trägt PRADA* lernen. Jede Frau beherrscht solche Szenen, wenn sie nur dies eine weiß: Für mein *standing* sorge ich, und das ist das Programm für die andern. Was sie von mir denken, was sie von mir halten, steuere ich. Nur das ist *leadership*. Und das ist ein sehr weiblicher Anspruch, weil er erstens mit dem Laster der prophylaktischen Unterwerfung aufräumt und zweitens das liefert, was alle Menschen überall suchen – und nehmen, wo immer sie das knappe Gut bekommen können: Orientierung. »Da geht's lang«, sagt die Alphafrau, so wie männliche Alphatiere es seit Generationen tun. Nur die Strecke, die sie zeigen, wird nicht immer dieselbe sein, der Proviant für Kopf und Herz wird vom männlichen Konzept abweichen. Frauen wissen: Für Höhenflüge braucht man zuerst festen Boden unter den Füßen.

Spätestens beim Sprung in *leadership*-Aufgaben wird ein weiteres Privileg aus dem Katalog der attraktiven Laster für Spielverderberinnen so schädlich, dass Frauen nur den Kopf schütteln können, warum ihre Freundinnen immer noch an diesem Vorrecht festhalten: unverstanden zu sein. Die ›unverstandene Frau‹ pflegt eine komplexe Kultur der Missverständnisse, um diesen Status zu schützen. Was verspricht sie sich davon? Zunächst einmal eine Aura, die Interesse und Unruhe bei ihren männlichen Verehrern und Kollegen auslösen soll. Beides, so meint die Frau mit der Aura der Unverstandenen, sichert ihr Aufmerksamkeit, ohne dass sie irgend etwas tun muss. Und, ein weiterer Irrtum: Sie meint, es sichere ihr Zuwendung. Um ihr Geheimnis zu entschlüsseln, werde jeder Arbeitskollege und jeder Chef nichts unversucht lassen. Das Gegenteil tritt ein: Alle meiden die Frau, die nichts zu bieten hat außer negativen Gefühlen.

Führungskraft wird diese Spezies Frau niemals. Wer *leadership* als Kollaps in der ersten Minute anlegen will, der ernenne eine unverstandene Frau zur Chefin.

Dennoch wollen viele Frauen sich nicht vom Image der Unverstandenen trennen: Es ist eine *self-fulfilling*-Position, die ihre eigene Bestätigung Tag für Tag produziert – jedoch Tag für Tag vor weniger Publikum.

Frauen haben ein fatales Talent, sich in Verliererrollen zu verlieben. Die unverstandene wird zur verkannten Frau, deren Gaben niemand würdigt; bald hat sie keine Schwierigkeiten mehr, ihren Freundinnen – kurz darauf dem Psychologen oder Psychiater – darzustellen, dass sie die ausgenutzte, nie zu Ende angehörte Frau sei, die an der Rohheit aller Männer zerbricht.

Diese Steigerungen sind es, die Männer fürchten, weil sie in solchen Prozessen Schritt für Schritt dämonisiert und zu Ungeheuern stilisiert werden, zu denen ihnen jedes Talent fehlt. Das häufigste Gegenüber einer auf diese Weise entgleisenden Frau ist ein fassungsloser Mann, der mindestens vom zweiten Kapitel dieser Kampfansage an nichts mehr verstanden hat. Genau das prädestiniert ihn zum Ungeheuer: Er spielt nicht mit, er hält sich raus, er verweigert den Begleitschutz in eine finstere Sackgasse, in der er sich nicht auskennt – und an deren Architektur er allein die Schuld tragen soll.

Es ist für Männer und Frauen wichtig, in solchen Abläufen, die als Verlierergeschichten daherkommen, die gewaltige Macht der Frauen zu erkennen – und fürchten zu lernen. Macht durch Ohnmacht, das ist ein eigenes Kapitel der Weltmacht Frau, das vor allem die Frauen selbst, mit Hilfe ihrer Vorkämpferinnen im Alpha-Rang, gründlich studieren müssen, um sich grundsätzlich davon zu verabschieden – in unserem Teil der Welt. Hier ist ›Macht durch Ohnmacht‹ ein unfaires Spiel, das unser Zusammenwirken in der Welt verzögert. An anderen Plätzen auf diesem an Schrecken reichen Globus ist der Machtwechsel zugunsten der Ohnmächtigen das edelste und anspruchsvollste Instrument, um die Mächtigen zu demütigen und, im glücklichen Fall, in den Staub zu zwingen.

Die Liste der Laster, die sich als Privilegien maskieren, ist lang, und sie lädt zu Verwechslungen ein. Nicht nur für Frauen gilt, dass so manches Laster sich im Schatten von anerkannten Tugenden entfaltet. So gelingt es, Untugenden mit dem Pathos der moralischen Überlegenheit als Tugenden zu tarnen. Frauen können auf ein langes Training zurückblicken, Laster als Tugenden erscheinen zu lassen: Die Entkoppelung männlicher und weiblicher Lebensläufe in der Industriekultur befeuerte den Trotz, sich Nischen der Selbständigkeit und Winkel der Unberechenbarkeit zu schaffen – Nischen und Winkel, in denen Männer von Siegern zu stolpernden Anfängern werden, Enklaven, wo Frauenlatein gilt, eine Herz- und Seelensprache, die kein Mann versteht. Der tausendfach ironisch zitierte Satz: »Du verstehst mich nicht«, ist in Wahrheit eine Kampfansage, die den Rückzug sichert. Sein Klartext lautet: »Wehe, du verstehst mich!«

Das Auseinanderdriften der Lebensvollzüge verschärfte die Verlierergefühle von Frauen und lieferte, nach ihrer Meinung, alle Lizenzen, sich vom *Fair play* zwischen den Geschlechtern zu verabschieden. Der Feminismus wurde zur Kriegserklärung an die Männer, weil die Frauen immer noch nicht verstanden hatten, was Alphafrauen heute wissen: Die Männer sind nicht die Adressaten für weibliche Anklagen, weil sie nur sehr geringe Teile der weiblichen Anklage verstehen – und ernster: sehr große Teile dieser Anklage nach Lage der Dinge auf keinen Fall als überlegene und gerechte Richter in ein weises Urteil überführen können.

Dass die Frauen fortfahren, ihr Heil von den Männern zu erwarten oder ertrotzen zu wollen, zeigt, dass sie das uralte Muster, gegen das sie polemisieren, selbst noch gar nicht verlassen haben: die bedrohte Lady und der Drachentöter. Dass sie den Drachenbändiger zugleich als den Drachen bekämpfen, zeigt den Konflikt, dessen Lösung ihnen niemand abnehmen wird. Die intellektuelle Unschärfe der weiblichen Kampfansage ist aber nicht – wie Frauen fordern – durch emotionale Betroffenheit zu entschuldigen. Die Rechnung für das Versteckspiel zahlen allein die Frauen, und das ist gut so: Frauen müssen sich entscheiden, ob sie weiterhin die Nachsicht aller Beobachter in Anspruch nehmen, ihr Heil von anderen verlangen und mit inkonsistenten Scheinargumenten die eigene Leistung aufschieben wollen.

Das Laster, das sich hier verbirgt, lässt sich fast flächendekkend beobachten, weil inzwischen viele Männer aus Bequemlichkeit, um Konfrontationen mit hochnervösen Gesetzgebern zu vermeiden, mitspielen.

Frauen erwarten Sonderkonditionen, immer und überall. Der Anspruch fußt auf dem zuverlässigsten Vorwurf, dessen Schlagkraft nicht durch die Tatsache gemindert wird, dass es sich nur um eine Vermutung handelt. Grundlage für die Forderung nach Sonderkonditionen ist der Benachteiligungsverdacht. Seit Jahrzehnten reichert er als scharfes Schwert in zarter Hand jede vernunftgesteuerte Debatte mit Ideologie an. Männer schätzen ihre Chance, hier zu widersprechen, als gering ein, nur Frauen hätten Aussicht auf Teilerfolg. Aber auch die Frauen schweigen in der Regel, weil sie ihre befangenen Schwestern fürchten.

Benachteiligungsverdacht und aus ihm abgeleitete Sonderkonditionen sind zwei scharfe Waffen, mit denen Frauen ihrem Erfolg entgegenwirken. Schon unter jungen Wettbewerbern, männlich und weiblich, zeigt sich der Unterschied. Junge Männer wissen: Ich muss etwas bringen. Je besser und je spezieller es ist, je mehr es sich positiv von dem unterscheidet, was die andern bringen, desto größer sind meine Chancen.

Chefnähe ist wichtig, auch das wissen die jungen Männer. Ahme den Chef nach, hör ihm gut zu, reagiere auf seine Erklärungen, zeig ihm, dass er verehrt wird. Von diesen Erfolgsmitteln berichten männliche Aufsteiger den Forschern, die sie befragen. »Ich muss etwas bringen«, der Kernsatz des männlichen Konzeptes, steht in scharfem Kontrast zum weiblichen Karriere-Entwurf. »Ich habe ein Recht auf gleiche Chancen«, sagen junge Frauen, noch ehe jemand von Anrechten oder gar verschiedenen Chancen gesprochen hat. »Du musst etwas bringen!« wirft ihr *boyfriend* lebhaft ein. »Du bist es, die die Spielregeln für deinen Erfolg schreibt!« – »O nein«, erwidert sie, »die andern schreiben die Spielregeln, und für euch Männer mit männlichen Chefs ist es einfach leichter. Wir Frauen haben Anspruch auf einen Ausgleich für diesen Nachteil.«

Welchen Nachteil meint die junge Frau? Meint sie den Vorteil, dass sie einem Mann imponieren, ihn für sich gewinnen darf, der sie sicher nicht, wie den männlichen Bewerber, auf den ersten

Blick als künftige Rivalin wahrnimmt? Hat sie keine Lust auf die gratis gelieferte Sonderkondition, die ihre Solitär-Eigenschaft als Frau ihr vor die Füße legt? Oder hat sie noch gar nicht begriffen, dass sie als Ausnahme unter lauter Regelfällen, als Frau unter Männern, viel mehr Aufmerksamkeit bekommt als ihre männlichen Kollegen? Warum, wenn sie das begriffen hat, stilisiert sie es um in einen Nachteil? Warum genügt ihr der Löwenanteil Aufmerksamkeit nicht, warum will sie mehr *good will* als die Männer? Warum will sie sozusagen Artenschutz, der sie unter Umständen isoliert? Weil sie ein falsches Programm im Kopf hat, das selbst im Feminismus noch in Riesenportionen gelöffelt wurde: Frauen haben nicht nur eine, sondern hundert Rechnungen mit den Männern – nein, gegen die Männer – offen. Die Männer müssen zahlen. Sie müssen geben, wir dürfen nehmen. In Wahrheit ist das ein uraltes Programm, das den Mann, auch in diesem letzten Krieg der alten Ära, zum Herrn weiblicher Schicksale dämonisiert. Ihn zu verbannen aus den Betroffenheitsritualen der Frauen, war ein törichtes Manöver, das viel Zeit gekostet hat, die uns heute fehlt. Um so wichtiger ist es, dass wir nicht weiter aus den alten Schulheften der beleidigten Frauen vorlesen, sondern die neuen Vokabeln lernen. Diese Vokabeln unseres neuen *mindsets* können Männer erst verstehen, wenn wir sie gelernt haben.

Die Alphafrauen können bereits das ganze neue Alphabet, in dem Frauen nicht fordern, sondern etwas bringen. Was sie bringen, hat großen Einfluss auf die Konditionen, die man ihnen gibt, genau wie bei den männlichen Wettbewerbern. Sonderkonditionen als Startpaket schaden dagegen, weil sie ein Element der Ungerechtigkeit darstellen. Frauen sollten intellektuell in der Lage sein, ihr ideologisches Waffenarsenal so zu bereinigen, dass sie als Wettbewerber akzeptiert und geachtet werden.

Geheimnisse nicht bewegen, sondern bewahren

Wie Niederlagen auf der Rückseite von Siegen lauern, so sind auch Laster und Tugenden oft unlösbar miteinander verschlungen. Die Stärken der Frauen führen kaum häufiger zu Privilegien als ihre Schwächen, das macht den Start in neue Kopfprogramme so schwierig. Da schafft ein großes Talent große Nachteile, und die Frauen haben gleich zwei Probleme mit der Korrektur: Erstens mögen sie das Talent nicht missen, weil es Lustgewinn bringt, und zweitens steigert genau das ihre Verletzlichkeit, wenn ihr Talent kritisch diskutiert werden soll.

Das Talent: Frauen erzwingen Nähe. Sie polen harmlose *smalltalk*-Empfänge zu Beichtstühlen um, so dass ihre Gesprächspartner sich unversehens und wehrlos als Beichtväter oder, schlimmer noch, als Ungläubige wiederfinden, die beharrlich zu Bekenntnissen aufgefordert werden. Das Protokoll von Empfängen lässt weder die panische Flucht aus solcher Belagerung zu, noch erlaubt es abrupte Gesprächsabbrüche. Die Belagerten werden den Regelbruch ihrer Gesprächspartnerin jedoch nicht vergessen.

Die Frauen selbst erleben ihre Fähigkeit, Abstand zu vernichten, im Alltagsleben häufig als Genugtuung oder sogar als Sieg. Ihre soziale Hellhörigkeit und ihr waches Interesse, bei andern Echos für den eigenen Gemüts- und Meinungsstand zu finden, erklären diese Neigung. Schädlich wird dieses Vergnügen, andere über die Grenzen ihrer Auskunftsbereitschaft zu treiben, wenn es um berufliche Zusammenkünfte geht.

Frauen lieben Geheimnisse vor allem deshalb, weil man starke Emotionen erleben und wecken kann, wenn man Geheimnisse teilt – was immerhin gegen den Charakter des Geheimnisses verstößt. So wechseln Geheimnisse unter dem Siegel der Verschwiegenheit, wenn Frauen die Transfers machen, schon an einem Abend mehrfach die vertraulichen Partner. Geht es dabei auch nur partiell um Firmendetails, reißt die Frau mitsamt allen, die sie an diesem Abend hochvertraulich einbezieht, ein Diskretionsleck – sie wird zum Sicherheitsrisiko.

Nähe herzustellen, kann ein Kommunikationserfolg sein, wo Nähe strategisch wichtig ist. Entscheidend ist aber das Maß. Im Kundenkontakt trennt oft nur ein schmaler Grat die erfolgsfördernde Kundennähe von der Preisgabe einer Information, die das Kundenvertrauen unmittelbar oder mittelbar beschädigt. Auch Kunden wollen, wie Mitarbeiter, keine bedingungslose, sondern bedingte Nähe. Jeder gibt soviel von sich preis, wie die andere Seite wissen muss, um begründet an der Bindung festzuhalten.

Frauen lieben die Grenzüberschreitung. Sie haben Mühe, das Zusammenspiel im Wettbewerb auch von seiner ernsten Seite zu begreifen: als absturzgefährdet, als hochverletzlich gegen jede Nonchalance, mit der der eine oder die andere meint, das Spiel auf die Spitze treiben zu dürfen. Wer Frauen nach ihrem ›Terror der Nähe‹ oder nach einer leichtfertigen Preisgabe von Betriebsgeheimnissen fragt, der findet sich plötzlich in vertrautem Gelände wieder: Sie dachte, so sagt sie, für sie gelten Sonderkonditionen – weil sie, wahlweise: jung, neu in der Firma, die einzige Frau unter lauter Männern und weil sie eben besonders impulsiv sei. Führungspositionen sind mit dieser Mischung aus Naivität nicht zu erreichen.

Männliche Manager fürchten das Talent der Frauen, Nähe zu erzwingen, vor allem aus zwei Gründen. Der erste: Regelmäßig wechseln bei dieser offensiven Annäherung Geheimnisse den Besitzer. Genauer: Der Kreis der Geheimnisträger wird leichtfertig erweitert. Während die Frau den Geheimnistransfer als Vertrauensbeweis einsetzt, weiß der Mann: Sie kann das Verratene nie zurückholen. Der zweite Grund: Wer Nähe erzwingt, vernichtet den notwendigen Abstand, den Partnerschaft braucht. Frauen verwechseln Komplizenschaft mit Partnerschaft; sie liefern sich aus, um ihre Gesprächspartner zu verleiten, sich ebenfalls auszuliefern. Die Währung, in der gezahlt wird, ist aber nicht Vertrauen, sondern Indiskretion und Geheimnisverrat.

Der Amerikaner Christopher Flett spricht für die männliche Alpha-*Community,* wenn er *keeping secrets* für eine der wichtigsten Qualifikationen im Business erklärt: »Männer sind der Meinung, dass man Frauen absolut nichts erzählen sollte, was nicht die ganze Welt wissen soll«, schreibt er. »Wir haben erlebt, dass Gerüchte wie ein Flächenbrand durch einen vertrockneten Wald rasen, und wir waren Zeugen, was der anrichtet.«[7]

Flett ahnt, man werde ihn einen Sexisten schelten, deshalb fährt er fort: »Wie viele von uns haben es denn noch nicht erlebt, dass Frauen Geschichten erzählen, die sie auf keinen Fall mit jemandem teilen sollten? Geben wir Männer Gerüchte weiter? – Ja. – Tun wir das bei wichtigen Dingen, auf die es ankommt? Nein.«

Überraschend genug, dass Flett anschließend dieselbe Beobachtung mitteilt, die ich beschrieben habe: »Frauen benutzen Informationen, und speziell Insider-Informationen, als eine Währung, mit der sie Intimität mit anderen Frauen erzeugen. ›Ich sollte dir das eigentlich nicht erzählen, aber ich bin sicher, du wirst das Geheimnis wahren.‹«

Denselben Satz, sagt, Flett, hat die Frau schon als Schulmädchen in der *High School* verwendet, und sie hat ihn beibehalten. Im Umgang mit Männern, fügt Flett an, ist dieser Intimitätsterror *a credibility killer,* ein Dolchstoß für die Glaubwürdigkeit.

Der weibliche Angriff auf den *cordon sanitaire*, der jeden von uns vor der Zerstörung des Abstands schützt, den dir brauchen, um uns sicher zu fühlen und die uns anvertrauten Geheimnisse zu bewahren, ist nicht als harmlose Disziplinlosigkeit abzutun. Wer Gerüchte befördert, wer Geheimnisse weitergibt, um andern ihre Geheimnisse zu entlocken, der zerstört die Informationskultur, auf die wir uns alle verlassen möchten. Christopher Flett zeigt, was der Flächenbrand vernichtet, den Frauen häufiger als Männer entfachen: Wer Information zu managen hat, der sollte diese Schlüsselsätze im Auge behalten: Die Informationen gehören nicht dir, sie sind Eigentum der Menschen, die sie dir ge-

7 Vgl. Christopher V. Flett, *What men don't tell women about business.* New Jersey 2008, S. 111 f.

geben haben. Dein Vertraulichkeitsversprechen hast du auch dann gebrochen, wenn du behauptest, dass du mit allem, was du erzählst, nie mehr zu tun haben wirst.

Wenn du das Vertraulichkeitsversprechen einmal gebrochen hast, wird jeder wissen, dass man dir nicht vertrauen kann. Alle werden versuchen, dich loszuwerden.

Frauen sollten die Versuchung, durch Geheimnisverrat Komplizen zu gewinnen, mit der Einsicht bekämpfen, die zum Alphatraining gehört: Wer Geheimnisse wahrt, wird zur wichtigsten und mächtigsten Figur in jeder *Community*.

Christopher Flett verspricht Frauen, die die Alphakunst des Abstands erlernen *a first class seat in the inner circle of our business lives*.

»Brauche ich dieses Versprechen?« wird manches trotzige *College girl* fragen. Ich rate ihr: Frag eine Alphafrau, sie wird dir denselben Rat geben. *Keeping secrets* ist ein Gebot im Alpha-*Circle*, das Machtpositionen sichert – für Männer und für Frauen.

»Wenn du Zweifel hast, schweige«, sagt Flett den Frauen, die Gerüchte wenigstens entlarven möchten – als Ausweichaktion für das geliebte Laster. Und er fügt ein Sprichwort an, das in die Merkzettel all jener Frauen geschrieben ist, die sich ein Leben als *secret keepers* noch gar nicht vorstellen können: LOOSE LIPS SINK SHIPS.

Keeping secrets: Es geht bei der männlichen Irritation angesichts weiblicher Schiffeversenker um ein generelles Problem, das in diesem Buch oft berührt wird. Die Frage ist nicht, ob Männer die Eintrittsbedingungen in den Alphaklub diktieren, sondern ob wir zueinander jenes Vertrauen fassen können, das uns, Männer und Frauen, zu Verbündeten statt zu Kontrahenten macht. Rivalisieren können wir nur nach Spielregeln, die beide Seiten als fair anerkennen und respektieren. Der Intimitätsterror von Frauen ist auch in diesem Sinne für Männer ein Angstfaktor, weil er den fairen Wettbewerb offensiv vernachlässigt. Wenn *secret keeping* für die einen lässliches Grundversprechen im inneren Zirkel, für die andern eher Spielmaterial ist, das für persönliche ad-hoc-Erfolge geopfert wird, dann können beide Seiten nicht zusammen agieren.

Nein, muss der zornigen Frau geantwortet werden, es geht nicht darum, ob auch Männer gelegentlich Geheimnisse verraten. Es geht um den Grad der Wahrscheinlichkeit und vor allem um die Spielregel selbst: Erklären wir alle sie für prinzipiell unverletzlich, dann können wir die Regelbrecher schnell erkennen und vom Platz der Alphatiere wegschicken.

Ob die Frauen es schwerer haben, die Spielregel einzuhalten, spielt keine Rolle. Es gibt haufenweise Regeln, deren Beachtung Männern schwerer fällt als Frauen. Unsere wechselseitige Aufrechnung ist ein Fehler der Vergangenheit – jetzt ist heute, und heute ist schon morgen, weil wir uns so verspätet haben, endlich das Wichtige zu tun. Dabei ist das Pensum der Frauen größer als das der Männer. Der Benachteiligungsverdacht ist hier wie überall verfehlt: Es ist eine Auszeichnung, dass wir mehr zur gemeinsamen Zukunft tun müssen als die Männer – weil wir mehr verstanden haben. Weil wir mehr durchschauen. Weil wir interessierter sind an Menschen – an uns, an den andern, den Fremden, den Männern. Darum lohnt es sich, dass wir die weiblichen Laster und Privilegien durchschauen und aus dem Weg räumen.

Never give up your power!

Frauen schaffen es immer wieder, dass ihre Laster aussehen wie Tugenden. Das schafft ihnen Entdecker vom Halse, die trotz aller Diskriminierungsfesseln die Attacke wagen: »Hey, Eva, was soll das?« Wenn wir aus diesem Käfig herauskommen wollen, müssen wir selbst, die Frauen, die Attacke führen, die Frauentricks entlarvt, Verstecke enttarnt, Täuschungsmanöver stoppt.

Frauen lassen es sich in aller Regel gern gefallen, wenn jemand bewundert, dass sie ›als Frau‹ etwas geschafft haben. Sagt der Bewunderer das auch noch ›als Mann‹, schmilzt sie dahin. Dabei handelt es sich um eine fast unverschämte Galanterie, mit der jede aufrichtige Beurteilung kurzgeschlossen wird.

Warum gehen Frauen solchen frechen Sätzen auf den Leim? Weil sie auf den ersten Blick schmeichelhaft sind. Aber sie schmeicheln nicht ihren besten, sondern ihren schlechteren Eigenschaften. Sie appellieren an einen ganzen Kanon von traditionellen Leerformeln, die nur oberflächlich aufgeputzt wurden mit feministischen Sprachbrocken. Nicht mit ihrer Intelligenz, ihren Fachkenntnissen, ihrem Durchsetzungsvermögen hat sie es geschafft, Anerkennung zu finden, sondern ›als Frau‹. »Und Sie?« sollte sie antworten, »was haben Sie ›als Mann‹ geleistet, was andere Männer nicht schaffen? Überhaupt: erstaunlich, Sie als Mann ...«, dürfte sie mit einem Blick vom Scheitel bis zur Schuhspitze leicht ironisch hinzufügen. Natürlich kann sie auch antworten: »Ich habe das nicht ›als Frau‹ geschafft. Weder obwohl noch weil ich eine Frau bin. ICH habe das geschafft. Schauen Sie einfach mal genau hin; ich bin erfolgreich. Das müssen Sie aushalten. Als Frau habe ich noch ein paar Optionen mehr als Sie; aber das hat mit meiner Arbeit nichts zu tun.«

Das wäre eine triumphale *Performance,* wenn die Angesprochene bester Laune und ein bisschen übermütig ist. Ärgert sie sich über den dummen Spruch, kommen die Sätze vielleicht nicht so locker und *tough* daher, dass der Dummschwätzer überführt ist. Im Alphatraining muss es diese Einheit geben: spontan nicht *sweet*, sondern *cool* reagieren, ohne verletzend zu sein. Alphafrauen erleben heute inspirierende Zeiten: Das gesamte Schussfeld ist frei, weil noch kaum jemand begriffen hat, dass die defensive Phase der Frauen vorbei ist. Alphafrauen sichten das gesamte Arsenal der Schmeicheleien, mit denen Männer gefallsüchtige Frauen darüber hinwegtäuschen konnten, dass die meisten Komplimente einen Kern verbergen, der aus Geringschätzung besteht. Die neue Spezies der Alphafrauen hat längst begonnen, Komplimente an Männer auszuteilen, die schillern: Anerkennung, Bewunderung, Zustimmung – aber keine Vernichtung des Abstands, kein Angebot von Geheimnissen, die keiner in der Firma kennt. Aber eine Aura, die genau diese Vermutung weckt: Sie kennt alle Geheimnisse, die ich, das männliche Alphatier, noch nicht kenne.

Das Fazit: Frauen sollten nie den Schmeichlern diesen Satz nachsprechen: »Ich habe ›als Frau‹ erreicht, was andere nicht erreichen.« Beschränken Sie sich auf die passende Replik. Gewöhnt die Frau sich diesen Satz an, ist sie wieder auf vertrautem Terrain: Sie hat Sonderkonditionen. Sie ist Ausnahme, nicht Regel. Was sie nicht gleich bemerkt: Sie ist damit schon wieder aus dem Spiel. Nicht als Bankerin oder Juristin hat sie den Direktorenplatz errungen, sondern ›als Frau‹. So stellen ihre Gönner sie überall vor.

Schon nistet sich dieser Satz bei ihr ein. Wenn Männer meinen, an ihrer Position sei dies das Wichtigste, dass sie sie ›als Frau‹ erreicht habe, dann wird sie das künftig gern wiederholen. Sie könnte wissen, was sie damit in Bewegung setzt: Aha, Quote, sagt sich einer. Affäre mit dem Chef, fragt sich ein anderer. Gleichstellungstrend in der Firma, vermutet ein Dritter. Keiner folgert: Sie muss die beste Juristin, die beste Bankerin in diesem Haus sein, wenn sie diesen Sprung geschafft hat.

Frauen lassen sich fügsam auf ihr Frausein reduzieren, wenn der anerkennende Tonfall stimmt. Frauen wollen gefallen; sie verpassen deshalb oft die knallharte, einzig passende Reaktion, wenn Männer ihre Leistung mit Unschuldsmiene degradieren. Frauen sind schnell bereit, von Widerständen und Handicaps zu berichten, wenn die Verkleinerung ihres Formats erst einmal angelaufen ist. Sie sorgen für die Abwertung ihrer Talente und Erfolge, weil das einmal begonnene Gespräch so konsensbetont in die falsche Richtung läuft. Erst Stunden später, wenn überhaupt, bemerken sie, dass sie sich weit unter ihrem Wert verkauft haben – nur damit ein halbintelligenter Phrasendrescher sich in ihrer Gesellschaft wohl fühlte.

In diese Falle tappen Frauen immer wieder: Sie verwischen ihre Erfolgsspur, um den Konsens des Augenblicks nicht zu stören. *Giving up your power*, wie Christopher Flett es nennt, ist ein Reflex, der Frauen immer dann in die falsche Richtung laufen lässt, wenn es um ihr Ansehen geht. Nur Frauen halten es für eine Tugend, was in Wahrheit ein Laster ist: Konsenssüchtig geben sie mehr von sich preis, als jeder im Business-Team wissen möchte. Ihr Motiv: unschuldig zu erscheinen, obwohl ihnen ein kleines Missmanagement unterlaufen ist. Nehmen wir eine Banalität: Sie kommt zu spät ins Meeting. Mit traumwandlerischer Sicherheit wählt sie die falschen Worte, um sich zu entschuldigen. Sie greift in den Vorrat der ›weiblichen‹ Erfolgsstrategien, in deren Zentrum die Gewissheit steht, Sonderkonditionen zu genießen. Als professionelle Mitspielerin unter Profis kann sie damit nicht erfolgreich sein. Während sie redet – und das laufende Meeting nach ihrer Verspätung noch einmal stört –, schwindet ihr Ansehen in diesem Kreis wie Schnee an der Sonne. Das alte Rollenmuster lehrte Unterwürfigkeit, Preisgabe von Details, um Vertrauen und Wohlwollen zu wecken. Im Kern stand das Motiv: Sie sollen mich mögen, ich opfere dafür private Details, die mich schwach zeigen.

Nichts an dieser Strategie, außer dem Schein, ist richtig. Nichts an diesem Auftritt ist erfolgreich. Nicht, weil Männer und Frauen im Kreise der Zuhörer schadenfroh wären – sie könnten es jetzt, während der Dramatisierung der Lappalie durch die Kollegin aber werden –, sondern weil sie alle einen Machtverlust erleben, der ohne Not inszeniert wird. Die Frau selbst ist es, die ihre Teampartner zu Richtern über ihr Zeitmanagement macht, weil sie sich entschuldigt? Genauer: weil sie sich ausliefert durch die Art ihrer Entschuldigung. Frauenstrategie aus der abgelaufenen Epoche steht unter dem Motto des Benachteiligungsverdachts. Also breitet die verspätete *Team mate* – nennen wir sie Claudia – die Vorgeschichte ihrer Verspätung aus: Kind krank, Hotline der Firma besetzt, Hilfspersonal unerreichbar, U-Bahn verpasst, fünfzehn Minuten später die nächste, nun endlich hier, mit fünfzehn Minuten Verspätung. Die Partner im Meeting schütteln den Kopf. Warum langweilt sie uns mit dieser langen Erklärung? Setz dich endlich, Claudia, damit wir fortfahren können, denken die Männer. Hat sie nie ein krankes Kind erlebt? Kann sie das immer noch nicht, was Business und Familie an Verantwortung verlangen, denken die Frauen.

Die stumme Botschaft ist eindeutig. Sie lautet: Du hast keine Sonderkonditionen mehr! Vergiss sie! Du zerstörst deine Power-Position, wenn du andern erlaubst, über deine Entscheidungen und Fehlentscheidungen zu urteilen. Claudia hat in Wahrheit ihre Kollegen aufgefordert, über ihr Missmanagement an diesem Morgen zu richten. Und sie tun es. Sie erfährt vor allem deshalb keine Gnade, weil ihr Motiv durchscheint: sich zu rechtfertigen, *good will* für sich zu generieren und dafür die Störung des Meetings rücksichtslos zu verlängern. Wer sich in dieser Weise preisgibt, liefert seine gesamte Macht bei den Kollegen ab. Während Claudia an weibliche Empathie appelliert, verliert sie nicht nur die Achtung der Männer; auch ihre Kolleginnen verlassen sie in diesem Moment wegen ihrer Schwäche, für sich Kapital aus einem Versagen schlagen zu wollen, statt das Team obenan zu stellen. Claudia gerät in die Falle ihrer privaten Erfahrungen: Sie appelliert an das Mitgefühl, damit war sie privat immer erfolgreich. Sie will noch nicht akzeptieren, dass die Welt, in der sie sich jetzt bewegt – das Business – zum Schutz aller Mitspieler anderen Spielregeln folgt.

Nur auf den ersten Blick sind diese Spielregeln härter als in der alten Welt der Sonderkonditionen, die so viele Frauen nicht verlassen wollen.

Soll man sich also gar nicht entschuldigen in dieser *toughen Business Community*? Was hätte Claudia tun sollen, als sie verspätet den Meetingroom betrat? Sie hätte sich entschuldigen sollen, und zwar so, dass all ihre Power, ihr Ansehen in der Gruppe, ihr *standing* im Team, unversehrt geblieben wären. Das hätte folgendermaßen ausgesehen: »Ich möchte mich entschuldigen für meine Verspätung. Ich schätze es sehr, in diesem Team mitzuarbeiten. Deshalb werde ich alles tun, um sicherzustellen, dass so etwas nie wieder passiert.«

Auch in dieser souveränen Entschuldigung ist deutlich, dass Claudia die Erwartungen ihrer Partner nicht erfüllt hat und dass sie das weiß. Darum und nur darum wird sie bemüht sein, jede Wiederholung zu vermeiden. Erledigt.

Mag sein, dass ein kritischer Kollege fragt: »Was war denn los?« oder »Ist alles okay bei dir?« Auch für diese Versuchung, Macht abzugeben, sollte Claudia gerüstet sein. Ihre knappe Antwort: »Es war eine persönliche Angelegenheit.« Punkt.

Das Fazit aus dieser nur scheinbar harmlosen Geschichte, die in hundert Varianten Frauen zu Fehlreaktionen und Rückfällen in alte Unterwerfungsgesten lockt: Lass niemals zu, dass andere über deine Angelegenheiten urteilen. Und die schwierigere Lektion: Es spielt keine Rolle, was die andern denken.

Eine ganz schwere Lektion für Frauen. Sie wollen doch, dass man positiv von ihnen denkt. Und sie wollen sich darum kümmern, dass das geschieht. Lauter Positionen zum Abräumen, weil sie Schaden anrichten – nicht bei den andern, sondern gegen die Frau, die eben damit beschäftigt ist, ihre Situation zu verbessern.

Es spielt keine Rolle, was die andern denken: Es spielt eine Rolle, wer die Macht hat – und wer sie preisgibt und wohin sie dann wandert. Dieses Lehrstück ist eines der wichtigsten im Alphatraining. Es kostet nur scheinbar weibliche Stärken; in Wahrheit räumt es weibliche Schwächen ab, die sich wie Stärken maskieren, Laster, die sich in Tugendkleider hüllen.

Dennoch: Das ist Alphastoff vom Schwersten für Frauen. Er trifft mitten ins weibliche Herz. Egal was sie denken: »Nein, das ist eben nicht egal!« klagt Eva. Sie will immer, dass man (vor allem Mann!) gut von ihr denkt. Sie will das beeinflussen. Sie verspricht sich etwas davon. Aber was? Es ist eines der vielen falschen Pferde, auf die Frauen setzen: Sie tun alles, damit man gut von ihnen denkt. Die Alphalektion aber sagt ihnen: Zwing sie in die Knie! Dann brauchst du dich nicht mehr darum zu kümmern, was sie von dir denken. Und, viel wichtiger: Sie werden das Richtige von dir denken: dass du stärker bist als sie. – Ach! Das willst du gar nicht? – Sollen sie dich lieben? Oder streicheln? Dir schmeicheln? Du willst nicht siegen? – Okay! Dann brauchst du gar nichts mehr zu machen.

Sie will ja siegen – aber anders. Die Megamacht Frau liebt die heimliche Herrschaft. Seit der Vortrupp weltweit von der verdeckten zur offenen Herrschaft übergeht, herrscht Zerrissenheit bei vielen Frauen, die das *undercover* lieben, aber die Abtrünnigen mit Eifersucht agieren sehen: Das kann ich auch, sagen die Zögernden sich und versuchen, den Privilegienverlust zu taxieren, der mit dem offenen Auftritt auf den Machtplätzen der Welt verbunden ist. Der Abschied von alten Rückzugspositionen ist kein leichtes Spiel. Genau dieses leichte Spiel galt bis gestern: immer wieder Fakten schaffen – und die Männer in die Täterrolle stoßen. Frauen wählen bei offenem Ausgang immer die Zuschauerrolle, weil sie so empfindlich gegen Schuldgefühle sind. Ihr Anspruch auf mehr Schutz vor Abläufen, in denen man schuldig werden kann, wird unter Frauen daher auch gar nicht als Privileg gehandelt: Männer deuten Niederlagen in Siege um, deshalb schicken wir sie nach draußen, wenn es riskant wird. Die Siege dürfen sie auch einfahren, so ist die Rechnung wieder ausgeglichen.

Warum gehen immer mehr Frauen gerade jetzt von der heimlichen zur offenen Herrschaft über? Weil die Riesenspielzeuge der Männer kollabieren. Weil die Helden ihre Ankläger nicht mehr überzeugen können. Weil die Männer zuviel vom weiblichen Weltbild geschlürft haben? Es ist von allem etwas. Die entscheidende Frage können wir aber beantworten: Was war früher da: die Mutlosigkeit der Männer oder der Aufbruch der Alphafrauen?

III ABSCHIED VON DEN *LOSER*-STRATEGIEN

Das Aus für die Spiele der Spielverderberin

Mit dem Aufbruch der Alphafrauen wird die gemeinsame Welt auch für Männer ein friedlicherer Ort: Immer seltener begegnet ihnen die Frau als Spielverderberin, die den schmerzhaften Angriff auf die verletzlichste Stelle führt: auf sein Gewissen.

›Macht durch Ohnmacht‹ hieß das Konzept, das die Trotzreaktion der Industriekultur-Frauen gegen die eigene Entmachtung in Vorstadtidyllen in eine sublime Rache umwandeln sollte.

Die Opfer-Power der Feministinnen baute hier über Jahrzehnte ihre Angriffspositionen aus. Dazu gehörte die Isolation der Frauen als vermeintliche Position der Stärke. Mit welchen Waffen der Kampf gegen die Männer geführt werden sollte, konnten die Spielverderberinnen in ihrem *closed women-shop* naturgemäß nur fehlerhaft erfahren: Es waren die Ressentiments der Verletzten und die weiblichen Deutungen männlicher Auftritte unter weiblichem Beschuss, die der Angriffsplanung den *spin* geben sollten.

Attacken auf das männliche Gewissen, das Frauen traditionell für dickwandig halten, erwiesen sich als ungeeignet, den Umsturz der Machtverhältnisse zugunsten der Frauen zu erzwingen. Allenfalls unter Frauen könnte das gelingen. Die Macht der Männer über die Schaltstellen der industriellen Epoche empörte Frauen nicht eigentlich, weil sie als Ingenieurinnen oder am Hochofen im Schutzanzug, beim Weichenstellen am Gleis oder als Bauarbeiterin im siebzehnten Stock dabeisein wollten. Es war das Gefühl, ausgeschlossen zu sein von den Jungenspielen wie die Mädchen am Spielplatzrand, die zuerst schüchtern fragen: »Darf ich mitspielen?« und nach der rüden Zurückweisung »Du spielst nicht mit!« ihre Ohnmachtserfahrung in Zorn und

Rachepläne umbauen. Mädchen und Frauen wählen den Tiefschlag, den sie für besonders schmerzhaft halten, weil er ihnen selbst so weh täte: den Hieb ins Gewissen. Wie immun das männliche Gewissen gegen weibliche Vorwürfe sein kann, lernen sie nur widerwillig. Alphafrauen zählen dieses Wissen zum Standard.

Frauen beziehen alles auf sich – auch die männliche Unbekümmertheit, das gesamte Universum für einen Männerspielplatz zu halten, auf dem Frauen gern als rettende Engel erscheinen können, während sie als lebender Vorwurf geringere Chancen haben.

Die vorwurfsvollen Frauen sollten ebenfalls weniger werden in diesen Jahren: Immer mehr Frauen begreifen, dass sie erfolglos bleiben, wenn sie Männer mit Attacken verletzen wollen, die unter Frauen als tödlich gelten. Da wandert ihr Privileg plötzlich in Männerhand: Nicht mehr sie ist das bestaunte Wesen von einem andern Stern, sondern er ist es, der ihr wie ein Außerirdischer erscheint, mit stählerner Haut, unverletzlich. Wenn sie jetzt noch die eigene Kränkung über ihre falsche Waffenwahl überwinden kann, entdeckt sie, dass er damit einem alten Ideal entspricht: dem stählernen Ritter, den sie gegen alle Drachen dieser Erde losschicken könnte. Das Spiel verliert sie nur, solange sie selbst der Drachen ist.

Frauen sind Meister der Schuldverschiebung. Die Mittel: Hilflosigkeitssignale, prophylaktische Unterwerfung. Im Staub kniend, demütigen sie den Angreifer Mann, der in der Regel nicht versteht, welche Schuld er auf sich geladen haben soll. Er kämpft auch nicht darum, sein Schuldkonto kennenzulernen: Hier beginnt die tiefe Enttäuschung für sein weibliches Gegenüber. Sie hält für roh, was eine Fluchtbewegung ist: ›Versetz dich nicht in die andere‹, lautet das Reptilhirngebot, dem der Mann folgt. ›Es wird dich schwach machen! Schwäche ist Schmerz‹ – hier widerspricht die männliche Erfahrung der weiblichen, die Schwäche als Machtfaktor einsetzt –, Schmerz muss vermieden werden, weil er den Täter zum Opfer macht.

Wer das alles nicht weiß, obwohl Hormonforscher und Hirnphysiologen es längst wie die Spatzen von den Dächern pfeifen, wer es nicht wissen will, der wird Fehler machen. Frauen machen diese Fehler immer noch, und kein Durchschnittsmann wird sie darüber aufklären, was in ihm vorgeht, weil es Tabuzonen sind, die er öffnen müsste, um verstanden zu werden.

Erinnern wir uns: Nicht immer ist es wichtig, verstanden zu werden, wenn unser Handeln ohne das Verständnis der andern erfolgreicher ist.[8] Harte Kost für Frauen, Alphastoff. Wer ihn nicht löffelt, fährt weiter auf der *Loser*-Straße.

Alphafrauen lernen das Entlastungsprogramm: Versetze dich nur wohldosiert in die andern. Zuviel Empathie macht den Schwachen nicht stark, aber den Starken schwach. Im Alphatraining revoltieren einige: Abhängiges Verhalten, ein uraltes Erfolgsprogramm von Frauen, sei doch immer auch ein Appell. ›Geh gut mit mir um! Nutze meine Wehrlosigkeit nicht aus! Schütze mich! Sei fair.‹ Dennoch eine Unterwerfungsmelodie. Aus der Opferposition führt kein Weg nach ganz oben. Wer ein betreutes Leben wünscht, darf so appellieren. Aber Vorsicht: Da die Unterwerfung ein Schachzug ist, meldet sich der Zorn, wenn die Belohnung ausbleibt.

Wer Betreuung einfordert, setzt eine Karrierestörung. Wer sich behandeln lässt, findet den Übergang zum Handeln nicht mehr. Frauen fordern gern Rücksicht und Nachsicht. Der Alphaweg sagt: Rücksicht **üben**! Wer Rücksicht nimmt, nicht für sich fordert, erlangt eine bewunderte Sonderstellung unter Männern. Wer Rücksicht souverän praktiziert – mit dem Subtext: Ich kann mir das leisten –, wird als mächtig erlebt.

Dominanz durch Rücksicht, Überlegenheit durch Großzügigkeit und ausgeteiltes Vertrauen: Das sind Alpha-Eigenschaften, die für Frauen leicht, für Männer schwer sind. Konkurrenzfieber und *Fighter*-Syndrom lassen die Männer stolpern auf diesem Weg zur Läuterung. Es sind Gesten der Demut, die aus der absoluten Freiheit kommen; Frauen sollten jubeln, dass ihr Weg zu dieser Freiheit kürzer ist.

In Wahrheit sind Alphafrauen viel unabhängiger als Alphamänner, sie sind nicht hormonbeladen und testosterongesteuert wie ihre männlichen Kollegen. Frauen sind nicht gekettet an ein

---

8 Siehe dazu S. 59–64.

Imponiergehabe, das der eigenen Intelligenz in die Parade fährt. Während der hochkarätige Manager Augenblicke der Sandkastengroßmäuligkeit nie ganz ausschalten kann, bleibt die weibliche Kontrahentin auf eine Weise *cool*, die durchaus kränkend sein kann – wäre da nicht ihr Talent zur Empathie: Sie kontert nicht ironisch; sie genießt und schweigt. Ja, wir kannten diesen Satz aus der Selbstdarstellung der Männer, wenn sie von Eroberungen schwadronierten. Auch diesen Satz müssen sie sich künftig mit uns teilen.

So lernt die Spielverderberin ein neues Spiel, das sie aus der Abhängigkeit befreit. Sie lernt, weniger zu reden; sie gibt den Wunsch auf, Deutungen ihres Verhaltens zu lenken. Sie beobachtet schweigend und löst damit Unsicherheit aus: Solange sie viel redete, gab sie viel von sich preis; sie lieferte sich aus. Seit sie das Schweigen gelernt hat, muss der Mann sein Privileg mit ihr teilen. Alphafrauen wissen es schon, und ihre Schwestern lernen: Schweigen ist Macht.

Nicht mehr Geheimnisse ausplaudern, sondern vielsagend schweigen, virtuosen *small talk* liefern: Das ist der neue Auftritt nach dem Abschied von der Rolle der Distanzkillerin.[9] Und wieder wird der Verzicht belohnt. Nun, da sie nicht mehr durch sublime Verratsaktionen und Regelbrüche Erfolg sucht, findet sie sich auf demselben Rang mit jenen Kollegen wieder, deren Schweigen sie ehemals durch Angebote zur informellen Kommunikation knacken wollte.

Beinahe zwangsläufig folgt der nächste Abschied von einer bewährten *Loser*-Strategie aus der weiblichen *Community*: Frauen neigen dazu, ihre Fähigkeiten zu unterschätzen. Das klingt nach Bescheidenheit, aber es folgt strategischem Kalkül. Männliche Forscher begreifen diese Strategie nur mit Mühe: Auch bei besten Siegchancen wählen Frauen eher die risikoarme Spielmöglichkeit, die garantiert weniger Gewinn bringt, aber den Totalverlust des erspielten Profits unmöglich macht. Im gleichen Spiel entscheiden sich Männer risikobereit für eine Turniersituation, in der sie alles gewinnen und alles verlieren können. Die Folge-

9 Siehe dazu S. 54–58.

rung der Forscher aus solchen Versuchen: ›Männer neigen stärker als Frauen dazu, ihre Fähigkeiten zu unterschätzen.‹[10] Genauer gesagt: ›Wenn es um die höchstmögliche Entlohnung geht, dann entscheiden sich gut abschneidende Frauen zu selten für den Wettbewerb und schlecht abschneidende Männer zu häufig.‹

Strategische Selbstüberschätzung, wie sie bei Männern beobachtet wird, ist als Karrierebeschleuniger sehr nützlich. Die Forschung zeigt uns nämlich auch, dass Frauen vor der strategischen Überschätzung ihres Könnens zurückschrecken, wenn ihnen eine Beförderung angeboten wird. Auch dies tun sie nicht aus Bescheidenheit, sondern aus Furcht zu versagen. Die Niederlage fürchten sie mehr als die Verweigerung der Beförderungschance, die sie selbst verursachen, um nicht zu scheitern. Überall, wo es um Zukunft geht, ist der Gedankensprung in die nächste Dimension der zuverlässigste Helfer, um die nächste Stufe zu erreichen. Männer kalkulieren ein, dass ihre Kompetenz bald auf der Höhe der wachsenden Anforderungen sein wird. In diesem Sinne ist strategische Selbstüberschätzung ein unentbehrliches Instrument.

Wer sich im Heute festnagelt und nicht die Kühnheit besitzt, das Fenster, das sich öffnet, völlig aufzustoßen, der bleibt dort zurück, wo er schon morgen unterfordert sein wird. Die strategische Selbstunterschätzung ist eine trügerische Tugend, die auch unterhalb der Alphazone unbrauchbar ist.

Immer wieder zeigt sich: Frauen können nur gewinnen, wenn sie ihre *Loser*-Strategien abwerfen. Der verblüffende Zusatznutzen: Auch die Männer gewinnen, weil Frauen endlich berechenbar werden: bekannte statt unbekannte Wesen; faire statt listenreiche Partnerinnen; handlungsstark statt defensiv; offen statt verschlagen; offensiv statt unterwürfig.

Unter Frauen ist die Orientierung an den Besten keine Selbstverständlichkeit. Wenn Männer ihre Helden haben, können Frauen nicht spontan von ihren Heldinnen reden: Noch kämpfen sie mit dem Steinzeiterbe in ihrem Gehirn, das die andere Frau

10 Lise Vesterlund/Muriel Niederle, »Do Women Shy Away From Competition? Do Men Compete Too Much?«, National Bureau of Economic Research, Arbeitspapier Nr. 11474, Juli 2005.

als die Todfeindin registriert: »Die oder ich!« brüllt das Reptilhirn im Frauenkopf, weil es jahrtausendelang um den Platz an der Seite des Häuptlings, in der Gunst des Herrschers, auf dem Thron des Clanchefs ging. Frauen laufen mit schwer beherrschbaren Eifersuchtsreserven gegen andere Frauen noch heute durch die *shopping malls* und über die Dorfstraßen. Alphafrauen zu verehren, ihnen nachzueifern, ist ein neues Spiel, das schon geübt wird. Bis gestern gab es Frauenverehrung durch Frauen nur über die unüberbrückbaren Distanzen, die jeden ernsthaften Vergleich töricht erscheinen ließen. Im Mittelfeld herrscht bis heute Gedränge, aber die Erfolgreichen spielen beim Neidspiel nicht mit, und wer werden will wie sie, übt die neue *coolness* gegenüber den schönen, klugen Schwestern: Morgen bin ich dabei, sagen sich die Alphamädchen, die, eben der Schule entwachsen, die neue Zeit in Kopf und Herz spüren: *It's women's time,* es ist die Zeit der Frauen. Was machen da ein paar Abschiede aus?

Die jungen Frauen schnuppern den Alphawind: Du bestimmst, du wirst nicht bestimmt; hör auf, dich zu entschuldigen, frag nicht mehr, was die andern denken, behalte deine Geheimnisse für dich, lerne, vielsagend zu schweigen. Du deutest die Welt, nicht die andern deuten dich. Du erkennst die Probleme, du benennst sie, und dafür dürfen die Männer dich bestaunen.

Du fühlst dich absolut sicher, weil du perfekt bist in der Einschätzung deiner Vorteile – und diskret in ihrer Nutzung. Dein kluger Kopf muss nicht alles kommentieren; du sagst drei klare Sätze im passenden Moment.

So klingen die ersten, noch leisen Akkorde der Alphamelodie in den erwartungsvollen Träumen von Schulmädchen. Wie sie die Regie über ihre Verehrer führen, das lässt ahnen, wieviel sie bereits emotional verstanden haben. Die Zukunft gehört euch, Alphamädchen, und das Alphatraining in diesem Buch wird für euch die pure Poesie sein. Einige von euch haben Mütter, die Alphafrauen sind – die natürlichen Verbündeten der Kinder. Diese Mütter haben ein paar Abschiede mehr zu leisten als ihre Töchter. Diese Mütter haben auch Söhne, die von Anfang an lernen: Die Alpha-*Community* hat zwei Gesichter, ein männliches und ein weibliches. Alphamütter erziehen ihre Söhne für die neue Kultur der *mixed leadership*.

Alphastrategien – Abschiede und Landgewinn

Nach all den Abschieden von Privilegien und Lastern, von strategischen Irrtümern und Versteckspielen wird das Haifischbekken auch für Frauen nicht gleich zum Aquarium.

Den besten unter den Frauen ist nun klar, dass Männer viel weniger von Frauen verstehen als Frauen von Männern. Die ›Männerversteherin‹ ist in unzähligen Exemplaren unterwegs, aber im Wortschatz noch nicht angekommen. Der ›Frauenversteher‹ hat ein klares Profil, weil er selbst sich so vorstellt: »Ich bin ein Frauenversteher.« Und die Frauen benutzen das Etikett mit ironischem Unterton. Etwas von der Unverstandenen möchten sie sich schon bewahren.

Da die Männermehrheit uns in der Wirtschaft noch lange erhalten bleiben wird, ist es nützlich, von den Männern eine Menge zu verstehen. Der Erfolg der Frauenminderheit unter Männern gewinnt an Tempo, wenn wir neben den trivialen Erfolgsfaktoren, die in Zahlen auf den Tisch kommen, jene Erfolgsquellen kennen, die das Ansehen der Wettbewerberinnen unter ihren männlichen Kollegen am schnellsten steigern und sichern.

»Wie sicherst du dir die Achtung der Männer?« – Das war noch im Postfeminismus eine Frage, die auf den Index für verbotene Fragen gehörte. Die *political correctness* in Frauenfragen diktierte die Geringschätzung für Männerstrategien und die strategische Überschätzung einer vermeintlich ›soften‹ Heilsbotschaft der Frauen für das wölfische Business. Diese Zerrbilder sind heute schon Geschichte. Die Männermehrheit in der Wirtschaft dürfte durchaus über mehr Erfahrung mit Wirtschaft verfügen als die neuen Mitspielerinnen. Wer spät kommt, tut gut daran, das laufende Spiel und seine Regeln erwartungsvoll zu studieren, um dann die eigenen Ideen zu Regelwerk, Spielfeldzuschnitt, Mannschaftsqualität und Zusammenspiel behutsam einzublenden.

Die neuen Frauen unserer Tage erkennen blitzschnell, wie schädlich der Megabonus war und ist, mit dem ihre Vorgängerinnen auf die Spielfelder der Männer geschickt wurden. In den Köpfen der Männer und Frauen, die heute als Wettbewerber im neuen Spiel nach Unbefangenheit suchen, sind die verfehlten Privilegien, die ungerechten Schutzklauseln für Frauen und die Standardverdächtigungen gegen Männer immer noch präsent. Sie verblassen nur langsam, und die Kränkung trifft beide, Männer und Frauen. Frauen haben mehr Mühe, sie zu verarbeiten.

Wie gewinnen die weiblichen Neulinge die Achtung der Männer, die früher das gesamte Feld des Business für sich hatten? Die Strukturen aufgebaut haben, die ihnen gefallen und ihrer Systemliebe entgegenkommen? Die den Umgang mit ihresgleichen natürlich leichter finden als jenen mit Frauen, die sie nur schwer einschätzen können?

Und könnte es sein, dass die Regeln, nach denen Frauen unter Männern Achtung und Anerkennung gewinnen, gar nicht so ›männlich‹ sind, wie die Missionare der Botschaft ›Das Heil kommt von den Frauen‹ behaupten? Ganz sicher ist, dass Sätze wie ›Als PR-Managerin ist Claudine die rechte Hand ihres Mannes‹ gar nicht erst umgekehrt auftauchen müssen, sondern gleich ganz verschwinden dürften. Oder möchte ihr Mann Claudines ›rechte Hand‹ sein?

Der Aufbruch der Alphafrauen ist es, der die Männer in Selbstzweifel treibt. Frauen, die sich nicht mehr schützen lassen, Frauen, die nicht aufschauen, sondern herab, Frauen, die nicht mehr reden wie die Wasserfälle, Frauen, die kaum noch Konjunktive benutzen und gar keine Fragezeichen mehr setzen – Frauen, die die Welt der Imperative mit den Männern teilen wollen. Frauen, deren Ausrufezeichen heller klingen, schneidend und praepotent: Konkurrenten, die man nicht attackieren darf wie die männlichen Kollegen. Starke Frauen zu mögen, ist eine emotional umständliche Aktion, wenn sie auf gleichem Rang herumspazieren.

Männer erleben ein spezielles Alphatraining, das niemand für sie organisiert: das Training im Umgang mit Alphafrauen. Die aber tauchen zwischen den Männern auf, weil sie alle Lektionen des weiblichen Alphalateins bereits gelernt haben. Wieder wird die systemkritische Haltung von Frauen für Männer zur Falle: Da wurden nicht Schulen eröffnet mit dem Lernziel ›Alphakompetenz für Frauen‹. Jede Aufsteigerin löffelte ihre Karrierelektionen für sich, und kaum eine erbat männlichen Schutz – weil eine der ersten Lektionen, die das Arbeitsleben ihnen vorlegte, die wichtigste war: Wer ganz nach oben will, sollte nicht die Last einer schützenden Männerhand auf dem Scheitel fühlen. Im Mittelfeld wird gehegt und gefördert; die Bremsspur der Schutzangebote sichert dem mittleren Management viele eifrige Karrierehelfer und -helferinnen, die nie nach oben durchstoßen. Wer hier überholen will, braucht die *coole* Einsicht: Egal was die andern denken, ich will hier raus.[11]

Die Männer hatten kaum eine Chance, sich systematisch auf die Machtergreifung der Frauen vorzubereiten. Sie lief und läuft so unsystematisch ab, wie es bei Frauenprojekten üblich ist: Während sie Täterinnen wurden, gerierten die Frauen sich wieder einmal als Opfer – eine Rolle, die sie so gut beherrschen, dass sie von ihr nicht lassen wollen. Die Nebelkerzen weiblicher Betroffenheit täuschten also das gesamte männliche Publikum über die wahre Qualität und das Kaliber dieses Aufbruchs.

Wo keine Strategie erkennbar ist, so dachten die Männer, da ist kein Projekterfolg zu erwarten. Alle Welt schaute auf die weiblichen Mehrheiten, die unter Förderprogrammen zuverlässig im Opferstatus blieben; so konnte der Vortrupp aus Alphapartisaninnen ungehindert zu höchsten Rängen aufsteigen. Ob sie nun Töchter müder europäischer Väter sind oder zähe Aufsteigerinnen in männerdominierten Kulturen des Orients oder Farbige in weiß gepolten Gesellschaften – auf einmal sind sie da, und erst jetzt fangen die Magazine an nachzuzählen, zu prämieren. Das Staunen organisiert sich erst langsam, und die verspätete Neuigkeit, dass die Rasse der Alphas auch weibliche Exemplare hat, ist noch nicht einmal getextet – geschweige denn

11 Siehe dazu S. 29–34.

analysiert und akzeptiert. Die Aufstiegskommentare gehen immer noch vom Unterdrückungsvorwurf an Männer aus, und in diesem Textbuch bleiben die Frauen Opfer, auch wenn sie den Käfig aufbrechen, der sie gefangenhält. Auch möchten die Kommentatoren sich nicht von den Schmeicheleien trennen, mit denen sie den Frauen eine Art Erlöserrolle zuschreiben, die alles anders und natürlich besser macht.

Männer wie Frauen haben das Projekt ›Chancen für Frauen‹ immer unter dem Benachteiligungslabel gehandelt. Es schien berechenbar, so eine Art Sklavenbefreiung. Und befreite Sklaven werden ja nicht gleich Generaldirektoren. In den Köpfen der bemühten Förderer blieben die Frauen Opfer, die man nicht gleich in den Täterstatus befördern würde, sondern erstmal ein wenig Gymnastik ohne Ketten machen lassen wollte.

Dass ein Spitzentrupp von Frauen sich um den ganzen Befreiungszauber überhaupt nicht kümmerte und dass genau diese Frauen es waren, die am schnellsten in Spitzenpositionen aufstiegen, war und ist eine ernste Kränkung für die Förderer. Die Frau wird von ihren Betreuern und Gleichstellungsvormunden als Objekt gesehen, aus dem vielleicht in der nächsten, nicht aber in dieser Generation ein Subjekt werden soll. Frauenförderung ist in diesem Sinne ein Schonraum, vor dem Frauen, die es eilig haben, sich hüten sollten. Schonung, Betreuung und Gleichstellungszauber haben lähmende Qualität für alle, die es ernst meinen mit ihrem eigenen Wohl. Achtung: So ernst mit unserem Wohl kann es keiner meinen wie wir selber.

Alphafrauen machen es vor: Innovation in der Selbstwahrnehmung muss von den Frauen selbst kommen. Ihre Betreuer lehren die Überwindung alter Muster und sind doch deren Gefangene. Wer sich täglich auf das Falsche bezieht, um das Richtige durchzusetzen, verzögert das Neue. Alphafrauen geben anderen Frauen Orientierung, wie man das macht: Traditionen abwerfen wie ein lästiges Gepäckstück, das nur ungenießbaren Proviant enthält. Die Befreiungshelfer mögen enttäuscht sein, dass sie beim eigentlichen Durchbruch der Frauen nicht mehr mitspielen. Aber war das nicht das Ziel der gesamten Übung? Wir brauchen Wegweiser, aber sie sind es nicht, die den Weg, den sie weisen, auch gehen könnten.

Die Businessfrau, wie Lufthansa sie sieht – von perfekter Eleganz, mit wohldosierter Dominanz und bestechend locker.

Betreuung sichert auch Abhängigkeit. Dass die Betreuer nicht loslassen wollen, wenn ihre Schützlinge sich freigeschwommen haben, hat auch mit der Unruhe zu tun, wie der Machtzuwachs der Frauen am Ende auch ihre Welt, die Welt der Überlegenen von gestern, verändern werde.[12]

Alphafrauen sind es auch, die alte Werkzeuge aus der Epoche der heimlichen Herrschaft ohne Diskussion abschaffen. Es sind Instrumente, die vielen Frauen völlig unentbehrlich erscheinen – wie zum Beispiel die Tränen im richtigen Augenblick. Tränen, so wissen Frauen, entmachten Männer schlagartig. Um Tränen zu stoppen, sind sie zu absurden Zugeständnissen bereit – in der privaten Welt. Im Business verändert sich der Stellenwert von Tränenausbrüchen radikal. Weinende Frauen liefern vor allem eine Botschaft, ohne es zu wissen: Diese Frau muss aus unserem Team verschwinden. Die Zumutung von heute darf sich nicht wiederholen. Während sich die Frau zu ihrem Vorteil unterwegs glaubt mit ihren Tränen, entsteht in den Männerköpfen ihrer Partner der Plan für ihre Niederlage. Nur in den Männerköpfen? Wäre eine Alphafrau im Team, hätten Lucy oder Carol die Tränenstrategie gar nicht erst in Betracht gezogen. *»Don't give up your power«*, lautet auch hier der Ratschlag.[13] Ohnmacht macht nur dort stark, wo du ohnehin in der Satellitenrolle unterwegs bist. Dort ist der erschluchzte Kompromiss identisch mit der bequemsten Antwort des Mannes auf eine Strategie, die ihn hilflos macht.

Um nicht hilflos dazustehen, zahlen Männer gern einen hohen Preis. Und während die Frau glaubt, sie habe einen Sieg eingefahren, ist er es, wieder einmal, der als Sieger die Szene verlässt. Der Lernstoff für Frauen ist sperrig, zugegeben. Aber was die Frau gewinnt, wenn sie die öffentliche Welt nicht mehr mit ihrem privaten Imperium verwechselt, lohnt jede Mühe.

Es gibt Tränen, die ausbrechen wie ein Orkan. Ein Verlust, der uns überfällt, ein Schmerz, der plötzlich wiederkehrt. Diese Trä-

---

12 Wie sensibel Männer heute schon auf den Terraingewinn der Frauen reagieren, siehe S. 175–183; S. 222–229.

13 Siehe dazu S. 59–64.

nen sind nicht strategisch, aber sie brauchen eine Strategie, die uns und die andern schützt. Tränen, die uns überfallen und wehrlos machen, überfluten Männer wie Frauen in Ausnahmesituationen. Die Strategie ist für beide dieselbe: Sag drei Worte der Entschuldigung und verlass den Raum: »Ich werde gleich zurück sein« reicht. Der Effekt ist ein ganz anderer als bei strategischem Einsatz von Tränen: Starke Emotionen in Grenzsituationen stärken die Achtung der Teampartner. Das persönliche Emotionsmanagement hat zwei Vorzüge, die uns die gegenseitige Achtung sichern: Es macht niemanden zum Komplizen oder Schuldner, und es beweist *leadership:* diesmal *self-leadership.* Beides wird immer honoriert.

Das ist Alphastoff für Männer und Frauen: Es geht nicht darum, starke Gefühle zu unterdrücken. Aber es gilt, die Arbeitspartner nicht in Verlegenheit zu bringen. Lass die Tränen fließen, wenn sie starke Gründe haben. Mit den Tränen fließt das Hormon der wiedergewonnenen Balance, das Oxytozin. Du wirst ausgeglichener zu den Zeugen der Szene zurückkehren, und du wirst ihre Erleichterung wie eine Anerkennung empfinden. Die emotionale Stärke von Frauen wird mehr oder weniger ironisch ins Spiel gebracht, wenn Unterschiede zwischen Managern und Managerinnen diskutiert werden. Emotional schalten sich sofort die Frauen ein, wenn von Gefühlen im Business gesprochen wird: Sie kämpfen an zwei Fronten gegen ihre eigene *power of emotion* – so als sei diese Stärke ein Handicap, das es zu rechtfertigen oder zu beseitigen gelte. Von emotionaler Kondition als einer Variante der strategischen *Fitness* redet kaum jemand – außer der Alphafrau, die im Glücksfall an dieser hochemotionalen Debatte teilnimmt und die Wogen glättet, die Männer und Frauen in verschiedenen Booten gefährlich von Wellenkamm zu Wellental stürzen.

Die Alphafrau wird in die turbulenten Konfrontationen das wichtigste Argument werfen, das zunächst keiner hören will, weil es nicht schrill genug ist: Die emotionale Stärke von Frauen ist ein naturgegebener Vorsprung, den es strategisch zu nutzen gilt. Emotionalität ist eine marktgerechte Qualifikation, die Wettbewerbsvorteile bringt, weil sie Mitarbeiter und Kunden über die ›nur intelligente‹ Bindung hinaus in eine Gefühlsbindung zum Unternehmen führt: Die Macht der Frauen im Business beruht eben nicht auf ihrem Charme, wie Männer gern behaupten, sondern auf ihrem Wissen, das der Amerikaner Christopher Flett knapp zusammenfasst: »*Business is built on personal relationships.*« Die Welt der persönlichen Beziehungen – das ist die Welt der Frauen. Hier waren sie mit traditionellen Strategien mächtig, hier sind sie machtvoll unterwegs nach der Korrektur ihrer unfairen Tricks und Unterlegenheitsmanöver aus der privaten Welt. Im modernen Business führen die Alphafrauen den Strategiewandel der Frauen an, und alle erfolgshungrigen Frauen folgen ihnen: Die wichtigste Regel im neuen Set der Emotionsstrategie landet eine Breitseite mitten im traditionellen *power play* der unprofessionellen Frauen: »*Don't take it personally*«, nimm's nicht persönlich, raten wir im Alphatraining den Frauen, wenn sie mit Business-Entscheidungen nichts anfangen können, weil ihre Ideen nicht akzeptiert wurden.

Nimm es auf keinen Fall persönlich, es richtet sich nicht gegen dich, sondern es ist für das Projekt so entschieden worden. Spiel fair mit, beim nächsten Mal bist du mit deiner Idee dabei. Frauen in der zweiten und dritten Reihe hängen immer noch an der alten Gewohnheit, alles auf sich zu beziehen. Sie verwechseln diese durchaus gefährliche Identifikation mit einer Stärke, und sie wundern sich, dass ihr Team diese extreme persönliche Verstrickung als Schwäche sieht.

Es geht nicht um dich! Es geht um Ziele, die wir gemeinsam erreichen wollen, muss man diesen gekränkten Egos zurufen. Auch wenn sie das nochmals kränkt, denn das Riesen-Ego haben sie doch für die Männer reserviert. Macht, so steht im Alphatrainingsbuch geschrieben, ist zuerst die Macht über dich selbst. Ergreife und gestalte sie, Alphamädchen, und vergittere den Fluchtweg ins Selbstmitleid.

Um besser zu werden im persönlichen Emotionsmanagement, muss die Frau nur auf eine weitere ihrer Stärken zurückgreifen: Schau mit den Augen der andern! Schlüpf in ihre Schuhe und begreife die Schritte der Männer, die anders waren als deine. Behaupte nicht, das sei dir gerade jetzt unmöglich. Du disqualifizierst dich als Frau, und keiner wird dir glauben, denn dies ›mit den Augen der andern sehen‹ ist ein starker Anker unserer weiblichen Macht. Mach es, es wird dir besser gehen, wenn du endlich verstanden hast, was die Treiber des Entschlusses waren, der dich enttäuscht hat. Und endlich wirst du die Augen auf morgen richten können, statt die Gefangene deiner Niederlage von gestern zu bleiben.

Frauen sind nicht nur emotional stark, sie sind auch *consensus builders,* wie die Amerikaner sagen, sie bauen Konsens im Team auf, ohne abzustimmen, ob Einigkeit überhaupt das Ziel der Auseinandersetzung ist, die auf der Tagesordnung steht. Frauen liefern, ohne nach dem Profit zu fragen. Was viele ihrer männlichen Teamkollegen nicht wissen: Frauen arbeiten mit Vorleistungen, um einen Schritt voraus zu sein. Kollabiert das Meeting in der Sache, können sie immer noch für sich in Anspruch nehmen, für den nicht eingetretenen Konsens mehr getan zu haben als alle andern. So wird eine Stärke zur Schwäche, wenn man sie nicht strategisch durchschaut und planvoll einsetzt. Die Schwäche wird bedrohlich, wenn eine weitere Unterwerfungsgeste das Machtpotential beschädigt, das im *consensus building* schlummert: Frauen fragen, um für bescheiden gehalten zu werden. Warum, zum Teufel, will sie in einem *power team* als bescheiden gelten? Die alte Welt schlägt durch, anders ist diese strategische Todsünde überhaupt nicht zu verstehen. »Glaubst du wirklich, Schatz, dass ich nicht noch einmal mit dem alten Abendkleid vom vorigen Jahr zu dem Ball gehen könnte?« sagt sie zu Hause, um todsicher das neue Abendkleid zu bekommen – und als Unschuldsengel mit dem teuren Stück nach Hause zu kommen: Es war seine Schuld! – Wer diese Strategien im Business weiterfährt, ahnt nichts von den Echos in den Männerköpfen rundum. Deshalb hier die Information: Isabel fragt: »Glaubt Ihr, dass die Fusion eine gute Idee ist?« Sie sagt nicht ›meine Idee‹, um den Fluchtweg in jeder Richtung offenzuhalten. Sie teilt auch nicht mit, ob sie selbst die Idee gut findet. Sie hält sich raus. *Floating* nennen die männlichen Kollegen dieses Spiel mit unfertigen Gedanken. Ihre Folgerung: Isabel wählt die Frageform, weil sie völlig unvorbereitet ins Meeting gekommen ist. Sie hat keine Meinung zu einem zentralen Thema des Treffens, und sie findet nicht den Mut, ernsthaft Stellung zu nehmen. Das könnte sie wiederum nur, wenn sie sich mit Kosten und Nutzen der Fusion befasst hätte. Sie liefert nichts Brauchbares, stellen ihre männlichen Kollegen fest. Sie ist zu feige, Stellung zu nehmen, sagen sich die Frauen im Raum. Denn Frauen wissen: Ihre Wettbewerberinnen wagen es gar nicht, unvorbereitet ins Meeting zu kommen. Aber sie wagen nichts, weil sie von Anfang an auf der sicheren Seite sein wollen.

Hätte sie das Alphatraining durchlaufen, würde Isabel ihren feigen Auftritt gegen den einzig erfolgversprechenden mutigen eintauschen: »Ich meine, die Fusion ist eine großartige Idee. Sie wird unser Geschäft profitabler machen, unseren Marktzugang stabilisieren und Kosten sparen.« – Ein klares Statement, mit dem sie auch dann auf der sicheren Seite ist, wenn die Kollegen zu einem anderen Schluss kommen. Jeder weiß nun: Sie hat sich mit dem Thema befasst, sie liefert ein kompetentes Urteil, zu dem sie steht. Sie drückt sich nicht mit einem weiblichen Fragezeichen weg aus der Mitverantwortung. Und sie kassiert eine virtuelle Zusatzgratifikation: Immer noch und sicher noch eine ganze Weile werden klare Positionsangaben von Frauen aufmerksamer angehört als Männerstatements unter Männern. Wenn Frauen jedes Fragezeichen weglassen und Klartext reden, ist ihnen die Anerkennung der Männer sicher.

IV DIE NEUE QUALITÄT DES WETTBEWERBS: MEHR OPTIONEN FÜR SIE UND IHN

Frauen konkurrieren anders – Männer endlich auch!

Sie hat Startbedingungen, die sich kein Mann nehmen kann: Von Anfang an führt sie ›die andern‹. Sie führt mehr Männer als Frauen, häufiger nur Männer, wenn sie in den oberen Rängen einer Firma arbeitet. Von Anfang an ist klar: Sie ist die Ausnahme, die Männer sind die Regel. Ein wenig so ist es auch, wenn ein Mann hier führt: Er ist die Ausnahme, weil Aufsteiger, und die andern werden prüfen, ob zu Recht. Sie werden nach dem eigenen Vorteil entscheiden, ob sie ihn wissen lassen, was sie von ihm halten, und ob er auf diesen Platz gehört. Viele von ihnen wollen ebenfalls noch weiter nach oben; also gilt es, auch Spielregeln zu lernen, wie man das macht. Und wen man als Verbündeten braucht: auf jeden Fall alle, die schon weiter oben sind. Für SIE ist es anders. Sie ist der Solitär, und die Männer sind das Rudel. Sie ist, in diesem Sinne, das Leittier aus einem anderen Revier.

Aber die Männer sind nicht frei; sie laufen an der kurzen Kette. Die Kette ist kürzer als bei einem männlichen Chef, der ja auch zum Rudel gehören würde, eben als Leitwolf.

Die Alphawölfin ist, unter Menschen, dagegen das unbekannte Wesen. Weibliche Alphatiere sind nicht vorgesehen in der Industriekultur. Das Rudel weiß wenig über sie, eben weil sie nicht vorgesehen war, die Alphafrau – so nah an männlichen Privilegien, ein Herrentier weiblich. Wie geht das? Austesten ist verboten. Die kurze Kette stoppt jeden Sprung; nicht einmal Knurren ist erlaubt.

Wenn sie erfolgreich sein will – die andere unter Gleichen –, dann muss sie vom ersten Augenblick an das neue Textbuch für gemischten Wettbewerb in allen Lektionen kennen. Ihr Vorsprung wird durch ihre Stärken bestimmt sein. Anerkennung als Führungskraft und Wettbewerberin wird sie nur erreichen, wenn die Männermehrheit erlebt, dass sie einzigartig ist. *Uniqueness* ist die völlig unentbehrliche Qualifikation für Spitzenplätze. Was Frauen in der ersten Lektion ihres Textbuchs für Alphas lernen müssen: *uniqueness* männlich sendet andere Signale als *uniqueness* weiblich.

Auch Männer spüren das, aber sie sind zu sehr mit sich beschäftigt, um die Führungsstärke ›der anderen‹, der Frauen, systematisch zu verstehen. Die Frau ist, und das steht nun in Lektion eins, kein ernstzunehmender Wettbewerber, weil ihr Dominanzgebaren kaum wahrnehmbar ist und ihre Neigung zu aggressiver Rivalität nur ein Schatten der heftigen Ausschläge, die Männer unter Männern spüren. Die Frau ist als Rivalin ungefährlich, so möchten viele Männer glauben. Weil sie in beiden männlichen Aktionsfeldern, Dominanz und Rivalität, so schwer einschätzbar ist, fühlen Männer Unsicherheit: Die Frau ist nicht berechenbar, meinen sie, weil sie in den Männerkategorien von Sieg und Niederlage, Konkurrenz und Kumpanei nicht sichtbar liefert. Genau deshalb ist es auch schwierig, sich mit Frauen über Fairnessregeln zu einigen, folgern Männer gequält. »Sie spielen in einem anderen *Match*, dessen Spielregeln wir Männer nicht kennen«, meint mancher Mann.

Die Verstehensblockaden erinnern uns daran: Alle sind *Newcomer* im gemischten Spiel, nicht nur die Frauen. Aber die Startposition der Frauen ist besser. Und das entscheidet.

Die Frauen haben sich aus der scheinbaren *Loser*-Position schon ziemlich lange auf dieses gemischte Doppel vorbereitet. Sie haben die Männer studiert. Dafür gab es zwei Motive: den Zorn, dass Männer sich anmaßten, die Welt zu beherrschen, und – aus dem hirnphysiologischen Stärkepotential, das kein Mann für sich besetzen kann – soziale Neugierde. Frauen interessieren sich mehr für Menschen – dieser simpel scheinende Befund beschreibt eine imponierende Überlegenheit der Frauen bei der Wahrnehmung anderer. Für Führungsaufgaben ist diese Stärke unschätzbar. Sie beruht auf der hormonellen Ausstattung der Frauen und auf einer hirnphysiologischen Überlegenheit, die sich bei Problemlösungen ebenso günstig auswirkt wie bei der Führung von Menschen. Frauen nutzen ihre Ratio, die logisch-schlussfolgernde Intelligenz, die in der äußersten, jüngsten Schicht unseres Gehirns, dem *Neocortex*, arbeitet, niemals isoliert. Immer greifen sie zugleich auf die nächsttiefere, also nächstältere Schicht zu, das limbische System, wo die emotionale Kondition ihren Ausgang nimmt. Anteilnahme und Betroffenheit, Empathie werden hier entwickelt, Die Ratio hat im weiblichen Kopf also immer einen wärmenden Flankenschutz, so dass der unterkühlte Zugriff auf andere und ihre Leistungen eine emotionale Begleitmelodie bekommt.

Führende Frauen leben in einer farbigeren Welt als ihre männlichen Kollegen; sie nehmen Zwischentöne wahr und wittern Klimastörungen früher, sicherer und schneller als Männer. Weibliche Dominanz entsteht aus diesem Vorsprung. Alle Mitspieler spüren, dass sie von dieser Form der Überlegenheit profitieren. Jede männerdominierte Gruppe honoriert obendrein den *added value* der weiblichen Kompetenz: ihre Seltenheit und Knappheit. Männergremien erfassen sehr schnell, dass der weibliche Aufmerksamkeitsvorsprung ein Wettbewerbsvorteil ist: Führungsentscheidungen mit weiblicher Alphakompetenz füllen die weißen Flecken auf der männlichen Nachwuchslandkarte: Nicht nur systemgerecht, sondern mitarbeiterfreundlich und kundennah sollten sie sein; immer geht es zugleich um den Ruf der Führung und des Unternehmens. Männer sind eher bereit, das eine für das andere zu opfern; Frauen wollen immer alles. Sie sind die geborenen Entscheidungsoptimierer.

›Frauen wollen alles‹: Dieser Anspruch ist nicht aus der Luft gegriffen, sondern realistisch. Frauen haben mehr Optionen, sagt die Forschung. Im Gegensatz zum Mann müssen sie nicht Alternativen preisgeben, um entscheidungsstark zu werden. Sie beweisen ihrer männlichen Umgebung konsequent, dass die Verengung des Blicks, die Tunnelperspektive, auch gefährliche Vereinfachungen fördert. »Sieh gleich genau hin!« ruft Alpha-Eva dem erfolgssüchtigen *gambler* Adam zu. Was dich heute ernüchtert, wird dich morgen retten.

Dominanz durch *multi-view,* wie Alphafrauen sie praktizieren, macht Teams überlegen, die gemischt agieren. Ihr Blickwinkel von vorher 90 oder allenfalls 180 Grad umfasst mit Frauen

360 Grad. Die so zur *multi-task-force* gesteigerte Gruppe ist den homogenen Männerteams im Wettbewerb überlegen.

Der ›verengte Blick‹, der immer noch zum Karrierekonzept der Männer gehört, soll vereinfachen, um den Sieg zu erleichtern. Der erfolgsorientierte Vereinfacher opfert auf der emotionalen Seite, weil er das Sperrfeuer der Gefühle fürchtet. Weibliche Mitspieler pflegen einen angstfreien Umgang mit Gefühlen; in der Konkurrenz der Lösungsideen sind ihre Konzepte meist komplexer, kundengerecht und mitarbeiterfreundlich. Der Mix macht Männern Schwierigkeiten: Komplexität erleben sie als Ablenkung. Schon beginnen sie aber, sich auf die weibliche Chaostüchtigkeit zu verlassen.

Harmlos finden sie das weibliche Spektrum aber immer noch nicht. Für den männlichen Blick, der ständig um Vereinfachung ringt, ist der weibliche *multi-view* eine ständige Zumutung. Während er die eine Karte zu spielen entschlossen ist, die den Sieg verspricht, spielt sie immer noch mit vielen Karten. Sie schillert, und das irritiert die Männer. Sie hält Alternativen offen, während die Männer sich für das eine ferne Licht im Tunnel entschieden haben.

Sobald wir diese Unterschiede akzeptieren, erkennen wir: Das Team profitiert von einer neuartigen Spannung, die unter Männern nicht aufkommt – und unter Frauen auch nicht. Die männlich-weibliche Konkurrenz läuft als breiter Unterstrom bei jeder Problemlösung mit. Vor allem die Männer sind darauf angewiesen, dass der Wettbewerb mit den Frauen verdeckt läuft. Auf offener Bühne sehen sie sich von Verbots- und Tabuschildern umstellt: Da taucht die mächtige Mitspielerin plötzlich wieder als scheues Wild auf, das Schonung unter Staatsschutz verlangen kann.

Hier treffen sich männliche und weibliche Wünsche: Die Besten von beiden Seiten wollen dieses alte *Match* nicht mehr spielen. Die optionenstarke Frau ist für Männer im Business durchaus ›schwer lesbar‹. Was Männer der Karriere zuliebe opfern, weil männliche Vorbilder ihnen den Weg nach oben als eine Kette von Opfern beschrieben haben, das behalten Frauen einfach: den festen Boden unter den Füßen, das *brain jogging* zwischen Büro und Kindern, die Gewissheit, dass Kontrastharmonien das Leben süß machen – und die Märkte lebendig halten. Wenn wir künftig einander unbefangener von unseren Gedankenflügen und Erkenntnissen erzählen, dann werden die Frauen den Männern erklären, wieviel Leben eine Karriere kosten darf. Und die Männer werden erschrocken erfahren: Sie zahlen zuviel.

Schon heute wissen das viele junge Männer; sie leben, in diesem Sinne, ein ›weiblicheres‹ Erfolgsleben – und sie beweisen, dass es geht und dass es glücklicher macht. Gleich mehrere Menschen macht es glücklicher: die Männer, ihre Partnerinnen und Freunde, und vor allem ihre Kinder. Da wird der Krippenwahn von unerwarteter Seite ad absurdum geführt. Die Paare mit dem gemischten *approach* an die Berufswelt organisieren auch Kinderleben ›gemischt‹, weil sie dem Kind denselben Respekt schenken, den sie für sich selbst erwarten. Es ist der Zustieg der Frauen, der auch Männer zu einem Leben mit mehr Optionen führt. Männerkarrieren werden durchlässig für kleine Fluchten und Versteckspiele, wie sie jede Frau beherrscht. Sie zeigt ihm: Es sind nicht die großen Opfer, die Erfolg garantieren, sondern es ist die innere Distanz zu den Käfigen der Macht, die die Besten unschlagbar macht.

Es wird nicht mehr lange dauern, bis die Männer sich ihr spöttisches Lächeln über die innere Distanz der Frauen zum täglichen Wettstreit der Wichtigtuer abgewöhnen: Sie werden beginnen, die Strategie zu verstehen, die den Auftritt der Frauen im *camp* der Wolfsrudel konkurrenzlos macht: Sie hat NICHT geopfert, was die Männer preisgegeben haben – die Liebe zu allem, was NICHT Karriere ist; sie unterliegt NICHT dem männlichen Triebkonzept, das die Unruhe der Androgene, den Zwang zur Dominanz, den Hang zum Imponiergehabe und die Verpflichtung zum täglichen Sieg zum gemeinsamen Schicksal macht.

So gesehen, ist sie wirklich der Gegenentwurf zu den Rudeltieren, die in ihrem Programm gefangen sind. Die Frau weiß absolut sicher, dass es jenseits der Karriere ein lohnendes und lockendes Leben gibt. Mag sein, sagen die Männer. Aber wir wollen nur dies hier, und unser Einsatz ist hoch, um das Karriereglück in unsere Nähe zu zwingen. Mit den Frauen verglichen, sind Männer Gefangene ihrer Karriere. Ausnahmen bestätigen die Regel, auf beiden Seiten.

Dass wir einander brauchen, hängt mit unserer Verschiedenheit, nicht mit der Ähnlichkeit zusammen, die uns oft überrascht und erfreut.

Wir verdienen einander, weil wir ohne einander an unseren Defiziten scheitern. Darum ist der Einzug der Frauen auf den Männerinseln in Wirtschaft und Wissenschaft ein so triumphales Ereignis – weil wir endlich den abgerissenen Lernprozess wieder aufnehmen. Die Männer schauen sich endlich wieder in den Kammern ihres Herzens um, wo ihre Gefühle wie Raubtiere an der Kette liegen, und die Frauen begreifen das männliche Auftrumpfen der früheren Jahre als Maskerade ihrer Handicaps. Endlich erkennen die Frauen, wie unangemessen ihre Opfer-Power-Tricks in einer Männerwelt sind, in der Männer ihre eigenen Zweifel und Unsicherheiten mit soviel Aufwand tarnen müssen.

Die Frauen müssen endlich erkennen, wie souverän ihre Position ist, wenn sie mit Männern zusammentreffen, die sich zum Erfolg verurteilt fühlen. Auch von ihr, der neuen Mitkämpferin, schreiben und sagen sie das: ›zum Erfolg verurteilt‹. Aber sie, die Frau, weiß, dass es ein solches Urteil nicht gibt, nicht geben kann. Sie weiß, dass es sich um ein Vor-Urteil handelt, das erst nach der Tat bestätigt oder widerlegt wird.

Was die Frau überlegen macht, ist ihr sicheres Wissen, dass es ein Leben jenseits des Business gibt und dass sie jeden Tag, weil sie es so will, in diesem Leben der andern, ihrer Kinder und Freunde und Nachbarn, mitspielt. Sie hat mehr Optionen, darum kann sie gelassener sein. Der Nachweis, dass sie deshalb weniger erreiche, lässt auf sich warten.

Alle diese Tatsachen sind es, die uns beweisen: Die Frau konkurriert nicht eigentlich mit dem Mann, und er hat wenig Neigung, mit ihr zu konkurrieren, weil er nicht weiß, was man dazu können muss. Er hat ja erst unvollständig begriffen, dass sie wirklich von einem anderen Stern kommt, was ihr Verhältnis zum Business angeht. Mit ihr verglichen, fühlt er sich wie ein Süchtiger, der die Abhängigkeit vom Job als Droge erlebt.

Sie hatten, meinen viele Männer plötzlich, viel zu wenig Zeit, über Frauen im Business nachzudenken. In Wahrheit hatten und haben sie dazu absolut keine Lust. Dafür haben die Frauen um so mehr Lust und Talent, über Businessmänner nachzudenken. Daher haben sie einen beachtlichen Vorsprung beim Erkunden der Männer. Dieser Vorsprung nützt beiden. Während Männer den Typus des ›Frauenverstehers‹ ausgebildet haben, um ihre Ahnungslosigkeit und ihr Desinteresse zu tarnen, sind die meisten Frauen, die in den Wettbewerb mit Männern gehen, ›Männerversteherinnen‹ von hohen Graden.

Beide lernen in diesen Jahren, von ihrer Verschiedenheit zu profitieren.[14] ER beginnt ihre soziale ›Hellhörigkeit‹ zu schätzen, weil SIE begonnen hat, diesen Vorsprung pro, nicht mehr contra Verständigung einzusetzen. Dass SIE die Flöhe im Markt husten hört, weiß bald jeder durchsetzungswillige Mann zu schätzen; weil Kundenvertrauen nur über soziale Neugier der Firmen gewonnen wird. Wer sich durchsetzen will, schaltet die Neugier ab, eine männliche Strategie. Was intern eine Weile erfolgreich scheint, weil Mitarbeiter sich ducken, das versagt beim Kunden. Wer sich gegen den Kunden durchsetzen will, verliert ihn. Andere, mit mehr weiblicher Neugier ausgerüstete Wettbewerber werden den geflohenen Kunden aufnehmen: Wir sehen mit deinen Augen, wir hören mit deinen Ohren, wird ihnen das gut gemischte Unternehmen versichern. Gut gemischt, das meint: Weibliche Neugier plus männliche Dominanz liefern die unwiderstehliche Mischung, die überall erfolgreich ist, wo Menschen leben. Sie liefert Zuwendung, Schutz und Teilhabe an den Vorsprüngen, die der Anbieter hat.

Männer und Frauen teilen sich die Macht nach ihren Fähigkeiten und Vorlieben: Er steht an der Schießscharte, sie hoch oben auf der Zinne. Er wählt den Ausschnitt, der ihn entscheidungsfähig macht, während sie die Weltlandschaft rundum aufnimmt. Ihr Pensum heißt: verstehen, um handeln zu können; seins dagegen: alles beseitigen, was am Handeln hindern könnte.

Diese beiden sind das ideale Team, wenn sie sich für Fairness entscheiden. Fairness sucht im Idealfall immer die Mitte. Da beide, Mann und Frau, endlich verstanden haben, dass es nicht darum geht, den Platz des andern einzunehmen, treffen sie sich

---

14 Siehe dazu S. 240–251.

in der Mitte, um zwei halbe Lösungen zu einer ganzen zu machen.

Idealtypisch beschrieben, zeigt der männlich-weibliche Wettstreit um die beste Lösung beide als Profiteure ihrer Verschiedenheit: Du kannst nicht ich sein, und ich kann nicht du sein. Erst wenn diese Klarheit in den Teams Platz greift, ist die wechselseitige Achtung nicht mehr bedroht. Es geht nie darum, wie männlich Frauen zu handeln verstehen; auch nicht darum, wie weiblich Männer zu reagieren lernen. Beide werden im Terrain des andern immer auf den andern und die andere angewiesen sein.

Der Wettbewerb von Männern und Frauen kann sich immer nur auf die beste aller Lösungen richten. Wer dabei heute und wer morgen mehr Begeisterung auslöst und die andern für sich gewinnt, ist das immer offene Spiel, das alle fesselt und jeden Tag neu beginnt. Um dieses Spiel zu spielen, um die Konkurrenz um die beste Lösung im gemischten Match wieder neu zu beginnen, darum vor allem treffen sich alle jeden Morgen mit gesteigerter Lust und Spannung wieder.

Männer lernen mit Überraschung: Ihre Spiele im Rudel mit ihresgleichen waren nicht halb so spannend wie die neuen, gemischten *fights* mit den Alphawölfinnen. Die Anerkennung unter Verschiedenen, wie sie Männer und Frauen einander geben, hat eine neue, bis dahin unbekannte Qualität. Beide lernen endlich, einander bei der Arbeit zu bewundern und zu schätzen. Beide ertappen sich bei hundert kleinen Täuschungen über die Welt der andern. Beide betreten neues Gelände und wundern sich, dass sie es nicht früher in Besitz genommen haben.

Solitär ohne Rudel: Wenn die Alphawölfin nicht mehr einsam ist

Männer, die aufsteigen, ahmen Männer nach. Sie schauen nicht nur nach rechts und links, auf ihre Wettbewerber, sondern vor allem aufwärts: dorthin, wo sie morgen sein wollen – wo heute noch andere sind. Welche Rituale gelten, wie sich der Ton ändert, wenn der Abstand zu denen wächst, die zurückbleiben, das alles ist Lernstoff unter Männern, Rudellatein, das Vokabel für Vokabel geschlürft wird. Der Stoff, aus dem Karrieren sind, ist Männerstoff, da sind sich alle Männer einig – auch wenn das nicht mehr Gesprächsstoff sein darf, seit man regelmäßig seine Hochachtung für aufsteigende Frauen äußern sollte, wenn man dem Tadel der Gleichstellungsbeauftragten zuvorkommen will.

Auf Frauen schauen, um dort die Zukunftsregeln zu studieren, die gelten werden, wenn der Trend anhält, der die Alphafrauen begünstigt – das will bis heute kein Mann. Aufstieg ist männlich, die Beweise häufen sich seit Jahrhunderten, sagen die Männer. Der Männeraufstieg ist das Original; Frauen werden allenfalls die Kopie liefern, so die herrschende Meinung der männlichen Herrschenden.

Wer später kommt, kann eigentlich nur ein Nachahmer männlicher Aufstiegstechniken sein, meinen die Männer. Frauen sind schwer einzuschätzen, also vertieft man sich nicht in ihre Spielregeln. Abseits vom Männerrudel den Durchstieg zu schaffen, wie es Frauen tun, ist sicher schwieriger als unter Gleichen. Männer ahnen, dass der Frauenaufstieg größeren Erfolg bedeutet als ihr eigener; schon deshalb möchten sie das Thema nicht vertiefen.

Ist der Durchmarsch erst einmal geschafft, dann gibt es zunächst Marscherleichterung: Der Abstand der Bewunderer und

Neider wird als Aufstiegsprämie geliefert. Besonders ausgeprägt ist diese neue Unberührbarkeit, die das Spitzenamt schenkt, in der Politik. Beispiel Angela Merkel: Ihr Aufstieg an die Macht war ein virtuell blutiger Krieg gegen Wettbewerber, der nur deshalb gewonnen werden konnte, weil die männlichen Konkurrenten noch keine neue Waffenkammer aufgebaut hatten, in der das Defensiv-Equipment für die Herausforderung gelagert wäre, das Frauen gegenüber eingesetzt werden darf.

Viele Aufstiege von Frauen haben diese Erklärung: Männer haben ein gesichertes Wissen und erprobte Abwehrstrategien gegen männliche Gegner. Sie kennen die Grenzen des Erlaubten und die Lizenzen zur lustvollen Überschreitung. Soll eine zum Aufstieg entschlossene Frau bekämpft werden, fallen ganze Magazine aus der Waffenkammer weg: die *political correctness*, die der Feminismus für Frauen erkämpft hat, erlaubt nur *undercover*-Strategien – die sogleich auf den mächtigsten Gegner stoßen, der bekannt ist: die Bewerberin selbst, die Frau. Frauen sind Meisterinnen des verdeckten Kampfes. Sie tragen Tarnkappen und verwirren ihre Gegner durch brutale List, während um ihre Mundwinkel ein süßes Lächeln spielt. Frauen entwaffnen Männer auch dort, wo es um todernste Eroberungen geht, wo die Niederlage doppelt schmerzt, weil sie nicht von einem männlichen Rivalen zugefügt wird.

Frauen sind mit einem Aufstiegsbonus unterwegs, sagen Männer deshalb. »Wir dürfen sie nicht so bekämpfen wie einen von uns; die besten Waffen sind verboten, obwohl die Frauen mit Strategien unterwegs sind, die alle Fairnessregeln sprengen.« Frauen dürfen mehr, so erleben es die Männer. Und diese neuen, schwer lesbaren Rivalinnen, die man nicht brachial abwehren darf, sichern ihren ungerechten Bonus täglich neu durch die Behauptung, die Männerlobby sei mit der Blockade weiblicher Aufstiege ebenfalls täglich beschäftigt. – Einer der zählebigen Irrtümer von Frauen über Männer übrigens: Männer stellen immer noch die Mehrheit dort, wo die Luft dünn wird, und ihre soziale Neugier, die Frauen zu verstehen, ist viel geringer, als die Frauen, von sich auf die Männer schließend, vermuten …

Viele ähnliche Trugschlüsse, mit denen Frauen von sich auf Männer schließen, müssen schnellstens abgeräumt werden. Sie behindern nämlich nicht die Männer, sondern nur die Frauen selbst. Ihre hohe soziale Kompetenz wird für Frauen auch im Aufstiegswettbewerb oft zur Falle. Eben weil sie *Newcomer* sind, am Rande des Rudels mit Außenseitergefühlen unterwegs, beobachten Frauen jede Bewegung ihrer männlichen Mitbewerber. Sie wissen genau: Den Stellenwert eines männlichen Mitbewerbers haben sie in den Augen der Männer gar nicht. Die höhere Wahrscheinlichkeit ist auf seiten der Männer, die obendrein durch die homogene Gruppe geschützt sind. Während Männer versuchen, keine Fehler im Umgang mit der Frau zu machen, die sie vor die Scharfrichterin für Gleichstellung führen könnte, nimmt die Beobachterin das um Unauffälligkeit bemühte Freundlichkeitskonzept ihres männlichen Chefs eher als arrogant und geringschätzig wahr. Was er auch tut und wie er's auch tut: Er kann nichts richtig machen. Er wird immer fast alle Verdachtsmomente in den Augen und Ohren der Frau bestätigen. Es sei denn, sie wäre unbefangen, erfolgsentschlossen und überzeugt, dass sie es ist, die den Mann von seiner Befangenheit befreien kann.

Alphafrauen treten immer so auf; ihnen gelingt es, Männern zu zeigen, wie vorteilhaft die Begegnung mit starken, selbstsicheren Frauen auch für sie, die Männer, ist. Die Frau also ist es, die das befangene Herumtasten im *correctness*-Ghetto beendet. Sie ist es, die den Wettbewerb, der für beide so ungewohnt ist, mit einer neuen Melodie in die nächste Dimension hebt: Rudeltiere im Kompetenzgerangel mit einer neuen Spezies, die eine Rangordnung von Alpha bis Omega vorzuweisen hat wie der Männerclan. Die Starken sind die ersten, die einander erkennen, weil ihre Stärken den Vergleich aushalten, der bisher verboten war: Dominanz, intellektuelles Tempo, Willenskraft und Durchsetzungsvermögen verbinden die männlichen und weiblichen Alphatiere. Was sich um diese Kern-Energien gruppiert, entscheidet über Sieg oder Niederlage – die männlich oder weiblich sein kann. Emotionale Stärke ist der Trumpf starker Frauen; ihr hirnphysiologischer Vorsprung ist die Kraft zu mischen. Nie lassen sie ihre Ratio allein ins Gefecht, immer erhält sie den Flankenschutz anteilnehmender Gefühle: Empathie heißt die Tugend, die daraus hervorgeht. Sie flüstert immer und überall: Setz dich auf den Platz des andern, wenn du ihn bezwingen willst. Das dritte Riesenplus der Alphafrauen – sie vergessen nie: Hinter der Karriere ist die Welt. Die Karriere ist noch nicht einmal ein Weltmodell; sie bringt Suchtgefährdung und leugnet die Welt, in der man Zuflucht finden kann, wenn die Karriere endet.

Plötzlich sind sie leichter lesbar, die Frauen mit Aufstiegslust. Sie rivalisieren gar nicht mit den Männern in männlichem Stil, sondern sie kommen von der andern Seite ins Bild, von dort, wo die meisten Männer keine Erfahrung haben. Starke Frauen sind einfachere Partnerinnen, weil ihr Kontingent an List und Launen gegen Null geht. Sie kommen mit offenem Visier und machen damit Männer sicherer. Immer wieder setzt sich diese Grundmelodie durch: Frauen haben es in der Hand, ob Männer sich in ihrer Gegenwart stark fühlen. Nur wer sich stark fühlt, kann großzügig, aufmerksam und fair sein. Die Frauen liefern den Kompass für die neue, gemeinsame Wegstrecke. Viele von ihnen trauern der eingeübten Opferrolle nach. Sie sind süchtig nach *Loser*-Rollen, weil sie nur so ohne Verantwortung für ihr eigenes Schicksal leben können. Das fordernde Vorbild können nur die Alphafrauen sein, die ihre Führungsrolle im nächsten Kapitel unserer Geschichte akzeptieren und ausfüllen.

Sie genießen ihren Pionierstatus wie eine Wiedergutmachung der Männerwelt an die lange unterschätzten Partnerinnen von der andern Seite der Weltkugel. Als Solitaire jenseits des Rudeldrucks, den Männer aushalten müssen, haben diese Erstlinge des neuen Zeitalters der geteilten Macht viele Freiheiten, von denen ein Mann schon mit vierzehn nicht mehr zu träumen wagt. Er glaubt, was die Frau niemals glauben – und was sie widerlegen wird: dass Karrieren nach ganz oben praktisch das Leben kosten, radikal. Um sich ein einziges Bedürfnis zu erfüllen, das nach Aufmerksamkeit und Geltung, opfert der junge Mann alle Träume von Freiheit und Originalität. Er wird lauter Kollegen begegnen, die es genauso gemacht haben – und nur ab und zu von einem quer zu allen Opfern hören, einem leuchtenden Ausreißer unter den Großen, zu denen er gehören möchte, einem willensstarken, trotzigen Unikat von Mann, der alle seine Träume zäh umklammert und nach ganz oben mitgenommen hat, um sie nun in die Sonne seines Erfolgs zu halten und wiederzubeleben.

Frauen wissen, dass Männer den brutalen Preis für ihre Karriere zahlen wie ein Lösegeld – raus aus der Verwechselbarkeit in die Kaste der wenigen Sichtbaren. Frauen wissen: Dieses Opfer ist ein Irrtum. Und schon heute bemerken es die aufmerksamsten Männer: Frauen treten den Beweis an, dass Spitzenplätze mit dem kompletten Gepäck aus Liebe, Aufmerksamkeit und Bodenhaftung erreichbar sind. Die paar Grad mehr, die Frauen hierherbringen, werden bald auch die Männer wärmen.

Natürlich gibt es sie – die Frauen, die als Nachahmerinnen des männlichen Erkaltungsprogramms Karriere machen. Sie sind es, die das Vorurteil der Männer gegen erfolgreiche Frauen verantworten: Ein emotional dürftiger Mann fällt unter Männern kaum auf, weil er kein Unikat ist. Die Solidarität der emotional magersüchtigen Kollegen trägt ihn. Das Handicap verbindet.

Eine Frau, die unterkühlt führt, verletzt dagegen alle, Männer wie Frauen. Nicht nur, weil unsere Erwartung an Frauen enttäuscht wird, reagieren wir so. Wir sind uns, und das überrascht auf den ersten Blick, darin einig, dass eine Frau mehr liefern muss, als ein Mann liefern kann. Also gibt es ein allgemeines Wissen über die Möglichkeiten der Frauen: Freundlich könnte sie doch wenigstens sein, die Arroganz steht ihr gar nicht, und die erdrückende Dominanz beschädigt die Selbstachtung ihrer Mitarbeiter. Was wir mächtigen Männern zugestehen – soziale Nachlässigkeit, Degradierung des Gegenübers durch ein Riesen-Ego, soziale Kälte –, das verbieten wir den Frauen kurzerhand. Wir glauben zu wissen: Er ist unbelehrbar. Aber sie weiß es besser – und mehr: Sie kann, was er nicht kann, sie kann es besser machen.

So großartig sind die Startbedingungen, die wir alle, ohne es zu bemerken, Frauen mitgeben auf ihrem Weg nach oben. Du, Frau, musst jetzt da oben mitspielen, rufen wir und schieben sie zwischen die männlichen Wettbewerber. Die Männer verkommen in den Spielhöllen der Macht, wenn du, Alphafrau, da nicht für eine Revision der Spielregeln eintrittst. Nicht praepotent, einfach nur weil du bist, wie du bist. Weil du kannst, was du kannst. Weil du weißt: Hinter der Karriere wartet das wirkliche Leben. Wenn du, Mann, es als lebendige und nicht als tote Seele betreten willst, dann musst du sofort anfangen, dich zu ändern.

Frauen in den oberen Rängen der Macht haben immer noch etwas von Unberührbaren, weil Männer die Codices der Verbote im Kopf haben, die nur gegenüber Frauen gelten. Gleichzeitig begleiten rationale und irrationale Erwartungen die Frauen, so als sei ihr Eintritt in den *closed shop* der mächtigen Männer die Erfüllung hoher Hoffnungen – nicht auf Kontrolle, sondern auf Reinigung und Mäßigung gerichtet. Diese Hoffnungen sind stärker als die Vermutung, der Höhenrausch werde auch Frauen deformieren. Kaum einer traut ihnen das wirklich zu – und das ist seltsam genug. Mit den Augen mächtiger Männer gesehen, ist Alpha-Eva der personifizierte Regelbruch. Von den Zuschauerrängen strömt ihr dagegen soviel *good will* zu, dass sie sich schwerlich auf alte *Undercover*-Positionen zurückziehen kann.

V DIE BOTSCHAFT DER ALPHAFRAUEN

Das Aus für Sonderkonditionen: Neue Kopfprogramme für SIE und IHN

Alles beginnt im Kopf. Die Siege, die Niederlagen. Die Kopfprogramme entscheiden. Zwischen Sieg und Niederlage liegt oft nur ein Fußbreit Boden – den der Kampfesmut oder die Angst besetzt. Fliehen oder Kämpfen, Fressen oder Gefressenwerden – das sind nicht Männersätze, sondern Sätze aus der Naturgeschichte. Oft genügt es, kampfbereit zu sein, damit der Gegner zum Partner wird. Und ebensooft genügt es, zaghaft zu schauen, und schon gehört der Sieg anderen.

Frauen zählen das zaghafte Umherschauen zu ihren kostbarsten Strategien: Es ist der Opferblick, der sie unter den Schutz des Siegers tragen soll. Ist sie aber selbst eine Mitspielerin im *Match* um Achtung und Erfolg, dann scheitert die Frau mit dieser Strategie nicht anders als ein ängstlicher Mann. Sie bekommt also, was sie immer eingeklagt hat: gleiche Konditionen – und nun stellt sich heraus, sie will Sonderkonditionen. Okay, sagt der Beschützer von der Siegerseite, dann lebst du ab jetzt in meinem Tross. Gleiche Siegchancen wirst du nie mehr haben.

Die Kategorie wechselt, und viele Frauen verstehen das viel zu spät. Alphafrauen bringen neue Kopfprogramme. Sie bringen die neuen *mindsets* beiden, Männern und Frauen. Sie haben begriffen, dass Frauen den Löwenanteil der Arbeit machen müssen, die weiblich und männlich wieder auf Augenhöhe bringt, damit beide einander in die Augen schauen können.

Gemeinsame Projekte brauchen in beiden Köpfen das geklärte Bild des und der anderen. Und plötzlich stoßen wir auf diese ungeklärten Bilder, die beide von sich selbst und vom andern haben. Dass IHR Rang auf gleicher Höhe mit SEINEM ist, von Anfang an, das setzen weder Männer noch Frauen voraus. Ein

Mann möchte, so banal es klingt, ›männlich‹ sein. Was er darunter versteht, das kann variieren.[15] In allen Befragungen geht er von diesem Merkmal aus: Männlich möchte er sein.

Eine erfolgshungrige Frau dagegen wird sich hüten, an erster Stelle den Wunsch zu plazieren, sie wolle ›weiblich‹ sein. Sie teilt mit, dass sie mehr als nur weiblich sein möchte – und sich auch so einschätzt: mehr als nur durch ihre Weiblichkeit bestimmt. Gemischt interessiert, eben mit mehr Optionen. Frauen kommen von selbst auf dieses Plus, das ihnen die Hormonforscher und Mediziner bescheinigen: Sie sind auf einer breiteren Skala unterwegs. Sie verweigern, wenn sie beruflich etwas erreichen wollen, genau das Startsignal, das Männer bedenkenlos wählen: männlich sein; und dann dieser Mann mit diesen und jenen Neigungen und Stärken.

Die Frau hat gute Gründe, diese Startposition mit Misstrauen zu beobachten. Da liegen falsche Etiketten herum, da geistern Assoziationen durch ihren und seinen Kopf, die ins Lager der Objektfrauen weisen. ›Nur Frau‹ zu sein, so entscheidet inzwischen eine Mehrheit der neuen Frauen, ist einfach zu wenig. Und sie liegen damit richtig: Alle erfolgreichen Frauen spielen auf einer breiteren Skala als ihre männlichen Förderer, Konkurrenten und Kollegen.

Männer spüren das, ohne sich die Analyse zuzumuten: Verstehen macht schwach, so die Täterphilosophie. Wenn man erst verstanden hat, könnte man zum Opfer der verstandenen Frauen werden, deren Terrain sichtlich größer ist als das eigene. Männer wissen, wie mächtig *mindsets* sind: Was nicht benannt wird, existiert nicht, lautet ihre ungeschriebene Regel. Und die entsprechende Regel für Frauen: Niemals die Männer in ihrem Versteck enttarnen.

Nicht von ungefähr wählen Männer den Einstieg in das Fragespiel der Forscher ohne Zögern mit dem klaren Bekenntnis: ›Männlicher‹ möchten sie sein. Wie die Frauen mit ihrer Ausweichbewegung, so liegen auch die Männer durchaus richtig, wenn sie ihr Spielfeld auf das Ideal der ›Männlichkeit‹ begren-

---

15 Springer & Jacoby, *Männerzeiten*. Studie Hamburg 2007.

zen. Männer haben es tatsächlich leichter als Frauen, eine Festlegung zu treffen; sie haben »weniger Optionen«, wie die Evolutionsforschung gemeinsam mit Hirnforschern und Hormonexperten herausfand.

Eingeschlossen in seiner Männlichkeit, deutlicher festgelegt als die Frau, erlebt der Mann weniger Störfeuer aus dem eigenen Kopf, wenn er Entscheidungen trifft. Er kann ungestört vereinfachen, um lösungsfähig zu bleiben. Seine Ablenkungen und Störfeuer kommen fast ausnahmslos von den Frauen im Team – denen sensible männliche Kameraden sofort sekundieren.

Männer haben also zusammen mit Frauen die Chance, ihre schmale Spur, die sie als starke Entscheider erscheinen lässt, deutlich zu verbreitern, weil sie Genies der Vereinfachung sind. Tun sie das, so steigt die Komplexitätstüchtigkeit der Teams, und die Fehlerquote sinkt. So einfach ist es zu verstehen, wie gefährlich Männer ohne den Beistand der weiblichen Optionenfülle leben.

Eingeschlossen in ihrer Männlichkeit, fühlen Männer sich in Männerteams absolut lösungsfähig: *Multi-view* und *multi-task* kommt erst ins Blickfeld, wenn Frauen mitwirken. Jetzt erst ahnen einige Männer, dass ihnen von den 360 Grad Problemsicht mindestens 180 fehlen. Viele von ihnen sind mit 90 Grad Tunnelblick unterwegs. Das hilft beim Entscheidungstempo, das verscheucht Zweifel, aber für die Qualität der Lösungen kann es tödlich sein. Wenn alle gleichartig funktionieren, kann der riesige weiße Fleck im Spektrum nicht erkannt werden – alle haben ihn. Erst wenn die Stimme sich meldet, die den weißen Fleck als voll erschlossenes Gelände auf ihrer Skala hat, jene Stimme, die einer Frau gehört, dann sehen die Tunnelkämpfer plötzlich mehr als nur den Lichtfleck am Ende. Sie begreifen ihre Defizite, und Alphafrauen sind klug genug, das männliche Weltbild zu komplettieren, ohne erkennen zu lassen, dass sie wissen, was sie liefern.

Es ist ein *Emergency*-Programm, das wir beschleunigen müssen – in beiden Köpfen, dem männlichen wie dem weiblichen. Die Vieldeutigkeit der Entwicklungen überfordert Männer und Frauen, solange sie einzeln agieren. Die Kooperation wird die Fehlerquoten schon deshalb senken, weil neben der Einseitigkeit der gleichgepolten Teams aus Männern auch die Bequemlichkeit unter Gleichen endet. Gemischte Teams entwickeln mehr Kontrolle der einen über die andern, weil Männer wie Frauen den andern beweisen wollen, wie gut sie sind. Der interne Wettbewerb bekommt einen tüchtigen Schub, wenn Frauen ihre Tricks und Männer ihre *closed-shop-* Mentalität aufgeben.

Die *mindsets* ändern: Es eilt wirklich. Die Fehlerquoten bei Großprojekten von Wirtschaft und Politik steigen. Scheiterten vor fünf Jahren noch 40 Prozent der Fusionen, so sind es heute schon 70 Prozent. Die steigende globale Gier reicht zur Erklärung so wenig aus wie die wachsende Unübersichtlichkeit der Einflussfaktoren oder die sinkende Qualität der handelnden Personen. Von allem spielt etwas herein; solange wir aber nur die halbe Welt – die männliche – bei den Großprojekten versammeln, steht die zuverlässige Antwort aus auf die Frage: Könnten wir besser sein, wenn wir Männer und Frauen auf die Schauplätze der Bewahrung und Innovation schicken würden?

Das männliche Potential hat eine Sprengkraft, die nicht nur innovationsfördernd, sondern auch konfliktverschärfend wirkt. Das hohe Antriebsniveau, verbunden mit der Neigung, Probleme so lange zu vereinfachen, bis sie sich einer Lösung fügen, sorgt in der männlich geprägten Entscheiderszene oft für kurzlebige Scheinlösungen zugunsten punktueller Triumphe von dominanten Teamleadern oder Firmenchefs – oder Spitzenpolitikern. Letztere setzen auf die Vergesslichkeit des Publikums; sie verkennen dabei, dass es nicht darauf ankommt, ob Wähler sich erinnern, sondern ob die Qualität der Entscheidungen ihr Leben verbessert.

Darum sind die neuen *mindsets* ein Eilprogramm: Es geht zuviel daneben. Es geht mehr als notwendig daneben.

Aber auch dieser Schritt in die neuen Kopfprogramme ist nicht eine Forderung, wie sie Frauen gern an Männer erheben, sondern ein Quantensprung, den Frauen liefern müssen. Alle großen Sprünge, die jetzt, nach den Jahrzehnten der Anklageprogramme, von Frauen in Richtung Männer gewagt werden müssen, sind von Frauen zuerst zu wagen. Männer können und werden diese Eroberung des neuen gemeinsamen Wettkampfgeländes für Alphatiere nicht beginnen, weil sie das Gelände, aus dem die Frauen kommen, weder kennen noch verstehen.

Die große Verzögerung des weiblichen Aufbruchs in die Zeitgeschichte hängt mit dem Missverständnis zusammen, man müsse sich nur beklagen, um das Verhalten der Männer zu verändern. Das Missverständnis schafft zwei falsche Voraussetzungen. Erstens, die Chancen der Frauen würden primär von Männern bestimmt. Zweitens: Männer wüssten, was Frauen können.

Heute endlich tauchen immer mehr Frauen auf, die keine Lust haben, auf männliche Einsichten zu warten, die sie selbst den Männern liefern müssen. Diese Frauen sind es, die ihre eigenen Kopfprogramme mitbringen, eigensinnig, sehr ausgeschlafen, sehr unbekümmert. Das Ende der Tricks ist für diese Frauen der Anfang vom Erfolg. Ihnen fällt der Abschied von den weiblichen Ohnmachtsritualen ihrer Vorgängerinnen leicht. Sie wissen: Ohnmachtsrituale von Frauen machen Männer mächtig.

Sie wissen auch: Als Spielverderber ist man nicht erfolgreich. Es gibt aber eine Tradition aus den kriegerischen Zeiten des Feminismus, die auch bei Postfeministinnen weiterlebt: Frauen nehmen sich das Recht, gegen die Grundregeln der Fairness zu verstoßen. Die Begründung: Männer sind nicht fair zu uns, also sind Frauen, als die Opfer par excellence, von allen Fairnessregeln beurlaubt. Das war immer schon Unfug, und spätestens heute muss dieses Spiel enden. Dabei wird klar: Frauen haben überhaupt ein gebrochenes Verhältnis zur Hauptregel aller Wettbewerbe, der Fairness. ›Fair play‹ ist für die meisten Frauen wirklich ein Fremdwort. Und damit geben sie eines ihrer bestgehüteten Geheimnisse preis: Sie schatzen Fairplay wirklich nicht besonders. Sie hätten lieber Sonderkonditionen, Vorzugsplätze, Begünstigungsklauseln – weil sie eben Frauen sind. Das sportliche Kräftemessen liegt ihnen einfach weniger, und sie begründen das mit dem Dauerverdacht, dass es nicht fair zugehe. Aus diesem Zirkelschluss findet man nur schwer heraus. Den Männern ist das Defizit an weiblicher Fairness, ihr gestörtes Verhältnis zur Spielregel Nummer eins im Wettbewerb nicht einmal wirklich klargeworden. Wer es bemerkte, wusste: Er darf es nicht sagen. Ein Tabu, eines von den vielen Tabus, die Männern verbieten, ihre Eindrücke und Erkenntnisse über die Frauen auszusprechen. Ein solches Tabu schützt auch diese deutliche Dissonanz zwischen beiden.

Frauen haben, wie meistens, mehrere Gründe für ihre Neigung, anstelle fairer Entscheidungen eher Ausnahmechancen für sich in Anspruch zu nehmen. Sie meinen, die kollektive Kränkung, aus der sie sich befreien, müsse durch Vorzugsrechte ausgeglichen werden. Dabei erkennen sie nicht die Gefahr, wieder Objektrollen zu wählen, eine Sonderbehandlung zu beanspruchen, die den Sprung auf Spitzenplätze erschwert oder ausschließt.

Die Männer werden sie weder aus dem einen noch aus dem andern Konflikt retten: Fairness müssen Frauen sich selbst abverlangen, und für Alphafrauen ist sie selbstverständlich. Wiedergutmachung für eine Benachteiligungsgeschichte, die auch ihre eigene, die weibliche Handschrift trägt, ist ebenfalls kein Männerprojekt. Die Frau als Opfer männlicher Unaufmerksamkeit und Begriffsstutzigkeit mag ein Frauenthema sein; ein Männerthema ist sie nicht. Eben weil, wie gesagt, Männer nicht genau genug hinsehen, und wenn, dann vieles nicht verstehen.

Genau darum ist das Aktionsgelände, auf dem die Frauen sich jetzt möglichst gutgelaunt verteilen können, so riesengroß: Die Männer fahren weiter ihre Straßen, und die Frauen laufen querfeldein, um mit ganz anderen *mindsets* im nächsten Meeting zu erscheinen. Routinierte Männer treffen nun immer häufiger auf hellwache Frauen, denen noch nicht die Routine die Flügel gestutzt hat. Sie fliegen ein, Neulinge voller Neugier, Mitspieler mit einer vorerst federleichten eigenen Vorgeschichte, die nicht ein Felsblock von Heldentaten ist, wie ihn die Männer auf den Schultern tragen. Jeder Mann ist Atlas und Sisyphos, und jede neue Mitspielerin kommt ohne Gepäck – ein königliches Privileg, wenn man neu in die Geschichte zusteigt, die von vielen müden Kämpfern und tatendurstigen Omnipotenzjüngern bevölkert ist. Die Alphafrauen in der vordersten Linie wissen, es ist ihre Stunde. Da passt es ganz schlecht, gegen die Männer von gestern zu polemisieren. Es geht ja um die Männer und Frauen von morgen, die sich von allen Legenden befreien und einander zeigen, was sie können.

Zum Beispiel erfolgreich kommunizieren. Er tut das immer strategisch; sie kommuniziert, hellhörig und großäugig, um die Stimmung im Team zu verstehen. Er sagt sich: »Deine Ziele musst du kennen; wer zuviel versteht, verliert sie leicht aus den

Augen.« Sie hält dagegen: »Wer die Gegner nicht erkennt, kann seine Ziele nicht erreichen.« Er darauf, kämpferisch: »Meine strategische Überlegenheit bricht den Widerstand der Gegner. Sie werden sich nicht mehr erinnern, dass sie gegen mich waren, wenn sie mit mir siegen können.« Sie wünscht ein Klima der Zustimmung, um alle mitzunehmen. Aber sie zweifelt auch, ob der Erfolg auf ihrer Seite sein wird. Schon diese Gedankenordnung ist weiblich: Der Zweifel kostet Entschlossenheit und Tempo; die Idee, dass der Erfolg sich ihr verweigern könne, statt sich ihrem strategischen Geschick zu fügen, kalkuliert die Niederlage ein.

Er, der ihre Gedanken nicht kennt, würde härter urteilen: Der Zweifel ist ein Programm für die Niederlage. Wer zweifelt, unterwirft sich. Die meisten Männer und Frauen wissen von diesen dramatischen Unterschieden nichts.

Aber die Alphafrauen sind erfolgreich, weil sie beides begriffen und klug gemischt haben. Überall, wo beide jahrzehntelang an den Dissonanzen gescheitert sind, in die sie unwissend und verständnislos hineinstolperten, liefern Alphafrauen den strategischen Mix. Beide erkennen sich wieder, und beide verstehen die Lösung als einen Sieg, der sie beteiligt. Wie macht sie das, die Alphafrau? Sie kommuniziert hellhörig und strategisch; sie erfasst Stimmungen im Handstreich, weil sie sozial neugieriger ist als der Mann; sie mischt Frauen- und Männerstärken: »Schau hin, aber vergiss dein Ziel nicht; hör zu, aber wiederhole deine Argumente; lass deine Gegner auftreten und zeige ihnen, dass sie deine Ziele teilen; überwinde sie, indem du sie überzeugst, dass sie mit dir, nicht ohne dich Erfolg haben werden.«

Der gemischte Zugriff der Alphafrauen sichert Siege besser ab; wer ihnen folgt bei einer Entscheidung, fühlt sich nicht überfahren oder übervorteilt, weil jeder ihr waches Auge gespürt hat. Wer sich beachtet fühlt, genießt die Überlegenheit der Stärkeren, weil sie Schutz bedeutet. Die Alphatiere unter den Frauen siegen auf einer breiteren Skala. Sie müssen nicht, wie ihre männlichen Kollegen, das ernüchterte Erwachen ihrer Anhänger fürchten. Männer herrschen, Frauen hegen – und haben damit eine solidere Grundlage für ihre *leadership*.

Beide zusammen könnten aus den jeweils 50 Prozent ›Jüngern‹ und ›Jüngerinnen‹ leicht 100 machen – und endlich könnte jeder und jede pendeln: Heute mögen sie seinen Stil, morgen ihren. Heute wollen sie im Sturm übernommen, morgen im glasklaren Dialog gewonnen und übermorgen in der gemischten Attacke ihrer männlichen und weiblichen Führungsalphas überwältigt werden von großen Zielen.

Was das angeht, bleiben wir alle immer Kinder: Ziele müssen groß sein, viel größer als wir selbst. Und wer uns mit kleinen Schritten, kleinen Zielen abspeist, dem wird das Alphalabel nie verliehen. Wir alle wollen gefordert, ja überfordert, aber zugleich geliebt und geschützt werden von unseren Führungsleuten. Frauen ohne Power wollen wir alle so wenig sehen, wie Männer ohne Visionen; und Männer ohne Power haben bei uns allen so wenig zu suchen wie Frauen ohne Visionen.

Menschen verdienen immer das Beste, was verfügbar ist. Und endlich sind wir wieder komplett: Alphamänner und Alphafrauen üben soeben, unsere kühnsten Träume von idealer Führung zu erfüllen – gemeinsam und im Widerspruch, aber entschlossen, nie mehr zu vergessen, was sie endlich verstanden haben: dass sie ohne einander schwach sind, dass sie getrennt das meiste falsch verstehen, und dass ihnen voneinander abgewandt nichts gelingen kann.

Der Auftritt der Alphafrauen ändert also auch die männlichen Kopfprogramme. Ein neues *mindset* entsteht, das die wechselseitigen Profite heller beleuchtet als die Blockaden. Alphafrauen wissen, dass sie das wahrnehmen, aber nicht mit Männern besprechen dürfen; ihre Kommunikationslust muss am kurzen Zügel gehen. Frauen, die sich ihren neulandkundigen Alphas anvertrauen, sollten auf diese Warnung hören: Über alles könnt ihr mit den Männern reden, auf keinen Fall aber über die Verschiebungen der Bilder in ihren Köpfen.

Ihren Sieg über seine Vorurteile darf die Frau nicht mit ihm feiern. Das wird ihr leichtfallen, wenn sie versteht: Männer wollen nicht ertappt werden bei Einsichten, die sie den Frauen verdanken. Was die Alphafrauen schon können, müssen ihre Schwestern und Töchter jetzt eilig lernen: ihre Gewohnheit der verbalen Nachbearbeitung von Triumphen streng zu kontrollieren. Männer brauchen den Schutz der Frauen, weil ihre Schamgrenzen anders verlaufen.

Unterlegenheitsrituale einzusetzen wie Appelle um Schutz und Nähe, das ist ›einfach kein Männerding‹, wie die Sensibleren uns erklären. Männer finden Niederlagen nie attraktiv, und von Frauen zu lernen – na ja, das ist fast eine Niederlage. Alphafrauen schützen Männer vor diesen negativen Gefühlen, aber sie sagen es nicht. Die neuen *mindsets* schlucken Privilegien, so meinen viele Frauen. Männer zu kritisieren, das gehörte unter intelligenten Frauen bisher zur *political correctness*. Als Mann ›die Frauen‹ oder auch nur ›manche Frauen‹ kritisch zu bewerten, ist fast tödlich. Frauen, die stolz sind auf diesen Unterschied, haben nichts von der neuen Ära begriffen.

Ihr Privileg, das durchaus als Machtbeweis bewertet werden kann, muss fallen, wenn fairer Wettbewerb mit ihren männlichen Kollegen gelingen soll. Die Frauen selbst müssen mit ihrem Vorrecht auf Kritik, die Männer nicht äußern dürfen, ihre Kolleginnen zur Ordnung rufen, die immer noch Sonderkonditionen für sich verlangen und die Fehler der männlichen Kollegen unnachsichtig tadeln. Frauen, die es besser machen wollen, balancieren auf einem schmalen Grat, weil Loyalität unter Frauen ein rares Gut ist. Ohne Loyalität wird aber jede Kritik von Frauen an Frauen missverstanden. Männer werden sich in diese komplizierten Zusammenhänge nicht vertiefen. Was Frauenkarrieren beschädigt, das können nur die Frauen wegräumen – unter Führung ihrer Alphatiere. Viele Frauen möchten aber, dass Männer ihnen den Weg freiräumen.

Die Männer werden das aus einigen Gründen nicht tun können. Einer: Sie verstehen das Problem nicht. Der andere: Sie haben keine Lust, es zu verstehen, und sind sicher, nicht helfen zu können: Frauengelände. Da bleibt man besser draußen. Frauen müssen die Erfolgsstraße für Frauen pflastern – konkurrenzlos gut, überzeugt und überzeugend und verlockend anders als Männer. Sonst braucht sie keiner, die Frauen.

Männer machen es für sich und ihresgleichen seit Jahrtausenden genauso. Freilich: Wenn Frauen um männliche Führung betteln, schreiben die Männer auch noch die Kopfprogramme für Frauen. Seit die Frauen erwachen, spüren sie: Das männliche *mindset* ist nicht ihres. Aber sie haben sich so ans Nachfrage- und Reklamierverhalten gewöhnt, dass sie zuerst wieder bei den Männern ihr Unbehagen im falschen *mindset* vorgetragen haben – kriegerisch im Feminismus, spaltungsbesessen –, was die Selbstklärung nicht beschleunigt, sondern verzögert hat. Jetzt endlich stehen sie gemeinsam auf der Bühne, wo das Leben spielt, nicht nur das Theater.

Und immer noch muss man die Frauen anstoßen: Schreib dein Programm, lass dir nicht wieder den Griffel aus der Hand nehmen. Zeig dein Gesicht, verabschiede dich von dem Wunsch, unverstanden und geheimnisvoll zu sein. Auch wenn du klar und offen auftrittst, bleibt für Männer genug Geheimnis, weil sie von Frauen so wenig verstehen. Geh ihnen entgegen, lass die Finten und Volten, überfordere sie nicht dauernd.

Alphafrauen überragen andere, weil sie genau das bereits können und tun. Einige können es schon als junge Mädchen, andere lernen, weil sie den eigenen, nicht den männlichen Erfolg suchen. Und weil sie erkannt haben, dass der männliche Erfolg Stückwerk ist und der Komplettierung bedarf. Auch Männer können nichts allein, aber sie erfahren erst heute, wie unvollständig ihre Leistungen bleiben, solange der weibliche Blick auf ihre Projekte fehlt. Beide werden endlich verstehen, dass sie ein komplementäres Projekt der Evolution sind.

Frauenkonflikte sind für Männer ebenso schwer lesbar wie das, was sie »Szenen« oder »Launen« nennen: Frauenzorn, der Männer erschrecken soll, schlägt sie eher in die Flucht. Frauen müssen eiligst verstehen, dass ihre Auftritte als unverstandene Opfer ihnen selbst schaden, nicht den Männern. Männer verlassen Tatorte, die sie strategisch nicht erschließen können. Jeder Auftritt einer Frau als Unverstandene schafft einen solchen Tatort. Sie bleibt Opfer ihrer Fehleinschätzungen, wenn sie seine Flucht kaltherzig und roh findet. In Wahrheit läuft er davon, weil er hilflos ist. Er flieht, um seine Schwäche zu verbergen. Er verdient daher eigentlich unsere Nachsicht und Empathie. Denn die Zeiten, als wir Frauen unsere Empathiestärke ausgerechnet den Männern vorenthalten haben, sind vorbei. Auch Frauen müssen endlich liefern, was sie an Stärken bisher rationiert und eifersüchtig gehütet haben: Kein Mann sollte sie so stark antreffen, wie sie wirklich sind.

Warum diese List? Weil Frauen mit ihren Unterlegenheitsritualen bisher so erfolgreich waren. Dass sie dabei immer nur *Loser*-Triumphe gefeiert haben, durchschauen immer mehr Frauen. Also Visier auf, Tarnkappe runter, und schon kann der offene Wettbewerb beginnen, den die Frauen bisher regelrecht geschwänzt haben wie launische Schulmädchen.

Die weiblichen *high potentials* mit dem neuen *mindset* liefern den Frauen das, was Männer schon lange haben: eine globale Alphacrew aus Gewährsleuten, an denen Frauen sich orientieren können. Die Heldinnen der neuen *mixed business community* zeigen ihren Nachfolgerinnen, dass der Rückenwind des Wandels, der die Männer nach vorn geschoben hat, endlich aufgefrischt hat zum Sturm, der das einseitige Bild aufmischt: Der Sturm des Wandels wirft die Frauen zwischen die Männer, *last minute* sozusagen, damit der schöpferischen Zerstörung, wie Männer sie lieben, die Gegenrede für innovative Bewahrung zur Seite stehen kann.

Was dem Männerleben die süße Vision liefert: »Wir stellen die Helden weltweit«, das gilt nun auch für Frauen. Endlich lernen sie, sich mit den Besten ihrer Spezies zu identifizieren. Endlich begreifen sie, dass ihre Handschrift in den Siegergeschichten darüber entscheidet, ob die Verlierer eine Chance haben. Frauen müssen die Leidenschaft fahren lassen, Opfer mit Opfern zu sein. Vorwürfe versickern in Männerköpfen, weil Männer den Schmerz abwehren, der im Vorwurf steckt. Das Pensum der Frauen ist größer, nachdem sie die Schwelle zur machtvollen Mitwirkung überschritten haben. Was sie tun müssen, kann nicht an Männer delegiert werden, weil Männer zu wenig von Frauen wissen. Nur Frauen können zeigen, wer sie eigentlich sind. Überall, wo sie es tun, profitieren beide, Frauen und Männer.

Alphafrauen im Männerland

Schon deshalb ist der Triumph ein mehrfacher: Alphafrauen holen ihren Erfolg in einer Welt, die für männliche Bedürfnisse gemacht ist. Der Rhythmus von Anspannung und Entspannung in den Arbeitssystemen der Männer folgt dem hormonellen Takt des männlichen Organismus. Die Firma als künstlicher Organismus spiegelt die Stresskultur der Männer wider: Erregung gedämpft hochfahren, schnell verdampfen lassen. Viele Male täglich schießt die Betriebstemperatur nach oben; Führung heißt: runterfahren, die Leute auf Normaltemperatur bringen, ohne das Feuer der Erregung auszutreten: den Stress abschütteln und seinen Schub für die nächste Etappe nutzen. Das ist Männerwelt, weil die Kurven steil hochschießen und ebenso steil wieder abfallen. Für Frauen, die in geschützten Nischen einer Frauenwelt gelebt haben, entsteht hier Stress von der beschleunigten Art, die Frauen nicht beherrschen.

Was im Maschinentakt gespiegelt wird, ist die Hormonsituation des Mannes: Attacke und Sieg. Sein Testosteronspiegel steigt um so höher, je näher der Sieg ist. Und Siege gibt es täglich zu feiern: in der Produktion, im Vertrieb, im Kundengespräch, in der Vorstandssitzung, im Forschungslabor.

Männer leben im kurzwelligen, lustvollen Stress, wenn es gut läuft. Frauen lernen diesen Männertakt von Erregung und Löschen, Abheben und abrupt Landen schon in der Schule kennen. Alphamädchen amüsiert der Stress, den sich die Jungen machen. Bald begreifen sie auch, dass für Jungen dieses kurzwellige Auf und Ab eher animierend als anstrengend ist.

Mädchen haben viel Zeit zu beobachten, weil ihre Erregungswellen länger sind – und ihre soziale Neugierde viel größer.

Junge Frauen kommen mit einem Wissensvorsprung über Männer in die Businesswelt der Männer, wenn sie früh genug verstanden haben, wie die Stresskurven der Männer – und des männlich geprägten Unternehmens – sich von ihren eigenen, den weiblichen Stressrhythmen, unterscheiden.

Was wir Stress nennen, ist nicht einfach das Ergebnis von Belastung, Zeitknappheit, Unfreiheit und Versagensangst. Stress ist auch ein Instrument in der Hand von virtuosen Führungskräften, die ›Stress machen‹, um die höchstmögliche Betriebstemperatur auch in den Köpfen ihrer Mitarbeiter zu erreichen: Präsenz und Leistungsbereitschaft steigern, das geht nur, wenn die Drehzahl bis an die Schmerzgrenze erhöht wird – auch in den Köpfen, sagt der Chef in der Lkw-Fertigungshalle. Was wird in diesem Klima aus der Leistungsfähigkeit der blonden Schönheit, die eben einen mächtigen Gabelstapler um den Chef und seine Leute herumlenkt?

Irgendwo am Ende der Halle ist sie zu sprechen. »Was halten Sie von dem Tempodruck und dem Stresskonzept in dieser Halle?« Sie lacht. »Jeder macht sich seinen Stress. Ich bin genauso schnell wie die Männer, aber ich hab nicht den Druck, markige Sprüche abzuliefern. Ich glaube, ich hab weniger Stress als die männlichen Kollegen.« Was die junge Frau beschreibt, das macht die überlegene Startposition von Alphafrauen aus: Ihr Stresshaushalt kommt ohne die Höhenflüge aus, die den Mann in Unruhe halten: Dominanz unter Kollegen und Imponiergehabe sind unausweichliche Zusatzleistungen, wenn Männer auf Hochtouren laufen. Wenn sie die Opferrolle aufgegeben haben, profitieren Frauen im Männerland von ihrer ›Langwelligkeit‹: Stress langsam hochfahren und noch langsamer zurück fahren. Traditionell als Nachteil diskutiert, wird diese Langwelligkeit im gleichen Augenblick zum Vorteil, wenn die Frau begreift: Bei ihr kommt das Problem, das ihre Kollegen auf die Tischplatte trommeln lässt, differenzierter an, weil sie Details erkennt, die sein Zorn wegbügelt. Sie wird, etwas später, bei der Lösung helfen können, weil sie mehr gesehen hat, als wutentbrannt zu sehen möglich ist. Sie wird, anders als die Kollegen, mit ihrer langen Stresskurve auch noch auf dem Heimweg beschäftigt sein; aber sie wird ihre Vogelschau auf das Problem genießen. Morgen wird sie die Kollegen daran teilhaben lassen.

Was Alphafrauen heute können, konnten ihre Mütter und Vorgängerinnen noch nicht. Die Anpassungsbereitschaft von Schulmädchen, die heute wieder diskutiert wird, weil sie ihnen Vorteile vor den renitenten oder lethargischen Jungen verschafft, ist nicht das Erfolgsmodell, das die Pädagogen in ihr erblicken. Anpassung ist die klassische Reaktion von Frauen in Systemen, die ihnen viel Anspannung und wenig Einfluss zumuten. Anpassung in diesem Sinne ist nichts anderes als Kapitulation: Jungen reagieren unter diesen Umständen eher mit Aufbegehren; das männliche *enfant terrible* arbeitet seinen kurzwelligen Stress aggressiv ab.[16]

Frauen mit Erfahrung in Männersystemen nehmen die Opferrolle, die als ›Anpassung‹ beschönigt wird, nicht mehr an. Ihr nie diskutierter Vorteil im neuen Gelände der männlich-weiblichen Begegnungen ist ihre überlegene Lernfähigkeit. Männer sind kaum in der Lage, das weibliche ›Neuland‹ in ihren Arbeitsbeziehungen mit so hoher sozialer Sensibilität zu erkunden, wie umgekehrt Frauen das Männerland erkunden und ›erlernen‹. Männer haben eine gute Entschuldigung für ihr gedämpftes Interesse an weiblichen Vor- oder Nachteilen: Schließlich ist es Männerland, in dem die Frauen Neulinge sind, Männerland von Männerhand, aus Männerköpfen, männergerecht und männerfreundlich ausgestattet. Wer in diesem stolzen Entwurf mitspielen will, soll sich anpassen – aber bitte mit Respekt.

Anpassung ist für die Alphafrau nicht das Schulmädchenmodell, sondern die gelassene Nutzung ihres doppelten Wissens. Sie weiß mehr über Männer und mehr über sich selbst als die Männer. Ihr doppelter Vorteil schützt sie vor Opferrollen und vor übertriebener Dominanz. Sie lebt zwar mit den Männern in männlichen Rangordnungen, ist aber nicht, wie ihre männlichen Kollegen, eine Gefangene dieser Hierarchien. Männer nehmen das schnell wahr, ohne darüber reden zu können, weil sie dieses ›Alphalatein weiblich‹ einfach nicht verstehen. Alpha, weiblich, ist für die meisten Männer eine Fremdsprache, deren Grammatik sie nicht beherrschen. Wie kann man ohne Impo-

---

16 Vgl. Höhler/Koch, *Der veruntreute Sündenfall*, a. a. O., S. 387–392.

niergehabe in den oberen Etagen einer Firma herumlaufen? Befremden löst das erste Misstrauen ab, und nach und nach begreifen die Herren: Alphafrauen kommen von einem anderen Stern. Sie sind längst nicht so gefährlich, wie man dachte – oder noch viel gefährlicher, als Männer denken können.

Während das Wissen der Frauen über die Männer und ihre Arbeitswelt zugenommen hat, haben die Männer vor allem eines gelernt: ihre Verständnislosigkeit für das, was in Frauen vorgeht und was sie antreibt, durch Formeln des Wohlwollens zu verdecken. Was treibt Frauen an, wenn sie nicht um jeden Preis siegen wollen? Woher nehmen sie ihre Energie, wenn sie nicht als Kämpferinnen unterwegs sind, sondern eher als Kommunikatorinnen? Warum zeigen Frauen kaum jemals Wutausbrüche, die den Mitarbeitern jeden Zweifel an ihrer Power nehmen?

Das ist tatsächlich eine Frage, die das Nachdenken lohnt. Und mehr: Sie lohnt sogar das Nachforschen. Die Evolutionsbiologen und ihre Kollegen aus der Hirnphysiologie haben Zorn und Wut als die Kraftimpulse aus unserem Gehirn identifiziert, die uns im entscheidenden Augenblick blitzschnell und unmissverständlich zu handeln erlauben: zuschlagen, ausschalten, mattsetzen. Der Impuls wird im Reptilhirn, unserem Steinzeitkern, gezündet, der tief verpackt in unserem Gehirn ruht, um uns zu retten, zu warnen und handlungsstark zu machen, wie es weder unsere Ratio noch unsere Emotion leisten.

Es ist dieser Blitzschlag aus den Tiefen unserer Vorgeschichte, der die Kampfkraft der Frauen nicht so zuverlässig füttert wie bei Männern. Die Hirnforschung zeigt uns warum: Der Ausbruch von Zorn und Wut bei Männern hat viele Auslöser – Revierverteidigung, Rivalität, Dominanzkämpfe, Imponiergehabe.

Für Frauen ist die Skala schmaler, weil ihre hormonelle Lage jene Formen der Selbstbehauptung abschwächt. Wichtiger noch: Das Durchbrennen aller Sicherungen, das die Reptilhirnschübe ungefiltert ins Handeln krachen lässt, wird im weiblichen Gehirn durch Kooperation der Schichten gebremst, die das Ältere mit dem Jungen in Kontakt halten – das limbische System, wo die Gefühle gemacht werden – mit der jungen, hellwachen Ratio der Stirn und der Schläfen.

Alpha-Eva, so sagen die Hirnphysiologen, ist nie zu so archaischen Reaktionen zu bewegen wie Steinzeit-Adam, der unter Umständen als Amokläufer nur noch den Kommandos seines Reptilhirns folgt. Für Frauen ist die Skala für den tiefsten Zugriff auf die uralten Krokodilreserven schmaler, aber exakt bezeichnet: Sie liefert Wut und Kampfkraft bis zum Neunfachen ihrer normalen Muskelkraft, wenn ihren Kindern, allgemeiner gesprochen ihrer Brut, Gefahr droht. Frauen verteidigen erkämpfte Arbeitsergebnisse, die ›Brut‹ des Teams, oft mit einer Zähigkeit, die jeden männlichen Kollegen sprachlos macht. Wo Männer aufgeben, kämpfen Frauen weiter. Wo Männer die Niederlage vorausberechnen und die Waffen strecken, kämpfen Frauen unbeirrt. Die Frauen schützen das Erreichte, und zwar kompromisslos, sagen die Forscher. Sie sind der *safe investor*, auch zwischen längst abgestürzten *high risk gamblers* männlichen Geschlechts.

Und doch ist es wichtig, in der Firma als Frau ein gutes Äquivalent für den spontanen Wutausbruch zu finden, den männliche Kollegen inszenieren. Mitarbeiter wollen klare, am liebsten flammende Bekenntnisse von ihrer Führung. Gelassenheit konsumieren sie nebenher, aber auf Höhepunkte, auch emotionale, wollen sie nicht verzichten.

Menschen mögen heiß und kalt, wenn es um ihre Leidenschaften geht; lauwarm erleben sie nicht als überlegenes Konzept. Was tut die Alphafrau, wenn sie mit ihrem klugen Kopf erkennt: Hierher gehört ein Wutausbruch? – Sie liefert ihn. Sie lebt dabei sogar weniger gefährlich als ihr männlicher Kollege, der auf den Stuhl springt und sichtlich mit seinem Zorn kämpft: Ist er nun Täter oder Opfer, fragen sich die besorgten Zuhörer. Wenn seine Wut ihn im Griff hat, könnte er der Verlierer dieses Auftritts sein. Die Alphafrau, emotional erfahren und intellektuell geschult, kann jetzt die eingespielte Kooperation von alt und neu in ihrem Gehirn als Vorteil ausspielen. Ratio verlässt das Frauenhirn nie ohne den Beistand der Areale für Anteilnahme: Der *Neocortex* von Frauen hat immer den Flankenschutz des limbischen Systems, wo Betroffenheit und Empathie herrschen. Alpha-Eva liefert nun einen kultivierten Wutausbruch, der Köpfe und Herzen der Mitarbeiter zugleich erreicht, weil er als Kopf-Herz-Mix gestartet ist. Männliche Wutausbrüche lösen immer auch jenen latenten Schrecken aus, der mit dem Zusammenprall von ›ganz alt‹ mit ›ganz neu‹ im Gehirn des Redners das Startsignal für ›Wut‹ gegeben hat: Ratio greift ins Reptilhirn durch, wo die alten sprachlosen Ängste, Hoffnungen und Kampfimpulse lagern. Ratio braucht Handlungsdruck, deshalb durchquert sie das limbische System, die Zonen für Betroffenheit und Anteilnahme, blind und taub. Wildheit muss her, ungefiltert. Darum der leise Schrecken, der solche Auftritte zu zwiespältigen Erlebnissen für die macht, die der Mann mitreißen will. Da steht ein Riesen-Ego, so spüren die Mitarbeiter, und mit der Wut wächst es an uns vorbei. Die Aufmerksamkeitsampeln in den Köpfen springen auf Gelb.

Wenn sie ihr Potential wirklich kennt und virtuos nutzt, hat die Alphafrau in Ausnahmesituationen einen großen Vorteil. Untrainiert, auf Kriegsfuß mit ihren Stärken, wie viele Frauen immer noch leben,[17] kann sie beim Wettkampf um den besten Zornesausbruch, der zündet und zusammenführt, nur verlieren. Die Versuchung, in Extremsituationen in die Frauenrolle zurückzufallen, ist groß. Sozial hellhörig und weitsichtig, greift die Frau spontan zum Kontrastrezept. Wo Männer toben, besänftigt sie. Die stärkere Wirkung bleibt beim schrillen Auftritt des Mannes. Aber alle sind hin- und hergerissen, weil der Chef so destruktiv wütend ist. Die Alphafrau erkennt: Es ist definitiv die Zeit für starke, auch laute Worte. Alles Leise ist hier auf der *Loser*-Seite. In den Köpfen rumort es. Die Fabrikhalle kocht, auch wenn alle nur flüstern. Jetzt ist die Bewährungsprobe für die Topfrau. Ihre Stimme muss etwas dunkler werden, wie der Zorn es vorzeichnet. Was sie sagt, muss Dominanz ausstrahlen, die Herrschaft über diesen wichtigen Augenblick gehört ihr. Dominanz liefert den Zuhörern Sicherheit.

Sie ist die Voraussetzung, um die flatternden Herzen und die aufgeregt tickenden Köpfe zu gewinnen. Wer hier ›so ähnlich wie der männliche Kollege‹ agieren will, hat schon verloren. Die einzige Karte, die Alpha-Eva spielen muss, ist der Katalog ihrer Stärken. Hat sie je an sich gezweifelt in diesem Wettkampf, hat

---

17 Siehe dazu S. 244f.

sie jemals gedacht, sie werde es ›trotzdem‹ schaffen, Platz eins zu besetzen, so ist sie absturzgefährdet. Stürzt sie nicht jetzt, dann beim nächsten Mal. Alle ›Trotzdem‹-Botschaften sind falsch. Eva kommt, wenn sie ein Alphatier ist, mit Waffen, die in den Waffenkammern der Männer nicht vorrätig sind. Viele Männer wissen das. Und sie gehen mit Recht davon aus, dass die meisten Frauen es nicht wissen.

Der Kern des Wissens von Alphafrauen ist eben dieses Faktum: dass sie unschlagbar sind, wenn sie die Tricks aus der Opferrolle beiseite lassen und auf die Abweichung setzen, die sie stark macht. Die Abweichung von männlichen Stärken führt ohne Umweg zu den Stärken der Frauen. Eva ist unschlagbar, weil sie in ihrem Gehirn Mächte miteinander verbündet, die der Mann immer als feindliche Kräfte im Kampf erlebt. Er lebt in der Welt des Entweder-Oder; sie biegt den Ast, den er brechen muss.

Die Alphapower von Frauen hat nichts mit den traditionell an Frauen delegierten Sanftmutsleistungen zu tun. Ihre Sanftmut ist pure Kraft, wenn sie verstanden haben, wer sie sind. Dazu gehört vor allem der Abschied von der Illusion, sie könnten von Unterwerfungsleistungen profitieren. Die Welt, in der sogar Gerichte solche Lebensentwürfe der ›prophylaktischen Unterlegenheit‹ prämiert haben, versinkt vor unseren Augen. Eva verleugnet sich selbst, wenn sie die Unterlegene gibt. Sie verdirbt zugleich den Geschmack und die Moral des Mannes, wenn sie sich als Sklavin vorstellt. In Wahrheit ist sie die Herrin über große Areale von Geist und Seele, in denen Männer sich überhaupt nicht auskennen. Hier öffnet oder schließt sie die Türen; hier kann sie Männer dumm halten oder klüger machen.

Genau das geschieht auch Schritt für Schritt im Business: Wo Alphafrauen auftreten, weitet sich der Horizont. Verlogene Schmeicheleien werden seltener, weil sie stolze Frauen kränken. Die Besten unter den Männern wissen längst, wie sehr sie von Frauen profitieren, die ihre eigenen Stärken einsetzen, statt in Plagiaten zu experimentieren.

Der traditionelle Wutausbruch von Männern bekommt Konkurrenz aus dem weiblichen Alphapool. Auch die Männerfeste bekommen ein kompletteres Gesicht, und das Angstmanagement der Firmen, das Männer für sich behalten wollten, um allein über *fight or flight* zu entscheiden, gehört in Zukunft beiden.

Die Stärke der Alphafrau in der explosiv geladenen Fabrikhalle ist ihre Empathie: ›Sie weiß, wie wir uns fühlen‹, spüren die Mitarbeiter. Sie zeigt es uns, ehe sie fordert. Sie senkt die Stimme, und plötzlich ist es ganz still in der Halle. Nun kann sie ihren Vorteil ausspielen: Nicht sie muss hier siegen, sondern das gemeinsame Projekt. Nicht ihr Ego steht auf dem Prüfstand, sondern die vielen Egos in der Halle: »Ohne euch kann ich nichts erreichen, und das wisst ihr alle«, sagt sie. »Und ihr wisst auch, wie schlecht wir uns fühlen werden, wenn wir aus dem Zeitplan fallen, den wir dem Kunden versprochen haben. Wir werden nicht nur unserem, sondern auch seinem Geschäft schaden, wenn wir uns plötzlich nicht mehr zutrauen, was wir zugesagt haben. Ich traue uns und euch das immer noch zu, und ich möchte mit euch den Erfolg feiern – morgen, nächste Woche, nächsten Monat. Ich möchte, dass ihr alle erlebt, um wieviel stärker wir werden, wenn wir diese Mutlosigkeit überwunden haben. Ich weiß, ihr wollt das. Wir alle brauchen das. An die Arbeit.«

Dieser weibliche Alphatext kann viele Varianten haben. Entscheidend ist: Die Anspannung der Mitarbeiter wird nicht in Angst, sondern in Entschlossenheit umgesetzt. Nicht die Drohung für Versagen bestimmt die Szene, sondern das dynamische Vorbild: ›Ich bin nichts ohne euch, und ihr wisst es. Ich habe keine Wahl – und ich will keine andere Wahl als diese: Ich muss mich auf euch verlassen. So wie ihr euch auf mich verlassen könnt.‹

Menschen gewinnen – das ist die natürliche Gabe von Frauen. Probleme beherrschen – das gelingt ihnen oft besser als den Männern, weil ihnen nicht ein eigenes Riesen-Ego im Weg steht. Und Siege gestalten – das führt alle wieder zusammen, wo das Feuer des Erfolgs zu neuen Taten ermutigt.

Auch Alphatiere altern: Wie Männer und Frauen einander ähnlicher werden

Zu den ›großen alten Männern‹ zu gehören, das bedeutet die Achtung, Bewunderung und Ehre zu genießen, die einem großen Lebenswerk folgen. Der Glanz dieser Leistungen, so finden wir beim Betrachten der Gesichtslandschaften großer alter Männer, liegt auch über den Furchen, die das Mienenspiel der vielen Jahrzehnte über Stirn und Wangen und um die Augen gezeichnet hat. Wie oft sie in die Ferne gespäht, wie oft sie gelächelt, gelacht, geschmunzelt, wie oft sie die Brauen hochgezogen haben zum Staunen: Die Landschaft ihrer Gesichter, die mit ihnen unterwegs war seit der Knabenzeit, erzählt, wie sie gelebt haben.

Waren sie das, was man ›bedeutende‹ Männer nennt, so glauben wir, die Spur dieser besonderen Rolle in ihren Mienen zu erkennen: wie Flusstäler die Falten, wie Rinnsale die feinen Augenfältchen, versickernd irgendwo in Schläfe und Wangen; Hügel und Täler wechseln sich ab, sie kommunizieren miteinander. Alles scheint stimmig, nirgends Hässlichkeit, überall die vielstimmige Erzählung eines langen Lebens.

Finden wir diese Gesichter, verwittert und zerklüftet wie sie sind, ›schön‹? Ja, wenn Schönheit das Stimmige meint, wenn Schönheit Wahrheit meint, die sich nicht vor uns versteckt, wenn Schönheit Aufrichtigkeit meint, ein Bekenntnis, das sich nicht verhüllt: Das bin ich, das war ich. Alter ist nicht ein Makel, sondern Würde.

Große alte Frauen: Es gibt sie, aber wir nennen sie nicht so. Wir haben diesen Ehrentitel für die Männer reserviert, für die schon vor dem Alter ein viel größeres Revier für Bewunderung, für Achtung und Wohlgefallen offensteht, das der Schönheitsfalle für

Frauen in gar nichts ähnlich sieht. ›Große alte Damen‹ nennen wir gealterte Zelebritäten weiblichen Geschlechts dann gern, so als müssten wir uns mit einer Verfeinerung ihrer Gattungsbezeichnung dafür entschuldigen, dass wir ›große Frauen‹ eigentlich nicht als alte Frauen denken können. Die *mindsets* sind vorurteilsgeladen, und alle spielen mit, nicht nur die Männer.

Auch die Frauen selbst haben sich für ihresgleichen auf das Label Jugend festgelegt, das mit Sex und Attraktivität identisch ist –, und sie beeilen sich zu behaupten, die Männer seien die Auftraggeber dieses Bildes, das Frauengesichter mit Lebensspuren ins Aus schickt. Weil die rigorosen *Mindsets* gelten, läuft die Massenflucht von Frauen gegen die Richtung, die das Leben vorzeichnet, rückwärts, zurück Richtung Jugend – weil große Frauen jung sind?

Nein, auch bei Frauen braucht Größe Zeit. Die Massenflucht in die uneinholbare eigene Vergangenheit findet statt, weil das Revier für weiblichen Erfolg viel schmaler gezogen ist als das der Männer: Sie meinen, Jugend sei die Kondition, aus der es kein Entkommen gebe, wenn man wahrgenommen und schon gar wenn man als Frau nicht nur bewundert, sondern begehrt werden will. Das ist, auch gemessen an den männlichen Spielfeldern für Wirkung, eine brutale Einschränkung der weiblichen Wirkungsmöglichkeiten. Und solange die Frauen selbst diese Beschränkung ihrer Möglichkeiten, ›dazuzugehören‹, ›wichtig zu sein‹, auf sexuelle Attraktivität verengen, wird ihnen kein Mann widersprechen – schon weil Männer den Frauen immer weniger widersprechen, seit auf jedes männliche Urteil, das vom Trend abweicht, Sanktionen angedroht werden.

Was Frauen gar nicht beachten: Ihr *mindset* für die begehrenswerte, aber nicht ›große‹ oder ›großartige‹ Frau kreieren sie selbst. Auch Männer haben ihre ›großen alten Männer‹ selbst kreiert; und sie sind als große Verehrer ›großer alter Frauen‹ bekannt, auch wenn es diese Kategorie gar nicht geben soll – wenn es nach den Frauen, nicht nach den Männern geht. Auch Männer wissen die kleinen Freistunden vom *sex appeal* der verlokkenden, junggeschneiderten Frauen zu schätzen. Die Chance, ›nur‹ zu bewundern, entspricht für viele von ihnen einer Atempause im Dominanzstress zwischen lauter Lockvögeln und

Große alte Frau aus Namibia.

männlichen Wettbewerbern. Da ist eine Begegnung mit der Status-Macht einer Madeleine Albright oder der imponierenden Ratio einer Maggie Thatcher dem überall verfügbaren Gurren der Turteltäubchen weit überlegen. Schon die Seltenheit der Großen, ob männlich oder weiblich, macht sie den vielen anderen überlegen.

Die fatale Festlegung auf Gesichter ohne Geschichte, der aussichtslose Versuch, den Augenblick an die Stelle der Dauer zu setzen, das Blitzlicht dem Prozess vorzuziehen, müsste uns eigentlich sehr verwundern. Was muten sich Frauen zu, wenn sie dieses vermeintliche Ansinnen, nicht zu altern oder per Jugenddiktat nur ganz kurz auf der Bühne der ›very important people‹, der VIPs, zu erscheinen, nicht längst in einem entschiedenen *mindset* ad absurdum geführt haben? Lieben sie die Opferrolle so sehr, versprechen sie sich so viele Vorteile von ihr, dass sie auch diesen Unfug selbst zelebrieren – sogar ohne einen einzigen Versuch, das Männerinteresse an diesem Jugendkult in seiner Erbärmlichkeit bloßzustellen? Ist der Fetisch eindimensionaler, nur sexuell definierter Attraktivität so mächtig, dass Frauen dafür jeden Anspruch auf Würde in den späteren Kapiteln ihres Lebens aufgeben? Denn auch die Abonnements beim Chirurgen tasten die Würde der Frauen an, die sich zu Täuschungsmanövern entschließen, die ihnen ihr ›eigenes Gesicht‹ nehmen. Die Reise in die Verwechselbarkeit, die die Lobby der Gesichtschirurgen ihren Kundinnen verschreibt, ist zugleich die Absage an eine eigene, lesbare Geschichte in einem würdevollen Gesicht. Diese *mindsets* zu ändern, die uns einstweilen noch blind machen für die großartigen gelebten Landschaften auch in weiblichen, nicht nur in männlichen Gesichtern, gehört zum Konzept der Alphafrauen. Albright und Thatcher sind ebenso wie Condoleezza Rice Alphafrauen, die sich nicht mit Dutzendgesichtern entmachten lassen.

Hannah Arendt und Ricarda Huch, Doris Lessing, Indira Gandhi und Golda Meir sind Frauen, deren Gesichter wir vor Augen haben, wenn von ihnen gesprochen wird: Niemandem fiele ein, nach ihrer verlorenen Jugend zu fragen, da diese doch das Kriterium für weibliche Bedeutung sei. Über die amerikanische Außenministerin sagte kürzlich ein Manager bewundernd, wenn er sie sprechen höre, bemerke er gar nicht, dass sie eine Frau sei, weil ihre Ausstrahlung und ihre Glaubwürdigkeit alle andern Aspekte überlagern. Er war selbst verwundert, denn Rice ist schlank, schön, blendend gekleidet – im Schweizer Toplabel Akris, wie ich dem Manager, einem Schweizer, erzählte. Nein, das sei alles nicht wichtig, beharrte er. Die Wirkung habe ihn verblüfft: Da schafft es eine Frau, von ihrer Schönheit und Eleganz abzulenken durch das, was sie zu sagen hat. So sind Alphafrauen.

Gesichtslandschaften zeigen das gewachsene Gesicht. Berge und Täler eines Lebens, Randmoränen unzähliger Gelächter lagern an Wangen und im Augenwinkel; die Mimik eilt immer wieder, auch im Alter, die Täler entlang, die wie uralte Flussläufe über Stirn und Wangen ihr Muster ausbreiten: Hier haben Glück und Trauer gerastet, hier hat das Vergnügen die Lippen gekräuselt, der Schmerz sie zusammengepresst, der Schrei sie aufgeris-

Hannah Arendt, Soziologin und Philosophin der Politik

Ricarda Huch, Dichterin.

Alphafrauen : Kompetenz macht attraktiv.

sen: Gesichtslandschaften erzählen das Drama des Lebens, ohne den Lebenden, dem sie zugewachsen sind, auszuliefern.

Der größte Verlust in den verwüsteten Gesichtern der Frauen, die zurückwollen ins Kinderland, ist das Sterben der Mimik. Das Lächeln gefriert; es wird von strengen Zügeln irgendwo in der Mitte festgezurrt, und die blanke Stirn ist eine Kinderstirn. Sie scheint nie einen ernsteren Gedanken in der Region, wo das Ethos wohnt, hinter Stirn und Schläfen, wahrgenommen zu haben. Tabula rasa ist das Prinzip der glattoperierten Gesichter; Wüste statt Garten, scheint das Credo der Operateure zu lauten. Riesensaugnäpfe erschrecken uns mitten in diesen Kindergesichtern mit den staunend aufgerissenen Augen, denen das schattenspendende Lid fehlt. Saugnäpfe, von denen niemand mehr gefressen werden will – auch weil jeder die fast obszöne Mischung pädophiler Lustzitate und angestrengter Maskerade für Alterslosigkeit spürt.

Das Alter selbst, wenn wir genauer hinschauen, macht uns das neue Sehen leicht: Im Alter treiben Männliches und Weibliches aufeinander zu. Männer und Frauen nähern sich tatsächlich aneinander an, jeder Arzt und jeder Biologe weiß das. Ein Kopfprogramm, das nur den alten Männern Würde und Altersschönheit zuspricht, ist weit von der Wirklichkeit entfernt. Die Verehrung der Alten hatte ehemals mit ihrer Seltenheit zu tun. Man staunte sie wirklich an, die es schafften, nicht durch Infektionen weggerafft zu werden. Und weil sie soviel länger da waren als die meisten, wollte man natürlich hören, was sie vom Leben wussten.

Dass wir heute mit der Geringschätzung des Alters zu kämp fen haben, hat eben mit dem Gegenteil zu tun: Wir haben Überfluss an Alter und zugleich Mangel an Jugend. Für den Jugendkult, dem Frauen ausgesetzt sind, ist das nicht die Ursache. Jung sein, sexy sein, verlockend ohne anstrengend sein, das sind Konsumansprüche an die Frau, die das Wohlstandsetikett tragen: oberflächlich, ohne Dauer, mehr Event als Ereignis, so sollen Flirts und kurze Beziehungen in der Welt der bindungsscheuen Singles sein. Hellhörig wie sie sind, spielen viele Frauen dieses unverbindliche Spiel eine Weile mit. Alter, als die Gruppe der Überzähligen verstanden, hat die Ungleichbehandlung von Männern und Frauen in unseren Köpfen aber nicht gleichgeschaltet. Jeder kann ›große alte Männer‹ nennen; bei ›großen alten Frauen‹ stockt die Rede. Schon das Wortpaar ›alte Frau‹ klingt hilfsbedürftiger als das entsprechende vom ›alten Mann‹. Ein alter Mann kann in unseren *mindsets* ein Riese sein, wenn sein Leben das hergibt. Sein Haar kann schlohweiß sein, sein Schritt schleppend; jedes Handicap macht seine Lebensleistung leuchtender und hebt seine Würde.

Die alte Frau, die gebeugt vorübergeht, sei Mutter Teresa, könnte man uns sagen. Wir sehen es aber auch an ihrer Tracht. Sie wäre die Ausnahme, weil sie als Arbeitgeber den Himmel selbst hat. Da schweigen die bissigen wie die mitleidigen Kommentare: »Schau, wie verhärmt sie aussieht, wie sorgenvoll, wie leidgebeugt.« Wäre es aber die grauhaarige, füllig gewordene Brigitte Bardot, die vorübergeht, so ist fraglich, ob wir sie eine ›große alte Frau‹ nennen würden. Warum denn nicht? Sie ist eine der großen Wendefiguren des 20. Jahrhunderts, sie hat berühmte Männer für sich gewonnen, ihrem Land strahlende Erfolge geschenkt – was lässt uns zögern? Dass sie eine Frau ist? Wahrscheinlich.

Männer und Frauen werden einander ähnlicher im Alter. Wie eine Versöhnung der *mindsets* lesen wir die Gebärdensprache alter Männer und alter Frauen. Nicht nur die Bewegungsmuster treiben zueinander; auch die Gesichter werden einander ähnlicher. So mancher alte Mann zeigt eine bis dahin ungewohnte Weichheit seiner Gesichtslandschaft. Griesgram und Güte sind beide Weichmacher in Gesichtern, die ehemals von der männlichen Antriebsenergie mit Botschaften der Härte überzogen wurden: Der kämpferisch ins Gegenreich des Lächelns nach oben gewölbte Mund, gestürzter Halbmond statt vielversprechender Nachen, wird von vielen Männern, denen das rechte Wort nicht einfällt, für bedrohliche Entschlossenheit eingesetzt. Der derzeitige deutsche Finanzminister Peer Steinbrück hat diese, wie er meinen mag, kraftvolle Mimik inzwischen zur eingefrorenen Dauermaske gemacht. Alte Männer versuchen es nicht mehr mit diesem Drohritual. Wenn sie ›große alte Männer‹ sind, hatten sie es nie nötig; aber sie haben vor allem keine Lust mehr zu Täuschungsmanövern. Alte Augen blitzen oft wirkungsvoller als je-

Alphafrau Susan Sontag – die Schönheit der Intelligenz: Ausstrahlung durch geistige Präsenz. Status durch Leistung, nicht durch Ämter.

des schneidende Wort es könnte. Männer und Frauen nähern sich einander mit markanteren Gesichtszügen, die das Männlichweibliche verschmelzen lassen: Sie hat ein ›männlicheres‹ Profil im Alter; er hat Imponiergehabe und Dominanzverhalten abgelegt und wirkt ›weiblicher‹.

Aus Männergesichtern und Frauengesichtern werden im Alter Menschengesichter; einzig die *mindsets* in unseren Köpfen hindern uns, das mit Vergnügen wahrzunehmen. Hier findet die große Versöhnung statt, hier führt die Natur die beiden friedfertig wieder zusammen. Im Alter gelingt, was im langen Leben zuvor schwer erschien.

Als Menschengesichter gelesen, steigern die alten Gesichtslandschaften ihre Kraft und Würde. Susan Sontags Ausstrahlung ist mit dem Stichwort ›Frau‹ so unvollkommen beschrieben wie das Altersbild eines Herbert von Karajan mit der Vokabel ›Mann‹. Susan Sontags Gesichtszüge könnten ebensogut einem Mann gehören, nicht anders Indira Gandhis oder Madeleine Albrights Gesichter. Mutter Teresa zeigte ein Männerprofil im Alter, ernst und schön, wie nur ein asketisches Leben es zurechtmeißeln kann. Herbert von Karajan hat sich sehr um die heldischen Züge seines schönen Kopfes bemüht; aber markanter als Susan Sontag, charismatischer als Hannah Arendt vermochte er nicht auszusehen: Die Ränge sind gleich bei den Großen dieser Erde, und ob sie männlich oder weiblich sind, wird unwichtig, wenn die Bilanz des Lebens gezogen wird.

Die Altersgalerie der Großen, die Bewunderung und Anerkennung geweckt haben, zeigt Männer und Frauen so dicht beieinander wie kein früheres Kapitel ihres Lebens. Die Blicke gewinnen an Tiefe und Wahrhaftigkeit, ob es der Filmemacher Claude Chabrol ist, der uns anschaut, oder der Autor Jean Améry, der Erzähler Joseph Conrad oder der Pädagoge Hartmut von Hentig – sie alle zeigen uns Menschengesichter, was viel mehr ist als ›nur‹ Männergesichter, und die großen Frauen blicken uns ebenfalls aus großen, in Vergangenheit und Zukunft gerichteten Menschenaugen an.

Alphageschöpfe schauen uns an, wenn wir durch die imaginäre Galerie der großen Alten gehen. Wer die eröffnen würde, der täte mehr für die Sache der Männer und Frauen als Hunderte von Debattenrednern. Die *mindsets* ändern – das ist nicht ein Frauenappell, sondern ein großes Versprechen, das beide zum gemeinsamen Vorteil einlösen müssen, wenn sie nun endlich verstanden haben: Alphagesichter schauen uns an und liefern die vielversprechende Lektion, dass Männer- und Frauengesichter vor allem eins sind: Menschengesichter, deren Würde im Alter zunimmt.

VI *MINDSETS* FÜR MÄCHTIGE: *BRAINFOOD* FÜR ALPHAFRAUEN

Power dressing: Die Kleider der Macht

Einförmig sind die männlichen Kleider der Macht. Nicht einmal der Leitwolf glänzt durch edleres Tuch oder noblere Motive der Krawatte. Die Zahl der Kenner, die Labels lesen und Stoffe einschätzen können, ohne sie zu berühren, ist ohnehin verschwindend klein. Nur Parvenus bringen den Namen Brioni wieder ins Gespräch, den die Kenner tragen, ohne darüber zu sprechen. Das Vergnügen an Vikunja-Mänteln und Kiton-Jacketts, maßgeschneiderten Hemden aus Mailand oder Verona, handgefertigten Maßschuhen aus Florenz oder London teilen sich ein paar kultivierte Topshots. Ein Schweigekartell hält Unqualifizierte fern. Es erlaubt globale Erkennungsspiele, die aus dem Augenwinkel mit einem angedeuteten Lächeln verifiziert und genossen werden: Kennerschaft gehört nicht auf die Märkte des demokratischen Sozialismus.

Das Heer der Bodentruppen im Management sucht die Gleichförmigkeit. Aufzufallen durch Kleidung, heißt die Regel brechen, die Anpassung gebietet. Gleiche Kleidung fördert Verwechslungen, und genau diese Lektion soll gelernt werden: Unterscheide dich durch Leistung, nicht durch äußere Merkmale. Vergiss deine Originalität, statt sie zu zelebrieren wie in Studentenzeiten. Dein Platz ist das Team, das alle gleichschaltet. Dort von der Führung entdeckt zu werden, wird dir weder durch signalblonde Haarsträhnen auf deinem klugen Kopf noch durch knallig bunte Krawatten gelingen.

Das dunkle Rudel gleichgekleideter Männer bei Geschäfts-Empfängen und -Meetings bietet auch Schutz: Jeder gehört dazu, kein Außenseiter vermag zu erkennen, welche Stühle angesägt sind und welcher Lorbeer welkt.

Gleichförmig sind die Kleider der Macht, wenn sie Männerkleider sind. Der Anzug als Uniform kaschiert, verbirgt, verbindet.

Die *Business Community* zwingt alle ins gleiche Kleid, das auch ohne Schulterklappen und Orden eine Uniform ist. Sie schützt bis zum Sturz perfekt vor neugierigen Blicken. Der Sturz aus dieser Gemeinschaft ist immer radikal, gleichviel wie die beschönigenden Texte zum gegenseitigen Einvernehmen lauten. Es gibt keine Übergangsfristen, auch wenn sie juristisch erkämpft werden. Der Gestürzte wird weggebissen. Von einer Stunde zur andern gehört er nicht mehr dazu. Mag er die Uniform weitertragen; ihre bergende Kraft im Rudel ist dahin.

Frauen kennen diese Rituale. Sie lernen sie kennen im gleichen Augenblick, der sie in die Mitte des Rudels führt, dem sie nicht angehören. Vielleicht haben sie früher schon beobachtet, wie das erste Gebot in Männerrudeln lautet: Niemals auffallen durch Kleidung; hohe Ränge werden allein durch dominantes Verhalten dargestellt. Dabei helfen die andern, die den Höchstplazierten von heute als Schmeichler und Diener umlagern; aus ihrer Mitte wird der nächste Sieger kommen.

Der *cordon sanitaire* von Schmeichlern gehört nicht den Männern allein; er gehört zur Macht. Frauen in Machtpositionen sehen die unterwürfigen Diener und Verehrer vom ersten Tag an. Viele von ihnen haben sich früh für den Eintritt in die Gleichförmigkeitsrituale der Männer entschieden. Sie tragen graue oder schwarze, zuweilen dunkelblaue Hosenanzüge, solange sie im Mittelfeld nach Aufstiegsschneisen suchen. Den Pilotenkoffer haben die meisten Frauen gegen leichteres Gepäck eingetauscht, weil sie begriffen haben: Oben sieht man ihn dann gar nicht mehr; er ist ein Aufsteigersignal von Leuten, die Akten kiloweise mit sich tragen, weil sie Knechte sind. Ganz oben schwindet das Gepäck. Es geht irgendwo unterwegs verloren. Übrig bleibt ein leichter Regenmantel oder jener Cashmeremantel, über den man nicht redet, und eine sehr schmale Aktenmappe. Der Schwund der verschworenen Kenner hat dennoch die einzige Firma, die superleichte Aktenkoffer für Vorstandschefs fertigte, das Leben gekostet: die Firma Seeger. Vielleicht wird sie eines Tages von kreativen Mitgliedern des Schweigekartells zu Spitzenqualitäten wieder belebt.

Die Frauen im Mittelfeld schleppen noch ziemlich viel Equipment herum. Sie holen schneller, eifriger und unabgelenkt, ohne einen einzigen Blick ins Flughafenpublikum, ihren Laptop hervor und fingern drauflos – auch wenn sie nur fünf Warteminuten am Gate haben. Drinnen im Flugzeug geht es genauso weiter: Sobald die Entwarnung kommt, fingern sie wieder. *Businesswomen* in den Kinderschuhen sind ein rührender Anblick. Sie brauchen Zeit, und sie sind tapfere Mädchen: Sie dürfen mit niemandem darüber reden, dass sie, ohne den Schutz des Rudels, sehr allein sind und ständig beweisen müssen, dass man sich morgen, bitte, für sie entscheiden möge. Das heißt immerhin, dass Männer sich für sie entscheiden müssen. Sie bringen Vorleistungen; sie steigen in die Langweilerkluft der Männer, tragen weiße Blusen, denen man ansieht, dass zu Hause kein Bügelknecht bereitsteht. Sie tragen Labels aus dem Mittelfeld der Designer, notgedrungen und oft genug ahnungslos, wie schlecht sie darin aussehen. Oder ist auch das ein Entgegenkommen an die männlichen Kollegen? Seht her, auch ich kleide mich nachlässig in ein ödes Grau, wie du es tust, ich verwirre dich nicht durch Eleganz, hundert Prozent meiner Energie geht in meinen Laptop und ins Projekt, das unser Team präsentieren will. Das sind die Schlüsselworte, die jedes Möchtegerngespräch zwischen Mittelfeldfightern, männlich oder weiblich, im Häufigkeitstest dominieren: Projekt, Team, Präsentieren.

Die grauschwarze Montur der Frauen zwischen Basis und Mittelfeld hat Appellcharakter: Sie möchten kooptiert werden im Rudel. Das Fatale: Rudelgrau bei Frauen macht ihre Umgebung nicht so zufrieden, wie die Frauen glauben. Einzig ein Kiton-Anzug könnte jenen unnachahmlichen Schmelz liefern, der jede Kritik wegbügeln würde. Die grauschwarz-blaue Lady im Toplabel mag auf den ersten Blick farbgleich mit den Männern im Meeting erscheinen; sie wird die Blicke auf sich ziehen wegen ihrer Eleganz. Unaufdringlich überlegen, liefert sie keinen Regelbruch im Rudellatein, vielmehr IST sie der Regelbruch, ohne dass jemand erklären könnte, wieso. Sie bewegt sich also wieder einmal in ihren schönsten Rollen: Unschuldsengel und Königin. Und sie verdient es, weil die Sorgfalt mit ihrer Kleidung ihr jene Klugheit bescheinigt, die auch in Teamdebatten den Qualitätsbeweis antritt: Diese Lady hat eine starke Zukunft.

Also höhere Hürden für Frauen? Nein, höhere Erwartungen. Sie werden ja vieles, was die männliche Nachlässigkeit in Details links liegen gelassen hat, in den Blick rücken. Sie werden dabei begleitet von einer anders gepolten Aufmerksamkeit aller, der Insider wie der Zuschauer in den Medien: Von Frauen erwartet man mehr. Das heißt aber: Frauen dürfen mehr.

Einige zornige Frauen werden nicht tolerieren wollen, dass Frauen im Langweilerdress weniger gefallen als Männer im schlecht sitzenden Anzug. Die Begründung könnte aber selbst den zornigen Feministinnen gefallen: Frauen müssten es besser wissen. Frauen erfahren weniger Nachsicht, weil sie im Spiegel sehen müssten, was uns kränkt: Wir möchten, dass Frauen ihren ästhetischen Vorsprung auch anwenden. Am Ende wird ihr sorgfältigerer Umgang mit der eigenen Erscheinung ja auch den Männern zu mehr Eleganz und Qualitätsgefühl verhelfen. Unsere Nachsicht mit den Kleidersünden der Männer hat ja Gründe. Wir wissen, dass sie mehrheitlich keine Ahnung haben, wie sie aussehen. Das ist der Preis, den sie für die Geborgenheit in der Gruppe zahlen: Sie liefert ihnen die Illusion, ohnehin ein Siegerabonnement zu haben, zumindest ein Ticket für Siegerkontakte. Nie und nimmer würden sie glauben, dass ihnen das eines Tages wegen nachlässiger Kleidung entzogen werden könnte.

Beim Aufstieg in höhere Etagen, so wissen die meisten Männer, lernt man ohnehin den Regelkanon, auch den *dress code* der neuen Mitspieler kennen. Dann ist es auf jeden Fall früh genug, der Kleidung, je nach Firmenkodex sogar der darin verpackten vernachlässigten Figur, mehr Aufmerksamkeit zuzuwenden.

Während Männer Schutz in der Gleichförmigkeit suchen, folgern manche Frauen, müsse die weibliche Variante dem männlichen Konzept möglichst ähnlich sein. Sie will ja nicht stören, signalisiert die elefantengraue *Newcomerin*, sie will auf keinen Fall, was man ihr überall nachsagt: gefallen. Kurzerhand schlüpft sie in ein schlecht geschnittenes Ensemble von Jacke und Hose, das von vorn betrachtet entmutigend für jede, nicht nur die männliche Neugier und von hinten schlicht unzumutbar wirkt. Sie kombiniert falsch angewandtes modisches Wissen – kurz müsse die Jacke sein – mit dem Underdog-Impuls, ästhetisches Wohlgefallen auszulösen sei schon fast eine erotische Attacke, die sie meiden will. Die schlecht gekleidete neue *teammate* enttäuscht auf diese Weise wirklich alle Erwartungen. Imponieren und gefallen könnte sie nur in einem Stil, der Abstand garantiert, weil er perfekt zur Trägerin passt und das Arbeitsklima mit dem neuen Element der modischen Sorgfalt anreichert, das leise, aber bestimmt alles Schrille ausschließt. Männer lernen gern von Frauen, wenn sie es wortlos tun dürfen. Eine sorgfältig gekleidete Frau mit gutem Geschmack lehrt Männer, ihr eigenes Äußeres kritisch zu prüfen. Wer sich aufmerksam kleidet, ehrt die Mitspieler. Weil sie das spüren, geben Männer sich Schritt für Schritt mehr Mühe mit ihrer Kleidung, wenn sie im Firmenalltag täglich mit Frauen zusammentreffen.

Die Anpassungsbereitschaft der Frauen ist nur der erste Schritt. Die Alphas unter den Frauen lassen ihn gleich weg; sie treten mit der Sicherheit der Herrentiere auf, die in der Schwächephase der Männer neue Standards entwerfen, an denen sich morgen auch die Männer orientieren werden.[18]

Zur herrschenden Kaste aufzusteigen, ist nicht für jedes Naturell gleichbedeutend mit Gehorsam und Anpassung. Ein stiller Kampf beginnt, wenn der Aufstieg auch einen Wechsel der Galaxien bedeutet, der den Stolz und Trotz des Aufsteigers auf eine harte Probe stellt. Joschka Fischer und Angela Merkel geben zwei Beispiele für Eigensinn und Trotz stolzer Bewohner weit von der Macht entfernter Sphären, die ursprünglich entschlossen sind, sich den *dress codes* der Welt zu verweigern, die zugleich ihren Machtappetit unwiderstehlich anregt. Wenn das der Preis sein soll, meinte Joschka Fischer, dass ich mit Ledersohlen und Oberhemd ins Ministeramt eintrete, dann zahle ich ihn einfach nicht. Aber das Amt will ich haben. Das Amt wird sich meinen Gewohnheiten beugen müssen, die ich vom Pflasterstrand mitbringe. Nicht anders Angela Merkel: Sie widerstand lange und entschieden dem Werben und Spotten der Medien und der Karriereberater, ihren provokant uneitlen Haarschnitt, ihr bäuerliches Schuhwerk abzulegen, den Schnitt

---

18 Siehe dazu S. 35–42; S. 85–92.

ihrer Jacketts nicht dem Angebot der Warenhäuser zu überlassen und Make-up zu benutzen. Joschka schwor den Ministereid in Turnschuhen, auf die sich imagewirksam alle Medienkameras konzentrierten, und Merkel legte eher unauffällig, ganz im Sinne ihres Politikstils, dass große Kompromisse am besten in kleinen Schritten gemacht werden, Stück für Stück das Kostüm des sozialistischen Realismus ab. Ihre Punktlandung in der westlichen Modeszene für Spitzenfrauen wird mit jener leicht giftigen Duldsamkeit von der weiblichen Zunft der Modejournalisten kommentiert, die unter Frauen Tradition hat. Dahinter steht immer dasselbe Eifersuchtsschema: Nur eine kann den Häuptling kriegen. Wenn eine aber Häuptling IST, dann strekken die schlauen Schwestern die Waffen – aber nur vorübergehend. Dies ist kein Waffenstillstand. Wie sicher sich Merkel inzwischen fühlt, war jüngst in Oslo zu besichtigen. Die Kanzlerin wechselte das Fach. Weitere Überraschungen sind nicht ausgeschlossen.

Angela Merkels Anpassungsaufgabe war, analog zu der aller Frauen im Männerland, schwieriger als die von Joschka Fischer. Er kam immerhin zu seinesgleichen: Männern. Pullover, T-Shirts und Turnschuhe, die er ins Parlament und ins Ministerium hineintrug, Trophäen einer früheren Ära sozusagen, Ausstattungsmerkmale einer Kampfzeit, die er ausdrücklich mitbrachte ins Establishment, mögen die romantische Sehnsucht seiner angepassten Politkollegen angefacht haben: So hätte manch einer, wenigstens früher, sein wollen. Damals nahm die Neigung der Bravsten unter ihnen ihren Anfang, plötzlich und unerwartet eine wilde, unbotmäßige Phase nachträglich in die eigene Vita zu schreiben – als Sympathiefaktor sozusagen.

Wann genau Fischer aus seinen Turnschuhen stieg, werden seine Biographen und seine Freunde wissen. Jedenfalls tat er, was Merkel nicht wirklich nachgesagt werden kann: Er wechselte in den extremen Winkel des feindlichen Lagers; er landete im Dreiteiler. Ob er auch Manschettenknöpfe trägt, werden Eingeweihte wissen, logisch wäre es. Fischer bestätigt mit dieser radikalen Volte das Profil des Konvertiten, dessen Bekenntnis zur neuen Religion radikaler ausfällt als das der andern, die in diese Religion hineingeboren wurden.

Merkel hat genau dieser Versuchung immer widerstanden. Sie folgt dem neuen *dress code* ohne Leidenschaft und ohne Experimentierlust. Sie hat auch nicht ins Ladylager gewechselt, wo die Perlenkette Standard ist, obwohl ihr das Marscherleichterung bringen würde. Die tägliche Entscheidung, welche Modeschmuckkette es denn heute sein soll, entfiele. Merkel weiß genau, warum sie im *game* der eleganten Elitefrauen nicht mitspielen möchte. Jeder weitere Schritt in Richtung Sozialismus wird sie darin bestätigen, weder Madeleine Albright noch Maggie Thatcher noch Condoleezza Rice gleichen zu wollen. Das proletarische Unterbewusstsein jener Wählerschichten, in die sie einbrechen will, würde ihr die Klassik echter Perlen nicht verzeihen, so meint sie. Die breite Masse will ihresgleichen auf dem Thron sehen, so die herrschende Meinung unter Politikern. Und dazu gehört Modeschmuck.

Die mächtigen Frauen der Wirtschaft verblüffen durch modische Perfektion. Sie bereichern die Business-Szene mit Schönheit und Exzellenz, die bei ihren männlichen Kollegen so nicht zu erwarten sind.

Das scheinbar Äußerliche der Erscheinung ist durch den Auftritt der Frauen in wenigen Jahren rehabilitiert worden – als ein Signal für Substanz. Die Harmonie von Farben und Schnitten, wie sie Frauen präsentieren, transportiert unbemerkt eine intelligente Botschaft: Was ihr Anblick ausstrahlt – Überlegung und Augenmaß –, das liefert sie auch in Sachdebatten. Frauen haben und nutzen diese spezifische Chance, schon im ersten Augenblick auszudrücken, dass sie Meisterinnen der Inszenierung von Kompetenz sind. Kaum ein Beobachter wird dieser Präzision entkommen, mit der eine Madeleine Albright ihre machtvolle Erscheinung umhüllte, kein männlicher Kritiker war in der Lage, Maggie Thatchers raffiniert linkische Art, ihre Handtasche zu tragen, als sei sie die Queen höchstselbst, nicht als wahrhaft überlegene Gebärdensprache zu erkennen, der Männer nichts Adäquates entgegenzusetzen haben. Angela Merkel, die deutsche Kanzlerin, rudert mit den Armen beim Gehen, seit sie sicher sein kann: *the floor is her's*. Sie rudert an den Männerreihen ihrer Getreuen wie ihrer Feinde entlang, als wollte sie sagen: »Platz da!« – Condoleezza Rice, ein schmales Reh mit hellbraunem Teint, immerhin Außenministerin einer Supermacht, bezaubert die Politiker der Welt mit hochklassiger Mode ihrer europäischen Partner: das Schweizer Label Akris und die Deutsche Rena Lange haben in der grazilen Weltreisenden ihr schönstes Model. Rice ist obendrein ein Musterbeispiel für Bankettdisziplin, ganz wie ihr Chef, auch wenn die übergewichtigen Kollegen diese Beobachtung gern unterschlagen möchten.

Mit den Frauen im Alphapark der Männer kommen neue Erkennungsmelodien, das ist im Business nicht anders als in der Politik. Auch die international auf Alphaplätzen gelandeten Wirtschaftsladies fesseln die Aufmerksamkeit schon als Portraitschönheiten einer neuen Spezies: die Sorgfalt, mit der sie verstehen, was zu ihnen passt, besticht. Barbie hat hier so wenig Spuren hinterlassen wie die Objektfrauen der *yellow press*. Spitzenfrauen der Wirtschaft strahlen Dominanz aus, die immer ein paar Zwischentöne mehr hat, als Männern erlaubt ist. Frauen kommunizieren komplexer, auch wenn sie höchst diszipliniert in die Kamera schauen. Woran liegt es? Sie inszenieren sich nicht, und sie würden behaupten, dass ihre offiziellen Photos denen ihrer männlichen Kollegen entsprechen. Selbst wenn sie keinen Ohrschmuck tragen, selbst wenn sie nicht, wie ihre männlichen Pendants, eine viel zu weit nach vorn geschobene Armbanduhr ins Blickfeld schieben, um von deren Power-Label zu profitieren: ein paar Haarsträhnen mehr, ein Seidenschal um den Hals, ein zarter Blusenkragen, getuschte Wimpern, Lippenrot und Rouge auf den Wangen – weibliche Privilegien, die das Abbild nicht nur zur Auskunft, sondern zur Botschaft machen.

Frauen dürfen mehr – und die Aufforderung, dafür auch mehr zu tun, als Männer können, ist die selbstverständliche Folge dieser Lizenzen. Wie glücklich wäre mancher sensible Mann, wenn er, wie die Kanzlerin, auf CO_2-Reisen ebenfalls in ein jutteartiges aufgerauhtes Leinenjackett schlüpfen dürfte. Wie übermütig würde mancher Minister am Pol, wenn er, wie Merkel, im CO_2-feuerwehrroten Anorak auftreten dürfte. Außenminister Frank-Walter Steinmeier konterte dieses Outfit sehr gekonnt mit arktischem Unschuldsweiß: Wie der Skipullover eines Schuljungen nahm sich der gletscherweiße Pullover vor den blau-weißen Eisbergen aus. Damit gelang Steinmeier eine Botschaft, die zu seinem Image passte: unaufdringlich und nachdenklich statt schrill, versöhnlich statt polarisierend will er wahrgenommen werden. Die Kleidung kommentierte seine Botschaft ohne Worte.

Männer müssen sich gemeinhin mit ihren Gesichtern begnügen, wenn sie zu Business- oder Politikfragen gehört oder zitiert werden. Nur wenige geben sich öffentlichkeitsscheu, die Allerwenigsten sind es wirklich. Männergesichter aus Wirtschaft und Politik berichten ungewollt von diesem Defizit an Möglichkeiten: Kaum reicht das briefmarkengroße Portraitformat für die kraftvolle Krawatte mit den Elefanten, die jeder Manager besitzt. Also muss die ganze Botschaft in die angespannten Wangenmuskeln, die ›Biss‹ versprechen[19] oder, wie die beim deutschen Finanzminister im Zuge seiner Laufbahn als Bundesminister herausmodellierte Bulldoggenmimik, Willensstärke bezeugen soll: Mundwinkel immer tiefer nach unten, die Lippen wären von Beobachtern im Kopfstand als Lächeln zu lesen, während die Kamera das allseits bekannte *Smily* im Zustand des Missfallens sieht: ☹ Die Botschaft soll heißen: Mich knackt keiner, ich spare weiter – also eine trügerische Auskunft.

Hillary Clinton, das College-Pummelchen mit Brille, ist eines der faszinierendsten Beispiele für die Wandlung eines munteren Entleins zur strahlenden Powerfrau. Sie hatte Zeit für diese Wandlung. An der Seite ihres Mannes lernte sie eine Lektion nach der andern – wie Politik funktioniert und wie mächtig der Hebel ist, den die Medien zum Erfolg liefern. Während ihr Mann und seine Kollegen jahrelang nur ihr Mienenspiel verkaufen konnten, machte Hillary im ganzen mobil: Sie wurde schlanker, tauschte die sichtbaren Augengläser gegen Kontaktlinsen und wurde modebewusster. Das geschah in den Jahren, als ihre Tochter Chelsea, die 2007 ebenfalls als bestechend schicke junge Frau auftrat, ihr Entleinstadium durchlief: Eingepackt in einen Lockenwust, versteckte sie ihr Kindergesicht so lange, bis sie bei sich selbst angekommen war. Schließlich sah man sie wieder, hübsch und selbstbewusst mit langem Haar.

---

19 Wie Lex Barker als Old Shatterhand.

Hillary Clinton zeigte im letzten Kapitel der Präsidentschaft ihres Mannes dann eine Punktlandung im neuen Typ. Ihr burschikoser Haarschnitt wirkte wie der entschiedene Sprung in eine neue Identität: Seht her, das bin ich, Hillary, die Präsidentschaftskandidatin.

Es ist fast unglaublich, wie viele Möglichkeiten Frauen haben, ihre Kraft zu entwickeln und nach außen darzustellen. Ihre Auftritte bedienen immer mehr Sinne als die der Männer. Was unsere Augen sehen, was unsere Ohren hören, was vom Duft des Parfums der Heldin herüberweht, das diskrete Blitzen eines kleinen Diamanten im Ohrläppchen oder in der Halsgrube, das kurze Aufleuchten eines Rings an ihrem Finger – das alles fließt zusammen zu einem vielschichtigen Eindruck, in dem die Worte, das Timbre der Stimme, die Gebärdensprache nur einzelne Instrumente im Konzert der Botschaften sind, die eine Alphafrau aussendet.

Benazir Bhutto hat mit ihrem verschleierten Haupt das Magische dieser Ausstrahlung bis zu ihrem Tod zelebriert. Ihre politische Botschaft trat hinter dieser akuten Wirkung ihrer Auftritte zurück; die dunklen Kapitel ihrer politischen Vita interessierten ihre Anhänger nicht. Die männlichen Helden müssen mit weniger Sinnesreizen auskommen, um ihre Zielgruppen zu begeistern. Ihre Worte, ihre Stimme, ihre Gebärdensprache müssen ausreichen. Frauen könnten, wenn sie die Vielfalt ihrer Mittel begreifen und anwenden, größere Macht entfalten als Männer, so scheint es.

Die Frauen selbst entscheiden, wieviel von der verfügbaren Macht sie wollen. Ihr Verhältnis zur Macht ist komplizierter als das ihrer männlichen Mitspieler. Zugleich sind ihre Mittel vielfältiger, die Macht zu behalten: Mächtige Frauen geben dem Publikum mehr Rätsel auf als ihre männlichen Pendants; wir sind in der Deutung weiblicher Machtstrategien noch nicht erfahren genug, um zu erkennen, wann die Zeit einer Topfrau um ist. Wie heftig das Gefühlschaos ist, in das Mitarbeiter stürzen, wenn eine Topfrau taumelt, haben die letzten Monate – und vor allem die letzten Stunden der Amtszeit von Carly Fiorina bei Hewlett Packart gezeigt: »The witch ist dead.« Die Hexe ist tot, lautete die E-Mail auf allen Bildschirmen am Tag nach der Hinrichtung. Carly Fiorinas Geschichte fällt uns in diesen Monaten öfter ein, wenn die Presse über die bevorstehende Demission der Lucent-Chefin Patricia Russo spekuliert. Hält sich Russo so viel länger, als die Beobachter glauben, weil sie eine rassige Schönheit mit sprühenden, braunen Augen und glänzender, dunkler Haarpracht ist, eine starke Tigerin, von bestrickender Perfektion und Unbeugsamkeit bei ihren Auftritten?

Beiden Topmanagerinnen, Fiorina und Russo, wird eine gescheiterte Fusion vorgeworfen. Noch fehlen Statistiken, die erklären könnten, ob die 70-Prozent-Quote gescheiterter Fusionen im männlichen Management durch Frauen gemildert oder gesteigert wird. Auch die Frage, ob es leichter ist, eine Frau abzuschießen als einen Mann, verdient keine vorschnelle Antwort, nachdem wir wissen, wie komplex die Machtsignale der Frauen sind und wie sehr sie immer noch – und lange noch – die Beobachter verwirren und überfordern. Ein Wahlsieg von Angela Merkel 2009 wird einen Schub neuer Erkenntnisse bringen: Was sie an der Macht hält, ist auch das Rätselraten über ihre ›wahren‹ Ziele – falls es solche gibt. Die Wähler wollen noch von ihr wissen, ehe sie sie gehen lassen, wohin die Reise gehen soll. Frauen beherrschen die Kunst, schwer lesbar zu sein. Frauen an der Macht erst recht: Sie leben obendrein von der Unerfahrenheit des Publikums mit Frauen an der Macht. Was wir gelegentlich den Frauenbonus nennen, das ist vor allem unser aller Erfahrungsdefizit mit mächtigen Frauen. Das gilt für beide Seiten: Auch die mächtigen Frauen sind *Newcomer* ohne Vorbilder. Sie erkunden ein Gelände, in dem bisher nur Männer die Regeln geschrieben haben, streichen viele von diesen Regeln und setzen neue an deren Stelle, die zu ihnen, den Frauen, besser passen.

Die Kleider der Macht sind immer häufiger Frauenkleider. Die Botschaft der Frauenkleider ist vielfältiger, nuancenreicher schon deshalb, weil die gesamte Farbskala verfügbar ist. Es ist nicht dem Zufall überlassen, wann Condoleezza Rice im weißen Anzug erscheint oder ob Hillary Clinton Kanariengelb oder Orange wählt, wenn sie ihre Wahlkampfblazer durchsieht. Dass Angela Merkel im ökogrünen Jackett zwischen den mühsam gezähmten G8-Kollegen im Strandkorb Platz nahm, ist eine histo-

Maria

Indira Gandhi

Mutter Teresa

Benazir Bhutto

Verhülltes Haar als Botschaft der Mächtigen: Religion und Politik, Fest und Trauer zeigen Frauen mit gebändigtem Haar. Der Widerspruch macht die Wirkung: Langes Haar gilt als Ausdruck der Lebenskraft. Wer es verhüllt, verstärkt die Botschaft – Macht durch Demut.

rische Botschaft, die Assoziationen wecken soll: Hier hält die Retterin des todkranken Globus Hof.

Power dressing nennen die Modeexperten dieses weibliche Privileg, nonverbale Botschaften abzusetzen, während sie mit den männlichen Kollegen unterwegs sind; im Business wie in der Politik nutzen die Alphafrauen dieses Mehr an Ausdrucksmöglichkeiten teils diskret, teils entschieden. Die Männer wirken neben ihnen wie gleichgeschaltet: Immer eilt das Auge, angesogen vom Farbenspiel vereinzelter Weiblichkeit, in Richtung Frau. Das IST nicht der Erfolg, aber es fördert ihn. Während hundert homogen gekleidete Herren mit Uhr und Krawatte wetteifern, ohne dass es großflächige Effekte gibt, bewegt sich die Lady in Weiß und jene in Rot, vielleicht eine dritte in schwarz-weißen Karos mit klaren Konturen unter ihnen: Man wird sie sofort wiederfinden, wenn man mit ihnen reden möchte – während man den wenig interessanten Herrn, der durch seine Position wichtig sein soll, einfach nicht mehr ausfindig macht, weil er den andern so fatal ähnlich sieht.

Frauen möchten auf keinen Fall bekennen, dass sie von ihrer Paradiesvogelrolle profitieren. Die Angst, intellektuell unterschätzt zu werden, weil sie Sinn für Farben und Schnitte, ein Talent zur Eleganz beweisen, verfolgt vor allem deutsche Frauen. Sie sind imstande, den Hinweis auf ihren Vorsprung im Wettstreit um Aufmerksamkeit mit der Klage zu kontern, wieviel komplizierter für sie, die Vielreisenden, das Kofferpacken sei – und wieviel mehr Wandlungsfähigkeit zwischen Meeting und Dinner die Herren von ihnen erwarten. Komplimente für ihr Abendoutfit machen ehrgeizige Frauen misstrauisch: Sie würden es vorziehen, auf ihren ambitionierten Beitrag zur geplanten Akquisition im Boardmeeting angesprochen zu werden.

Die Presse erfüllt den Frauen in Wirtschaft und Politik diesen Wunsch: Sie berichtet, was die Politikerin sagt, und delegiert an die Kolleginnen anderer Ressorts die Frage, was sie trägt. Selten, und das erweist sich als nachteilig für die Männer, analysiert ein wohlwollender Redakteur die Ausfälle der Männer in Kleidungsfragen: Da steht der Weltbankchef mit Löchern in den Socken im Heiligtum einer orientalischen Religionsgemeinschaft, und alle Kameras fangen seine frierenden Zehen ein; da eignet sich das schlecht sitzende Jackett nicht für die Position des Chefs, und seine Socken passen weder zu den Schuhen noch zum Sakko.

Nur Künstlern und Sonderlingen gestattet das Stilgefühl der Beobachter Missgriffe jeder Art. In diesem Fall beweisen sie, dass einer ganz nach innen lebt und von außen nicht überfordert werden sollte. Den Firmenchef oder Abteilungsleiter möchten wir nicht als Sonderling. Es macht uns Sorgen, wenn er als bunter Pfau oder in ungebügelten Hosen daherkommt. Die Männerlobby schützt auch die Brüder, bei deren Kleidung nichts stimmt. Aus Gleichgültigkeit? Aus Ignoranz? Für Frauen jedenfalls gibt es in den Rubriken ›Stil‹, ›Kultur‹, ›Mode‹ oder ›Gesellschaft‹ weibliche Scharfrichter und strenge Oberlehrerinnen, die Urteile sprechen, nach denen niemand gefragt hat, und Noten verteilen, die keiner braucht. Oder? Natürlich, das Publikum braucht sie.

Aber die Medien lernen mit den Frauen: Topfrauen werden nicht vor die Kleider-Tribunale der *yellow press* gezerrt. Sobald sie oben sind, hört die öffentliche Debatte über Frisuren und Figuren auf.

Starke Statements von stilsicher gekleideten Frauen prägen sich ein. Zuhörer sind vor allem Zuschauer; das Auge transportiert die optische Botschaft ins Gehirn, ob wir das wollen oder nicht.

Alphafrauen kennen ihre Macht; sie nutzen ihren Vorsprung mit Augenmaß. Die Besten unter ihnen mischen Bild und Ton zu einer fesselnden Attacke auf alle Sinne. Sie besiegen damit den Neid ihrer Rivalinnen und gewinnen die Achtung der männlichen Konkurrenten.

Wenn Manner alles auf eine Karte setzen, siegen meist die Frauen: Sie spielen immer mit mehreren Karten.

Gebärdensprache der Macht

Solange die Frauen sich mit Männeraugen sehen, können sie nicht zu sich selbst kommen. Bei sich selbst muss aber jeder sein, der Macht ausüben will – Macht über Gedanken und Taten.

Wer in Machtpositionen gelangt, um von dort aus den Menschen zuzurufen, dass er – oder sie – diese Macht am liebsten nicht ausfüllen wolle, der gewinnt die Menschen nicht, sondern enttäuscht sie. Die Selbstentwürfe der Frauen schillern noch; ihre Vermutungen über Männerwünsche und die eigene ›Attraktivität‹, eine Vokabel aus der Welt der Objektrollen,[20] konkurrieren mit dem neuen Wissen, dass es im Business um andere Kategorien geht als in der Welt der weiblichen Satelliten mächtiger Männer.

Weibliche *Winner* im Wettbewerb um Geltung werden auch von den Medien immer noch zwiespältig dargestellt. Die Idole der Popkultur liefern den Maßstab, ob eine Frau interessant oder *very important,* eben auf der VIP-Liste, erscheint. Sie kann, um dieses Ziel zu erreichen, immer noch schrille *Outfits* anstelle von Leistung einsetzen. Geltungskonsum wird bei Frauen als Zugang zu VIP-Plätzen in den Illustrierten und Bildmedien anerkannt. Männer haben es da nicht etwa schwerer; sie sind durch die Gleichförmigkeit ihrer *Outfits* geschützt vor dem Druck, oberflächlich wirksame, kostspielige Signale auszusenden, um beachtet zu werden. Im Gegenteil – wer als Mann Präsident oder CEO einer bekannten Firma ist, würde sein Ansehen durch schrille Accessoires beschädigen.

---

20 Siehe dazu S. 18–28.

Weil das so ist, kommunizieren Männer mit- und gegeneinander mit verschlüsselten Botschaften, die Geschmack und Kennerschaft beweisen. Weltläufigkeit und Wissen über die neuesten Trends wird ohne Worte mit dem Schnitt des Jacketts, den Knopflöchern am Ärmel, der Gürtelschnalle, der Armbanduhr, den Manschettenknöpfen, dem exquisiten Tuch des Anzugs bewiesen. So laufen die Erkennungsmelodien der modisch Interessierten, die global einkaufen, wie eine Hintergrundmusik durch die Konferenzsäle und Empfangshallen, wo viele Ahnungslose mit wenigen *Winnern* zusammenkommen.

Die Frauen in diesen Szenarien sind noch unterwegs zu einem Kodex ihrer Machtgebärden. Sie proben Auftritte als Damen: Zehengang in *high heels,* Rocklänge über oder unter dem Knie endend. In dieser Rolle können sie nicht, wie die männlichen Kollegen, locker von Gruppe zu Gruppe schlendern, sondern nur technisch perfekt mit gestrecktem Fuß und angespannter Wade – auf Zehenspitzen – mal hier, mal dort am Gesprächscocktail nippen. Da Männer keine leidenschaftlichen *small talker* sind, wird sie bald auf Teamkollegen im Geschäftsdisput stoßen. Sie treten entspannt von einem Fuß auf den andern, eine Hand in der Hosentasche. Wie kann sie jetzt locker und dominant wirken? Eigentlich hatte sie sich mehr zum Anschauen gekleidet, aber im Gedränge sind nur die tönenden Köpfe wichtig, nicht die gestreckten Fußgelenke.

Beim nächsten Mal versucht sie es mit flachen Schuhen und Hosen oder Rock. Sie lässt das wallende Schultertuch weg, das ständig auf den schönsten Faltenwurf kontrolliert werden muss. Sie hat jetzt weniger mit ihrer Erscheinung zu tun und ist frei für Beobachtungen und Gespräche. Einen *dress code* für sie und ihre Schwestern gibt es noch nicht; eine Kleidersprache der Dominanz, wie sie Männer von ihren Vorbildern übernehmen, existiert für Frauen noch nicht. Sie lässt auf sich warten, weil die Solidarität der Frauen geringer ist als die der Männer. Solidarität und Konkurrenz schließen einander aus im Frauenkopf. Die andere ist die Gegnerin, und für eine Kleiderordnung im Business ist sie schon deshalb keine Gesprächspartnerin.

Das Selbstbild der Frauen ist nicht nur auf einer Rüttelstrecke; es durchläuft eine Revolution. Ihre Selbstwahrnehmung erfährt dramatische Korrekturen, wenn es gut läuft; davon hängen die neuen Bilder und *Codes* ab, nach denen Frauen sich selbst und ihresgleichen in der Männergesellschaft aufstellen. Ganze Kompendien der klassischen Tradition, wie Frauen auftreten, was sie ausstrahlen sollen, um auf gute Plätze zu gelangen, müssen eingestampft werden. Sie werden natürlich nicht eingestampft, sondern ›gerettet‹ für die Enklave der Objektfrauen, die sich ein Leben als Subjekt nicht zutrauen.

So ist es nicht verwunderlich, dass ein Generalkonsens, wie Frauen sein sollten, um mächtig zu wirken, erst auf wenigen ›fliegenden Blättern‹ entsteht, die von den Alphafrauen ihren Nachfolgerinnen zugeworfen werden. Wo Männer zuerst das System errichten, um dann ihr *Networking* zu beginnen, möchten Frauen ihren neuen Eigensinn erproben, ohne von Strukturen belehrt und gegängelt zu werden. Dieser Unterschied bleibt die produktive Begleitmusik, auch wenn beide in der neuen Welt der geteilten Macht angekommen sind.

Dennoch könnten Frauen sich viele Missverständnisse, eigene und männliche, ersparen, wenn sie die langjährige Erfahrung der Männer mit der öffentlichen Welt des Businessalltags neugieriger und ressentimentfrei durchstreifen würden. Wer schnell in neuen Landschaften erfolgreich sein will, der sollte die Erfolgsmodelle und Traditionen der dort lebenden Menschen studieren. Der Feminismus liefert aber immer noch Besserwisser-Slogans, die den unbefangenen Blick auf das männliche Terrain verbieten. Alphafrauen bewegen sich dort erfolgreich, weil sie jede Ideologie von der Höherwertigkeit weiblicher Strategien im Business abgeschüttelt haben.

Sie kommen deshalb nicht gleich im Kojotenmantel ins Meeting; aber ihre spitzen Krallen haben die Tigerinnen stumpf geschnitten. Kleine Zeichen wie diese sind durchaus nicht trivial: Die Frau mit den stumpfen Fingernägeln lebt schon einige Jahre in den Büros; ihre Konkurrentin mit den spitzen, blutroten Greifern weicht zurück.

Natürlich wird die Tigerin nicht wie der Tiger durch die Flure im Head-office gleiten. Was aber sind ihre subverbalen Signale, die sie mächtig erscheinen lassen? Alphafrauen wissen längst, dass die Botschaften wirtschaftsferner Pädagogen von der Einebnung der Hierarchien durch Händchenhalten der Führung mit Mitarbeitern auch bei letzteren ganz schlecht ankommen.

Kann man sie erlernen, die Gebärdensprache der Macht? Wie geht das: Kraft ausstrahlen, Sicherheit geben, Vertrauen bilden durch pure Präsenz? Einen Raum betreten und ihn augenblicklich ausfüllen durch eine Aura, die allen sagt: Da ist oben. Und alle finden: Okay, das stimmt.

Die Aura der Macht stimmt nicht nur in geschlossenen Territorien, wo vielleicht ein Reviervorteil die Starken noch stärker macht. Die Ausstrahlung begleitet die Alphatiere überall, auch dort, wo sie nicht ›gerichtet‹ ist, sondern einfach mitläuft. In den Flughäfen beim geschäftigen An- und Abfahren vor den Eingängen mischen sie sich, die neuen und alten Alphas der Businesswelt, immer noch überwiegend männlich, aber hier und da gemischt mit weiblichen Alphatieren verschiedenen Alters – und solchen, die es werden wollen: Alpha *females* mit starker Aura, die jeder auf den ersten Blick erkennt.

Können weibliche Topspieler irgendetwas vom *business behaviour* der Männer abschauen? Oder sollten sie ihre Anfängervariante so trotzig einspielen, wie das Hunderte von jungen Frauen tun, die sich jeden Tag neu isolieren, indem sie fatale Mischungen von Freizeit- und Bürouniform tragen, um *cool* und routiniert zu wirken? Neben ihnen wirkt jeder männliche Lehrling der großen Welt der Erfolgreichen wie ein braver und sehr eifriger Oberschüler, der seine Kleidung sklavisch an Chefmanieren ausrichtet und eine peinlich ordentliche Aktentasche mit sich führt.

Auf den ersten Blick: Er Spießer, sie Hippie mit *high tech*-Equipment. Die Szene hat nur einen Fehler. Ihn halten viele Beobachter für karriereverdächtig; sie hält niemand für besonders qualifiziert. Die sehr einfache Antwort: Sie liefert etwas, das wie Understatement aussehen soll, während sie in der Liga derer, die sich Understatement leisten können, noch gar nicht angekommen ist. Neulinge im Territorium der Anwärter auf Spitzenpositionen haben es schwer, die Rituale, denen man sich anpassen sollte, von denen zu unterscheiden, die man ändern kann. Dennoch ist Vorsicht geboten, da es um Männer und Frauen geht. Männer sind Systemliebhaber, und ihr Bedarf an Ritualen ist ausgeprägter, als manche Frau versteht. Wenn Frauen begreifen, dass schon ihr Auftauchen in den Männerdomänen eine kardinale Veränderung bedeutet, dann werden sie vielleicht gelassener mit Änderungsvorschlägen für die Spielregeln. DU BIST der Umsturz in unserer Spielregel, könnten die Männer der Frau sagen, wenn sie nicht in der Furcht vor Diskriminierungsparagraphen lebten.

Das große Kunststück, das für Männer soviel leichter ist, weil ihre Auswahl so gering ist, müssen Frauen erst noch lernen: Macht ausstrahlen nicht durch auffallende, sondern allein durch unauffällige Erstklassigkeit ihres Outfits. Für Alphatiere taugt ein schrilles Äußeres einfach überhaupt nicht. Weder Männern noch Frauen hilft es, jenen Raum um sich zu schaffen, wo immer sie sind, der sie schützt und ihnen den Abstand garantiert, der auszeichnet.

Männer lernen diese Lektion seit Generationen von ihren Vorgängern und Vorbildern. Frauen haben weniger Zeit, und ihre Lehrmeister sind kaum jemals Frauen für diese Lektion. Viele von ihnen lernen also widerwillig von Männern, was unauffällige Erstklassigkeit bewirkt und vor allem: wie man sie herstellt. Es geht dabei um ein Know-how, das unter tausend Männern nur einer erklären kann, weil es subkutan in den Lehrbüchern der Karriere-*Youngster* mitläuft. So kommt es, dass Frauen dieses wichtige Kapitel des Männer-Know-hows von Frauen lernen, von den Alphafrauen. Alphafrauen dekodieren, was Männer machen, ohne es erklären zu können. Wie Männer fit gemacht werden für Männerlaufbahnen, das ist nicht etwa ein gut gehütetes Geheimnis der Männer, wie viele Frauen meinen. Es ist eine Abfolge von Zulassungsritualen, die aufeinander aufbauen und spiralförmig in die Mitte der Macht führen, falls es nicht jemanden aus der Kurve wirft. Frauen sind hier noch Fremdlinge. Je länger sie dabei sind, desto mehr werden die Grenzen zwischen ihrer eher systemkritischen Haltung und der Systemliebe der Männer verschwimmen.

So manche eifrige junge Vielfliegerin meint, die subverbale ›Sprache der Macht‹ in Gebärden, Outfit und Equipment sei eine entbehrliche Zutat der Eitlen und Geltungsbedürftigen. Geltungsbedürfnis, so antwortet die erfahrene Alphafrau der unerschrockenen *Newcomerin,* ist unentbehrlich für Spitzenkarrieren.

»Schau nicht auf die Kleidung«, sagt die Alphafrau der Jüngeren. »Schau auf die Bewegungen, die Reduktion der Hast im Spiel der Arme und Hände, vergleiche die kontrollierte Gleichmäßigkeit der Bewegungen, auch des Rundblicks im Raum, mit den irrlichternden Augen anderer, die nichts erfassen und alles mehrmals anvisieren.« Die Gebärdensprache der Macht erscheint dem Beobachter langsamer als das sichernde Umherspähen der andern im Raum. Die Blicke laufen jede Zone im Raum einmal an, dann kehren sie zurück. Das Terrain ist klar, nun kann die Lektüre von Akten oder Zeitungen beginnen.

»Schau nun auf die Kleidung, wenn du möchtest«, sagt die Alphafrau zur Anfängerin. »Wer viel reist, braucht knitterfreie Stoffe. Das gilt auch für dich. Du wirst selten einen Topmanager sehen, dessen Krawatte gar nicht zum Hemd passt. Frauen wählen die Krawatten, oft auch die Sekretärinnen, häufig sogar die Männer selbst. Du wählst deine Kleidung selbst. Wenn du mächtig werden willst, dann übe heute schon, die Wagnisse zu reduzieren, also allzu hohe Absätze, die deine Schritte trippelndeckig erscheinen lassen. Wähle Ausschnitte und Rocklängen so, dass du nicht ständig durch besorgtes Zurechtzupfen von Bluse und Rocksaum die Blicke deiner Gesprächspartner von deiner Kopfleistung ablenkst.«

Das alles sind Äußerlichkeiten. Selbst die beste Kopfarbeit tritt in den Schatten einer Kleiderwahl, die entweder aufregend oder dürftig in ihrer Qualität ist. Die Monotonie der Männeruniform im Business entspricht auch dieser Erkenntnis: Keine Ablenkung durch Abweichungen vom *dress code.* Die Qualitätsbotschaften erreichen nur die Interessierten, alle andern bleiben unbehelligt.

Erst auf dem Gipfel kann es das geben, was die Gipfelstürmer wirklich frei macht: *Understatement.* Erst wer die *Codes* kennt und angewandt hat, entwickelt den Heißhunger aufs Dessert: Mit noch ambitionierteren Signalen für Eingeweihte unter den Standards durchschwimmen, die den Spitzensport ›Karriere‹ über Jahrzehnte bestimmt haben. Wer als Mann ganz oben ankommt, hat endlich das Recht, die Spielregeln zu vernachlässigen oder mit Füßen zu treten.[21] Nun sollen sich die Reminiszenzen mischen: Stadt- und Landleben als spielerisch abwechselnde Varianten für Kenner und Genießer; eigenwillige Mixturen aus beiden Welten beim Glamour-Empfang als sublime Schocker für alle, die noch nicht angekommen sind – und als Amusement für die wenigen Frauen, die verstehen. Wann werden sie selbst die Konsequenz aus diesem sensiblen Verständnis ziehen? *Understatement* als der Ritterschlag der weiblichen Nachwuchsalphas wird im gleichen Moment aktuell, in dem die *early birds,* die ersten Alphafrauen, die Mütter der hochgewachsenen *Newcomerinnen,* immer öfter in Segeltuchschuhen und Polohemd unterm Seiden- oder Leinenblazer zu Business-Empfängen erscheinen. Frauen, wenn sie es souverän aus einer Position der Stärke tun, dürfen alles. Dieses Privileg gilt in Topszenarien weiter.

Im Topszenario wird freilich auch deutlich: Ausstrahlung spiegelt Kraft. Weißt du, wer du bist, dann werden es die andern schnell wissen. Hol sie dir, junge Alphafrau. Nicht die huschenden, nicht die fragenden Blicke spiegeln deine Kraft, sondern der raumgreifende Blick, mit dem du das Terrain musterst. Nach dem Rundblick ist es dein Revier, solange du es brauchst. Wenn du jetzt arbeitest, Akten ordnest, Zeitungen blätterst, brauchst du nicht mehr prüfend aufzuschauen mit dem Jungmädchenblick, der fragte: Gefalle ich? Falle ich auf? Werde ich gemustert, während ich lese? Alles läuft jetzt umgekehrt wie damals: Das Szenario hat deine Gnade gefunden; soweit gefällt es dir. Du fällst auf durch deine Souveränität, aber es interessiert dich nicht. Du hast den Raum gemustert, als du ihn betratest. Das reicht. Starke, stolze Frauen mustert man nicht. Du bist nicht mehr Objekt. Weder von Begierde noch von Neugier. Du selbst bestimmst, wie man dich wahrnimmt. Deine Gebärdensprache schafft Raum um dich. Männer fangen an, dich zu bewundern. Sie sind sehr zufrieden, ja dankbar, dass du selbst für Abstand sorgst, anders als deine Schwestern aus der Vor-Alphazeit, die jede Distanz vernichten,[22] wo immer sie auftreten.

---

21 Siehe dazu S. 222–229.

22 Siehe dazu S. 67–72.

Kraft ausstrahlen: Das dürfen Frauen auch wörtlich nehmen. Wie lange wird es noch halten, das Tabu um Krafttraining für Frauen? Wie lange wird es ein ungeschriebenes Gesetz bleiben, dass Frauen zu schwach sein müssen, um ihr Businessgepäck zu tragen? Natürlich tragen sie es trotzdem, aber ihr Rücken schmerzt, ihre Arm-Muskulatur ist zu zart, um den beschwingten Gang mit Kilolasten von Akten zuzulassen, mit dem die männlichen Kollegen an ihnen vorbeieilen. Dabei gehört er ursprünglich uns, den Frauen, der schwingende Gang! Und er steht keineswegs auf der Verlustliste der *female* Alpha-*Community*!

Männermagazine liefern regelmäßig Anleitungen zum harmonischen Muskelaufbau, den es für Geschäftsleute ja nicht am Schreibtisch oder in der Flughafenlounge gibt. Noch nicht – aber es wird nicht mehr lange dauern, dann fangen die Alphafrauen an zu begreifen, wie locker, wie kraftvoll und grazil, wie federnd ihr Gang wird, wie unbemüht ihre Arme das Gepäck schwingen lassen, wenn ihr Muskelaufbau ihrer Lebensform entspricht: als Reisende, ständig in Bewegung, als eilende oder schlendernde Passagierin auf Flughäfen, als elegante Gazelle in den Glaskathedralen der Bürohäuser. Wo auch immer, wer auch immer: Trainierte Menschen bewegen sich anders als jene, die von ihren Muskeln nichts wissen. Die Erkennungszeichen sind untrüglich: Der Bewegungsablauf wirkt lustvoll – weil er lustvoll ist. Die trainierte Physis geht anders, steht anders, setzt sich anders nieder, steht anders auf als die bewusstlose, mit der die meisten Menschen unterwegs sind.[23]

Alphafrauen zeichnen sich durch die Schönheit der Gebärdensprache aus, die das Krafttraining schenkt. Sie strahlen die Kraft aus, die sie sich im Umgang mit ihrem Muskelapparat, ihren Gelenken holen. Wer Kraft ausstrahlt, herrscht. Dominanz im besten Sinne geht von Menschen aus, die ihre eigenen Kräfte kultivieren und spielerisch einsetzen können, weil sie sie kennen.

Krafttraining für Frauen ist bisher ein Thema für körperbewusste Frauen aller Berufe und Schichten. Genau dort, wo es auch praktischen Nutzwert entfalten könnte, bei den Business-

---

23 Siehe dazu S. 167–174.

frauen, gehört es weder zum guten Ton noch zum Berufsalltag. Kopfarbeiterinnen vernachlässigen ihre Physis, wie es die Männer in der ersten Phase der Managementberufe getan haben. Höchste Zeit, den Kurs zu ändern.

Frauen haben das Glück, dass man mehr auf sie achtet. Wegen ihrer Minderzahl, gewiss, aber auch weil die Männermehrheit nicht immer nur ihresgleichen sehen will: uniformiert. ›Einer wie ich, natürlich weniger erfolgreich‹: Dieser Check ist schnell gemacht. Beim Anblick von Businessfrauen entfällt der Konkurrenzfaktor, also schauen Männer entspannter hin. ›Die ist besser als ich‹, dämmert manchem wohl in der Tiefe seines Stammhirns, aber nur erst im Flüsterton. »Bis die richtig gut wird, wenn überhaupt, bin ich längst CEO in unserer Company«, sagt er sich.

Da man mehr auf sie achtet, fallen schlecht gekleidete Frauen mehr auf. Ihre Chance, auf sich zu achten, ist also größer als die der Männer. Ihre Neigung, auf sich zu achten, ist bei Frauen ebenfalls stärker.

Ein weiterer Glücksfall, den die Frauen noch gar nicht als ein Riesenprivileg verstanden haben: Das Imponiergehabe der Männer werden sie nie kopieren können. Selbst wenn sie wollten – sie können es nicht. Nur konsequentes Doping könnte weibliche Gebärdensprache androgen umpolen. Die weibliche Hormonlage lässt großmäulige Reden und großspuriges Auftreten einfach nicht zu. Frauen renommieren anders. Ihr *name-dropping* hat oft etwas Hilfloses, und ihr Griff nach der eigenen Visitenkarte kommt meist viel zu früh. Starke Frauen setzen lieber einen dominanten Eindruck durch wenige klare Sätze. Der Gesprächspartner soll sich erinnern, wenn er überhaupt der richtige Partner für Arbeitskontakte ist. Ein Papierschnipsel wird ihn dazu keinesfalls bewegen.

Mach dich rar, starke Frau. Das verstärkt den Eindruck. Wenn er großmäulig seine Unsicherheit verbergen will, zeig, dass es dich langweilt. Unterbrich ihn, blicke zerstreut, wirke abgelenkt, schau zur Uhr. Frauen setzen die Standards, wie man sich als Mann ihnen gegenüber benimmt. Sie lassen Männer spüren, dass gedankenlose Angeberei Zeitverschwendung ist, jedenfalls mit Frauen: Dies sind die wichtigen Szenen, die mit Frauen an-

Stolze, starke Frau. Ihr Blick ist entschieden und entspannt, die verschränkten Arme verstärken die Botschaft: Ruhe und eine Mischung aus Aufmerksamkeit und Dominanz. Jade Jagger, Designerin.

ders laufen als unter Männern. Und immer mehr Männer werden die Entlastung begreifen und begrüßen, die von den Pausen im Imponiergehabe ausgeht.

Wichtiges Merkmal in der Gebärdensprache der Männer, das Frauen einstweilen noch verboten erscheint: die Hand in der Hosentasche. So lassen sich Sieger nach der Bilanzpressekonferenz photographieren, so promenieren männliche Redner vor ihrem Publikum. Die weggesteckte Hand soll zeigen: Das hier mach ich mit links, ich fühle mich total relaxt dabei, ich mach's mir bequem, ich weiß, wer ich bin. Ich muss nicht beide Hände zum Gestikulieren benutzen, das ist Anfängerlatein.

Ist sie ein Tabu für Frauen, die Hand in der Tasche? Die Alphafrau darf ohnehin alles, und sie macht es auch so, wie es Männern niemals gelingt, weil sie die Feinheiten nicht wahrnehmen: Die Frau schiebt eine schmale Hand in ihre Tasche, wenn ihr das bequem erscheint, und ihr Blazer wird nicht chaotisch zerknittert bei dieser Bewegung, sondern höchst elegant in ein paar schmale Falten geschoben. Das Wie entscheidet, ob die Geste plump-dominant, fast respektlos gegenüber den Anwesenden wirkt oder nur souverän-entspannt.

Es gibt ein weiteres Haltungstabu, das nicht mehr lange für Männer und Frauen gilt. Das Verbot sagt mehr über die Verbieter als über ihre Adressaten, die ihnen immer weniger gehorchen: Niemals mit verschränkten Armen auftreten, lautet das Tabu. Und die Expertentexte dazu beherrscht jeder: Verschränkte Arme bedeuten Abgrenzung, Verschlossenheit, Unsicherheit. Wer beide Arme aus dem Spiel nimmt und mit ihnen obendrein seine empfindliche Bauchregion schützt, blockiert die Kommunikation, weil er sich fürchtet, schutzlos seinen Gegnern ausgeliefert zu sein – das ist die Botschaft der Evolutionsbiologen, die bei den Primaten das Zusammenrollen beobachten, um die empfindliche ›Innenseite‹, den Bauch, zu schützen. Die Beweislast gegen die herrische Geste der verschränkten Arme scheint erdrükkend. Nur der autoritäre Fabrikchef stellt sich so vor die Untergebenen hin, um Befehle auszugeben, gibt ein Kommunikationsprofi zu bedenken.

Der autoritäre Werksdirektor kann dieselbe Kommandoszene mit großen Gesten in die verschiedenen Arbeitsbereiche der

Halle begleiten, er kann auch mit Händen in den Hosentaschen dastehen und seinen Imponiertext abliefern.

Warum kommt eine Geste wie die einander Halt gebenden Arme überhaupt noch vor, wenn sie so stark diskriminiert ist? Weil sie bequem ist. Weil sie den Rücken entlastet, weil sie Ablenkung wegrationalisiert: Nicht die Hände sprechen, sondern der Kopf. Und der Sprecher ist sichtlich ganz bei sich. Er faltet sich ein Stück weit zusammen, um alle Blicke zu sammeln. Er muss nicht ablenken, er traut sich die konzentrierte Kommunikationssituation zu, die er so geschaffen hat.

Verschränkte Arme bedeuten auch: Hier stehe ich. Ich laufe so schnell nicht weg. Sprich, ich hebe weder einen besserwisserischen Zeigefinger noch eine Schweigen gebietende Hand. Ich lenke nicht ab. Ich greife weder zum Messer noch zum Säbel noch zum Schwert. Ich habe meine schnellsten Reaktionswerkzeuge stillgelegt.

Muss noch mehr dazu gesagt werden, wie wirksam, wie menschenfreundlich, wie wohltuend für alle Seiten die Geste der verschränkten Arme ist? Eine Königshaltung für Frauen. Bitte üben! Eine Alphabotschaft, der nichts hinzugefügt werden muss. Sie besagt: Hey, kommt her, hier stehe ich. Hier bleibe ich. Redet. Ich höre zu. Aber rechnet damit, dass ich stark bin. Darum mein Auftritt ohne Angriffswaffen. Meine Arme ruhen, ich schlage nicht zu. Höchstens mit Worten. Vielleicht auch mit Schweigen. Das ist es, was ich im Alphatraining gelernt habe: Das letzte Wort zu haben, ist nicht immer von Vorteil. Das vorletzte Wort der andern in die Luft zu hängen durch Schweigen, das kann sehr machtvoll wirken. Hier hat gewonnen, wer sich zuletzt bewegt. Bleib auf dem Kampfplatz, Alphafrau. Brich nicht die Macht deines Schweigens durch eine unbedachte Bewegung.

Mag sein, dass es mit mehr Frauen im Business auch mehr stille Siege geben wird.

VII WIE AUS *LOSERN WINNER* WERDEN: DIE MACHT DER ALTEN *MINDSETS* BRECHEN

Bildersturm mit ungeahnten Folgen: Frauen im Spitzensport

Wer bist du, was kannst du? Frauen haben sehr lange den Männern zugehört, wenn es um ihre geistigen und körperlichen Möglichkeiten ging. Das herausfordernde »Das kannst du! Mach es!« war viel seltener zu hören als das ritterlich oder geringschätzig hingeworfene: »Das kannst du nicht! Lass mich mal machen!«

Schwäche erwies sich so immer wieder als ein vertrackter Mix aus Privilegien und Bremseffekt. Die meisten Frauen leben immer noch mit diesen Bildern im Kopf: Weniger Muskelmasse heißt weniger Kraft, und das Pendant ist: weniger Durchblick bei geistigen Kraftakten: »Lass mal, ich mach das schon.«

Wie sehr unsere Entdeckung der eigenen Möglichkeiten von den Bildern abhängt, mit denen wir aufwachsen, wie dramatisch unser Selbstvertrauen geformt wird von dem, was ›man‹ uns zutraut – und wie schnell das vermutete Nichtkönnen in ein Nichtdürfen umschlägt, zeigen zahllose Tabus und Lizenzen, die Männern und Frauen erlauben oder verbieten, was sie können dürfen – und erst recht, was sie tun dürfen.

Nirgends ist die Revolution in der Wirklichkeit, die beim Abräumen traditioneller Bilder in den Köpfen ihren Lauf nahm, so umwerfend wie im Sport. 1896, als Pierre de Coubertin die Olympischen Spiele in die Moderne holte, wetteiferten in Athen 271 Athleten – unter ihnen keine einzige Frau. In Peking werden 2008 unter 10 500 Hochleistungssportlern 4035 Frauen sein. Aus einem ›Fest von Männern für Männer‹ ist ein Fest für die Menschheit geworden.

Die große Überraschung fängt aber mit diesem Siegeslauf erst an. Dass die Mädchen mitspielen dürfen auf den Spielplätzen der Jungen, dass sie wählen dürfen, wenn sie erwachsen sind, das klingt zunächst wie ein Zugeständnis an den sozialen Fortschritt. Was aber keiner der großzügigen Türöffner erwartet hatte, ist die Aufholjagd der Frauen in den männerdominierten Sportarten. Das beschützende ›Das kannst du nicht‹ erweist sich als krasser Irrtum. Nicht nur diese Entdeckung hält die Beobachter der weiblichen Spitzensportler bis heute in Atem, sondern das Tempo ihrer Leistungssteigerung, ihr Heranrücken an die männlich dominierten Rekord-Erbhöfe der Sprinter, Hammerwerfer und Boxer, der Marathonläufer, Kugelstoßer und Hochspringer.

Kontinuierlich verkürzen die Frauen den Abstand zu den Siegerzeiten, Siegerweiten und Siegerhöhen der Männer. Sportwissenschaftler folgern aus dem Tempo der Aufholjagd, dass die fehlenden Hundertstelsekunden, die Zentimeter beim Werfen, Stoßen und Springen in wenigen Jahren bei Null liegen werden.

Diese kühne Prognose drängt sich staunenden Beobachtern auf, wenn Vergleichswerte gezeigt werden: Im Hochsprung schien 1932 die Welt noch in Ordnung. Frauenrekord bei 1,32 Metern, Männerbestmarke bei 2,04 Metern. Aber die Frauen holten auf. 1987 standen weibliche 2,09 Meter männlichen 2,42 gegenüber. Um mehr als 100 Prozent haben die Hochspringerinnen ihren Rückstand in 55 Jahren verringert. Wer annimmt, dass es so weitergeht, der sieht die Frauen 2060 gleichauf mit den Männern.

Auch in der Königsdisziplin der Leichtathletik, dem 100-Meter-Lauf, haben die Läuferinnen zwischen 1934 und 2005 ihren Rückstand um 100 Prozent verringert: Männer und Frauen trennt heute nur noch eine Sekunde.

An weibliche Höchstleistungen im Marathonlauf haben wir uns alle schon gewöhnt, obwohl die Sensation andauert: Nur noch 10 Minuten und 30 Sekunden trennten schon 2003 die schnellste Marathonläuferin vom schnellsten Mann in dem kraftzehrenden Rennen. Noch 1926 lag die schnellste Läuferin Violet Piercy 1:11:21 hinter dem schnellsten Mann zurück. Um mehr als eine Stunde hat sich der Abstand seither verkürzt. Selbst in der Schwerathletik findet so etwas wie ›das große Erwachen der weiblichen Muskeln‹ statt.[24] Im Kugelstoßen, das erst 1948 als olympische Frauensportart zugelassen wurde, liegt der Männerrekord bei 23, jener der Frauen bei 22 Metern. Wer hier den Kopf schüttelt, hat recht: Kugel, Diskus und Hammer hat das fürsorgliche IOC in leichterer Ausführung verordnet; der Speer, den die Frauen im olympischen Wettkampf werfen, ist ein wenig kürzer als jener der Männer, und die Hürden sind für die Läuferinnen etwas niedriger als für die Läufer. Zumindest dieses Zugeständnis an den weiblichen Körperbau wird sich bald als Frauenvorteil erweisen und abgeschafft werden: Immer mehr hochgewachsene Frauen wetteifern miteinander – und in Reitturnieren auch mit ihren männlichen Kollegen.

Was am meisten verblüfft, ist die Leistungssteigerung der Frauen, seit sie endlich im Spitzensport mitmachen dürfen. Wie in einem Staffellauf geben die Sportlerinnen seit gut hundert Jahren ein Leistungsvermögen weiter, das von Generation zu Generation steigt. Was ist es denn genau, was da wächst? Ganz sicher die Muskelmasse, aber doch auch ein Siegeswille, den die männlichen Funktionäre des Männersports den Frauen entschieden abgesprochen hatten.

Dass Männer ›größer, muskulöser, schneller, kräftiger‹ seien und besser ›kämpfen‹ könnten, sei in der ›natürlichen Ordnung‹ angelegt, so das IOC-Mitglied Karl Ritter von Halt. Zu seinen Gunsten nehmen wir an, dass er diese Einsichten nicht bei seinem Ausscheiden 1964, sondern kurz nach seiner Ernennung 1929 vorgetragen hat.

Das Frauenkonzept des IOC war eindeutig: ›fließende Motorik und harmonischer Bewegungsablauf, keine Kraftkampf- und Ausdauersportarten‹ für Frauen. »Durch zu viel Sport nach männlichem Muster«, so der Gynäkologe Hugo Sellheim 1931, werde »der Frauenkörper direkt vermännlicht, die weiblichen Unterleibsorgane verwelken«.[25]

---

24 Zu diesem Thema vgl. Hartmut Dießenbacher in der *Frankfurter Allgemeinen Zeitung* vom 31. 7. 2007, »Sport«, S. 32.

25 Ebenda.

Kein Trainer für Frauen? *Men's Health* zeigt den Läufer Mario Bruening als Fitness-Lehrer. Noch können Frauen bei Männern mehr über sportliche Fitness lernen als bei Frauen: Beauty- und Wellnesskonzepte ersetzen das Training nicht.

Das ›künstlich gezüchtete Mannweib‹ figuriert als Sportergebnis. Wer bei dem Gipfelsturm der sportlichen Frauen schon an Doping gedacht hat, darf die Assoziation hier anmelden: Natürlich verändern Testosterongaben den weiblichen Körper; sie steigern auch die Antriebslage und verstärken die Aggressivität. Die Kampfkraft gedopter Frauen wächst nicht nur mit ihrer Muskelmasse; sie ist das psychische Pendant zur Steigerung der Körperkräfte.

Sportliches Training allein lässt ebenfalls die Muskelmasse wachsen. Sehnen, Gelenke und der gesamte Bewegungsapparat werden belastbarer. Das bedeutet immerhin: Die Gelenke werden entlastet, die Wirbel von starken Muskeln gegen die Fehlbelastungen des aufrechten Ganges und der immobilen Kopfberufe geschützt. Die Freude am kräftemessenden Wettkampf wächst synchron mit der körperlichen Fitness: Wer seine Kräfte kennt, hat Lust am Vergleich.

Solange die meisten Frauen von diesem Erlebnis ausgeschlossen waren, war es für Männer leicht, den Sport als eine Männerdomäne einzuzäunen gegen die ahnungslosen Frauen. Die höchst erwünschte Nebenfolge: Frauen blieben auch von den euphorisierenden Feedbacks ausgeschlossen, die zur Höchstleistung gehören und den Herdentieren Alphatiergefühle vermitteln. Es ging, wie wir heute erkennen, aber auch um das Bollwerk um ein Reservat, in dem Männer mit Männern Erlebnisse und Erfahrungen austauschen. ›Männerzeit‹ nennen es die Männer gern, was ihnen in diesen Schonräumen urtümlicher Männlichkeit bleibt, während immer mehr von diesen Männerinseln ans Festland geschoben werden. Der olympische Aufstand der Frauen fiel in die zwanziger und dreißiger Jahre, die Frauenländerkämpfe und ›Olympische Frauenspiele‹ in Paris, Göteborg, Prag und London brachten.

Wer heute die trainierten Körper der Sportlerinnen mit ästhetischem Genuss betrachtet, mag die ideologische Vorgeschichte dieser überzeugenden Mitwirkung beim globalen Kräftemessen gar nicht für möglich halten. Der Blitzsieg über alle Erwartungen, den die Frauen in wenigen Jahrzehnten errungen haben, wirft aber Fragen auf, denen wir nicht ausweichen können.

Welche ungeheure Kampfeslust und Leistungsdisziplin in den

Frauen schlummerte und welches physische Potential sich quasi explosiv entfaltete – nicht in extrem seltenen Einzelexemplaren, sondern weitergereicht über Generationen – das wirft schon die brennende Frage auf: Wenn die Bilder in den Köpfen Menschen davon abhalten können, ihre Möglichkeiten, ihre Wünsche, ihr Erfolgspotential überhaupt wahrzunehmen oder gar durchzusetzen, welche Reserven von Männern und Frauen sind dann immer noch nicht erkannt, weil die Bilder in unseren Köpfen – du Mann, ich Frau – die schönsten Entdeckungen blockieren?

Das gilt auch für unseren Geist, für unsere emotionale Kraft, für unsere psychische Kreativität – und für die Balance all dieser Kräfte, die immerhin unser Lebensglück ausmachen oder verhindern. Über die Glückslieferungen, die wir täglich selbst organisieren können, berichten Sportmediziner und Hirnphysiologen uns schon lange. Die Euphorie als Belohnung für körperliche Belastung kennt jeder Leistungssportler. Die Hochstimmung nach dem Match, der Glückstaumel nach dem Waldlauf sind es, die süchtig machen nach Anstrengung, hungrig nach Training, weil sie den Drogencocktail versprechen, den unser Gehirn uns zur Belohnung einflößt: Danke, dass du deinen Organismus nicht vergessen hast. Danke, dass du deine Physis ernst nimmst, auch du, stolzer Kopfarbeiter, sagt dieser Mix aus körpereigenen Opiaten zu unserer Seele. Es ist gut, dass du verstanden hast, lautet die Botschaft weiter, weil dein kluges Köpfchen seine Leistungsfähigkeit aus den unteren Etagen bezieht, wo die Energiepakete gepackt werden, die Eiweiß und sauerstoffreiches Blut in deine Hirnwindungen pumpen.

Von Zeit zu Zeit schwappt eine kleine Welle dieser wunderbaren Erkenntnisse in die Presse, wo dann der Anschein erweckt wird, als sei gestern erst im Labor ermittelt worden, was die Medizin schon lange für weiterführende Erkenntnisse fortentwickelt: »Euphorie durch Laufen«, steht dann da plötzlich im Frühjahr 2008, und im Untertitel wird die Aktualität untermauert: »Beweis erbracht: Ausdauersport setzt Endorphine frei.«

Das lesen nun leider, immer noch, mehr Männer als Frauen mit Neugier. Die Beziehung der Frauen zu ihrer körperlichen *Fitness* als *Brainpower*-Quelle ist immer noch überlagert von Softkonzepten, die mehr mit Wohlfühlwellness als mit handfester Belastung werben. Sich selbst auch einmal hart anzufassen, die Leistungsgrenze hinauszuschieben, Tag für Tag ein wenig weiter, außer Atem zurückzukommen, ausgepumpt und selig erschöpft – das gilt als unweiblich, so wie Krafttraining als nicht feminin gilt. Wenn wir aber den Lieferkontrakt zwischen Physis und *brain* ernst nehmen, der in allen Details bekannt ist,[26] dann erweist sich die Weigerung vieler Frauen, Muskeln, Sehnen und Organe zu trainieren, Herz und Lunge auf Touren zu bringen, als eine verdächtige Entsprechung zu den vorwurfsvollen Schonhaltungen, mit denen viele von ihnen im Businessalltag dem Kräftemessen ausweichen – um zugleich den offensiven Wettbewerbsstil der Männer anzuprangern.

Glücksquellen vermeiden, um das Privileg der Unterlegenheit zu behalten, eine komplizierte Form der Selbstschädigung, viel zu unverständlich, um männliches Interesse zu erregen: Der Schaden bleibt bei den Frauen, wenn sie nicht selbst nach den Ressourcen für mehr Selbstbewusstsein greifen. Alphafrauen sehen nicht länger zu, wie Männer gezielt ihr Alphaprofil schärfen, wenn sie im Fitness-Studio oder im Stadtwald die Belastung als Durchbruch zum unbeugsamen Herrentiererlebnis suchen. Dass es um viel mehr als ein persönliches Machterlebnis geht, wenn man diese Quellen nutzt, weiß die Medizin seit langem.

Endorphine und körpereigene Opiate »rufen im Belohnungs- und Lustzentrum des Gehirns … jenes Hochgefühl perlender Freude, überschäumender Zuversicht … hervor …; die Endorphine sind entwicklungsgeschichtlich uralte Mitspieler in unserem biochemischen Stimmungskonzert; … wie das Serotonin und die Aufmerksamkeitsvermittler Dopamin, Adrenalin und Noradrenalin, die in ihrer chemischen Struktur – ganz sicher nicht zufällig! – den Aufputschmitteln Amphetamin, … Ecstasy und Quat ähneln.«[26] So im eigenen Drogenrausch unterwegs, sind wir zu Handlungen fähig, die sonst undenkbar wären.

Es geht aber nicht um Fun oder Exzesse, sondern »der entwicklungsgeschichtliche Sinn dieser Signalsubstanzen« ist: »Prioritäten ändern, die Handlungswahl kippen zu weniger routine-

26 Vgl. Höhler/Koch, *Der veruntreute Sündenfall*, a. a. O., S. 76.

gesteuertem Verhalten, die letzte, vorbehaltlose Anstrengung oder Konzentration aufbringen, die eben nur extreme und seltene Situationen erfordern«.[27] Wer dies alles weiß und Verantwortung für Leistungsteams trägt, sollte die physische Belastung vorschalten, wenn unkonventionelle und wagemutige Entscheidungen anstehen. Was der Beratermarkt dazu anbietet, wirkt dilettantischer, als es unser Wissensstand erlaubt.

Im Alphatraining für Frauen verdient die systematische physische Belastung einen hohen Platz. Weiblicher Kleinmut verdampft hier im Handumdrehen; und für strategische Selbstunterschätzung ist kein Raum. Wir scheinen auf dem Weg zu sein, etwas von diesen Zusammenhängen zu begreifen: Die amerikanische Außenministerin Condoleezza Rice erreichte im Frühjahr 2008 die gesamte Weltpresse, als sie nicht über Abzugspläne für Irak, sondern über ihr Fitnesstraining berichtete. Das Magazin *Fitness* druckte ein Interview und Photos, die zeigen, dass die Hochleisterin Rice genug über das Zusammenspiel ihrer physischen und geistigen Fitness weiß, um Kraftsport und Kreislauftraining in den Mittelpunkt eines Pressegesprächs zu stellen, in dem es um die Fähigkeit zu Höchstleistungen geht. Rice berichtet, wie konsequent sie das physische Training auch in ihre Reisen einplant und dass sie niemals Rücksicht auf Anfälle von Lustlosigkeit und Bequemlichkeit nimmt. Sie berichtet von berühmten Sportlern, die nach ihrer aktiven Wettkampfzeit das Training einstellten – und sofort gesundheitliche Probleme bekamen. Fast entschuldigend klingt Rices Antwort auf die Frage, woher sie so diszipliniert sei: Schon ihr Vater sei sehr sportlich gewesen, und als sie selbst nach dem Studium mit dem Eiskunstlaufen aufgehört habe, habe sie in kurzer Zeit zehn Kilo zugenommen.

Harmlose Begründungen für eine tägliche Übung in Selbstdisziplin, die nebenbei Energien liefert für das *brain jogging* ihrer Arbeitstage: Wer die zarte Gestalt elegant und locker am Rednerpult stehen sieht, wer ihren schwingenden Gang beobachtet, wenn sie zwischen den Männern jene kurzen Wege zurücklegt,

---

27 Zur Biochemie der Gefühle vgl. ebenda, S. 92–94.

DAS PASSIERT IN IHREM KÖRPER

Wenn Sie regelmäßig laufen, schlägt sich das nicht nur auf Ihr Gewicht nieder. 6 Gründe, sofort in die Gänge zu kommen

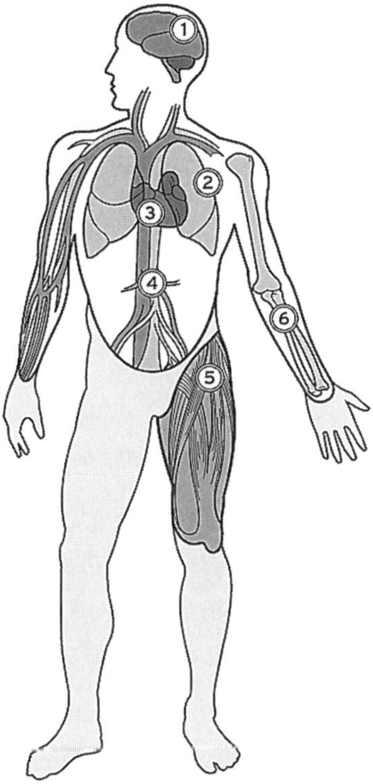

1. Gehirn Joggen regt Durchblutung und Sauerstoffversorgung an – das fördert Kreativität, Konzentration und Lernfähigkeit.

2. Lunge Das Atemvolumen steigt um bis zu 200 Prozent. Mit jedem Atemzug gelangt somit mehr Sauerstoff ins Blut.

3. Herz Puls und Blutdruck sinken, weil das Zentralorgan des Körpers ökonomischer arbeitet. Das Infarktrisiko halbiert sich.

4. Kreislauf Neue Kapillaren bilden sich, der Nährstofftransport wird verbessert. Das Blut wird flüssiger, reinigt die Gefäße.

5. Muskeln Dickere Fasern beugen Gelenkschmerzen vor und verbrennen dauerhaft überschüssiges Fett – sogar im Schlaf.

6. Knochen Deren Dichte nimmt zu, der passive Bewegungsapparat wird so stabilisiert. Das wirkt Osteoporose entgegen.

Das ist es, was auch Frauen wissen wollen.

die vom Flugzeug zur Limousine, von einem Gast zum nächsten führen, der kann nur ahnen, dass die Anmut ihrer Bewegungen mit der Bewegungskultur zu tun hat, die ihr das Training vermittelt.

Disziplin ist also nur die eine Seite dieser wechselnden Einsätze von Physis und *brain*. Was sich Rice im Fitness-Studio holt, ist auch Regeneration ihrer geistigen Kräfte, weil körperliche Belastung für die Balance der Energiereserven sorgt.

Was wie ein Alleingang einer Ausnahmefrau wirkt, entspricht in Wahrheit dem aktuellen Wissen, das wir über die leistungssteigernde Wirkung von Kraft- und Bewegungstraining haben. Die Frauenmagazine liefern von diesem Wissen nur weichgespülte Wellnessbilder. Wer wissen will, wie ein konsequentes Fitnesstraining aussieht, das zu den Leistungszielen einer Alphafrau passt, der muss Männermagazine lesen. Das »Lauf-Special« des Magazins *Men's Health* Nr. 4/2008 liefert ein hochinformatives Kompendium für Männer, die das Thema fast verstanden haben und nun systematisch trainieren wollen. Was der Organismus sich holt, wenn wir laufen; was er uns zurückgibt, wenn wir regelmäßig laufen, wie die Bewegungsbilder aussehen, die der Läufer anstreben soll, um ›richtig‹ zu laufen, welche Übungen begleitend am Boden zu empfehlen sind: All das wird von einem jungen Sportler gezeigt und verlockt zur Nachahmung. Frauen kommen hier nicht vor.

Solange das so bleibt, können Männermagazine mit ihren zupackenden Anleitungen für ein gemischtes, sportlich gemanagtes Leistungsprofil den Alphafrauen unserer Tage dringend empfohlen werden.

Warum aber fehlt das weibliche Pendant zu dieser Fitnessplanung, die sich Männer gegenseitig liefern? Der uralte Verdacht geht fehl: Männer könnten sich sportlich aktive Frauen nicht vorstellen. Männer beliefern eben Männer, wenn sie wissen: Das interessiert Männer.

Von Frauen wissen sie das nicht so genau. Und in den Chefredaktionen der Frauenmagazine sitzen nur im Ausnahmefall leistungssüchtige Fitnessaktivistinnen. Wenn es wirklich so ist, dann wird sich die Entdeckung des Kraft- und Fitnesstrainings für Frauen sehr verspäten. Dann lohnt es sich, den großen Ver-

Der Sieger-Cocktail: Bewegung als Stimulans für höhere mentale Leistung

- Steigende Effizienz beim Kraftverbrauch.
- Bessere Immunabwehr.
- Enzyme verbrennen mehr Fett als Zucker.
- Höheres Konzentrations- und Leistungsvermögen durch mehr Sauerstoff.
- Verdichtung des neuronalen Netzwerks im Gehirn: besseres Gedächtnis, »Verjüngung« des Gehirns.
- Höhere Produktion des Geschlechtshormons Testosteron (für Wettbewerb im Rudel!).
- Endorphine vermitteln Gelassenheit und Zufriedenheit.
- Serotonin, das Hormon der »Leittiere«, vermehrt sich im Gehirn. Es vermittelt Überlegenheitsgefühle und Distanz vom Alltag.
- Kreativität wird stimuliert, das Lernvermögen steigt.

Macht physische Fitness klüger?

Physische Bewegung mobilisiert auch die Intelligenz: Sie verschafft ihr emotionalen Beistand.

Fitness-Management ist Streß-Management:

- Der Ruhepuls wird langsamer, weil das Herzvolumen steigt.
- Der Blutdruck sinkt.
- Das Blut wird dünner und fließfähiger.
- Der körpereigene Insulinverbrauch wird effizienter.
- Das »gute« (HDL)-Cholesterin vermehrt sich.
- Die Lunge wird besser durchlüftet.
- Verschleißprozesse verlangsamen sich.
- Die Immunlage verbessert sich.

Im Gehirn wird Fett abgebaut, und unzählige neue Verbindungen werden gelegt: Das neuronale Netzwerk im Gehirn wird dichter, die Zahl der feinen Blutgefäße steigt.

Physische Fitness macht auch mental leistungsstark.

Physis beliefert *brain* mit *power*: Bewegung ist Gehirn-Nahrung.

lagshäusern ein Experiment vorzuschlagen: Es muss ja nicht *Women's Health* heißen, obwohl auch das gut klingt, als Zwilling zur Männerversion. Wer als Verleger mutig genug ist, könnte es gleich mit einem Magazin für Alphafrauen versuchen.

Es geht beim Thema Fitnesstraining für Frauen nicht um einen Meinungsdisput, sondern um den Zugang zu den besten Quellen für Leistungsstärke, Antriebsniveau und Selbstvertrauen – die zugleich Quellen der Regeneration von Spitzenleistungen sind. Solange Männer diese Quellen konsequent für sich nutzen und Frauen nur in wenigen Einzelexemplaren damit umzugehen lernen, bleibt ein kostenloser Zugang zur Leistungssteigerung für Frauen versperrt.

Was die Läuferin täglich für sich an Kraftreserven aktivieren könnte, zeigen die beiden folgenden Tafeln. Wer jetzt noch Argumente findet, das Training aufzuschieben, kann auch den Traum von der großen Karriere aufgeben.

Mutlose Knaben und die Töchter der Revolution

Wieder eine von diesen Sitzungen, in denen Frauen gerettet werden sollen. Die *mindsets* der Frauen, die hier tagen, sind auf Empathie gepolt. Es sind erfolgreiche Frauen, und sie stehen unter Rechtfertigungsdruck: Was gibst du deinen *Loser*-Schwestern ab? Wo kein klares Frauenbild in den Köpfen lebt, wo sie im *mindset* fehlt, die Alphafrau, da kann auch die zweite, die Betafrau, nicht aufrecht gehen.

Alle spielen Omega, jenes demütige *Loser*-Tier, das die Reste aus den Näpfen frisst, wenn die andern satt sind, das Omegawölfchen, meist weiblich, am Ende der Rangordnung, struppig und mager, aber den stärkeren Wölfinnen überlegen durch Heiterkeit. Omega ist ohne Ehrgeiz unterwegs; dass sie für die Heiterkeit des Rudels gesorgt hat, merken die Stärkeren erst, nachdem der Puma sie geholt hat.[28]

Unter Menschen, so die Damenrunde, darf so etwas nicht passieren. Frauen suchen in ihren Fördersitzungen für andere Frauen die Nähe der Schwachen. Frauen, so der unausgesprochene Konsens, müssen gerettet werden. Man muss sie fördern und ermutigen, sie verdienen einen Extrabonus an Aufmerksamkeit.

Fördern und ermutigen? Warum nicht fordern? Den Mut, zum Beispiel? Alles klingt nach ›Trotzdem‹, wenn Frauen für Frauen planen. Man ›tut etwas für sie‹, so als hätte sie ein Handicap. Keiner fragt: »Was **tut sie**?« Die Erfolgsfrauen legen ihre schwächeren Schwestern in die Ketten der Betreuung, und Männer ma-

28 Vgl. dazu »Alpha braucht Omega«, in: Gertrud Höhler, *Die Sinn-Macher. Wer siegen will, muss führen.* München 2002, S. 354–362.

chen mit, weil sie ahnen, dass es kein Entkommen gibt, solange der Benachteiligungsverdacht die geltende Ideologie ist.

Ausgerechnet von den unsicher gewordenen Männern wird das Opferkonzept der Frauen nun ins Wanken gebracht. Die Männer sehen die überragenden Figuren der weiblichen Alphaspezies als lebendige Beweise eines Klimawandels, der die männliche Dominanz auf eine unerwartete Probe stellt.

Noch während die Betreuungsrunden weitertagen und Frauenförderprogramme von vorgestern den wachsweichen Mann beschwören, schwankt dieser zwischen Furcht und Einsicht. Strafandrohungen für jedes Lächeln am falschen Platz und die Ahnung, dass sein Frauenbild sich gründlich ändern wird, bedrängen ihn. Schon berichten die Forscher uns von mutlosen kleinen Schuljungen und coolen Überfliegermädchen, die ihre Mitschüler mit guten Noten einschüchtern.

Was für ein Seitenwechsel! Oder ist es ein Machtwechsel? Tritt die nächste Generation von Alphafrauen schon im Schulalter den Männern in den Weg? Wenn all diese Alphamädchen mit den guten Schulnoten auf die nächsten Etappen gehen, dann gibt es also bald keinen Platz mehr für Männer in den Vorstandsetagen?

Alarmierte Forscher berichten von einem Aufmerksamkeitsdefizit bei Jungen. In den sechziger und siebziger Jahren entsprach das Bild den feministischen Anklageschriften: Es waren die Mädchen, die schlechtere Noten holten. Das passte ins Bild und erfuhr sehr schnell sehr viel Aufmerksamkeit: Es beflügelte die Forderungen nach Frauenförderung.

Dass Jungen einmal etwas Ähnliches zustoßen könnte, überlegte niemand. Die Männer saßen ja auf der Anklagebank, und jeder vorlaute männliche Schüler war schon ein Anwärter auf Nachrückerplätze bei den Angeklagten, Lehrern, Ausbildern, Professoren und Chefs: Der Benachteiligungsverdacht traf sie alle – damals als Täter und heute, zum allgemeinen Schrecken, als Opfer.

»Wir dachten, die setzen sich durch – die sind ja Jungs!«, gesteht der Sozialwissenschaftler Klaus Hurrelmann. Statt sich durchzusetzen, machen Jungen seltener Abitur als Mädchen; sie stellen die Mehrheit in Haupt- und Sonderschulen; mehr Jungen als Mädchen verlassen die Schule ohne Abschluss. Sie wiederholen auch häufiger eine Klasse, und schließlich haben sie mehr Mühe, einen Ausbildungsplatz zu finden als Mädchen.

Die Deutung dieses Bildes ist sehr schwierig. Werden Mädchen durch immer mehr weibliches Lehrpersonal ›solidarisch‹ gefördert? Hat der Anpassungsdruck zugenommen? Jungen hätten damit mehr Mühe als Mädchen, die schon früh damit beginnen, Rückmeldung durch Wohlverhalten zu steuern. Die Jungen, so meinen die Forscher, rechnen mit einem Bonus für ihre Männlichkeit. Ein Mann macht sein Leben, das gilt unter Jungen als selbstverständlich. Er hat Vorteile – auch wenn kaum ein Junge die genauer beschreiben kann. »Einfach weil er ein Mann ist«, lautet die Antwort.

Die Mädchen reagieren flexibler, weil sie mit einem Bonus fürs Frausein nicht rechnen. Halbwüchsig testen sie zwar, ob der Lehrer sie mag. Ist der Lehrer weiblich, lernen sie schnell den Sympathietest auszulassen. Kleine Frauen wissen: Auch große Frauen sind eifersüchtig.

Wo bleiben die Primus-Mädchen, wenn die Schule vorbei ist? Haben sie doch nur für die Schule, nicht für das Leben gelernt? Sie kämpfen nicht um einen Ausbildungsplatz, sagt Hurrelmann. Aber sie werden auch das noch lernen, meint er. In den Universitäten verliert sich die Spur vieler Ökonomiestudentinnen und Jura-Absolventinnen. Die Sitzenbleiber und Klassenclowns unter ihren männlichen Mitstudenten machen nun das Rennen in die Investmentbanken, die Rechtsanwaltskanzleien und Großkonzerne. Plötzlich gibt es wieder männliche Mehrheiten nach dem Diplom, noch deutlicher nach der Promotion. Und die Einser im Schulzeugnis bringen den jungen Frauen keinen Vorteil mehr. Auch die Einser in den Seminararbeiten liefern kein Freifahrtticket in die beste Firma. Lebens- und Schulerfolg sind zweierlei. Wir wussten das eigentlich schon, und Daniel Goleman hat es uns Anfang der neunziger Jahre in seinem Buch über die emotionale Intelligenz noch einmal bewiesen: Der größte Lebenserfolg gehört denen, die schon als Schüler ihre Mitschüler für gemeinsame Unternehmungen begeistern konnten. Wer Lehrer für sich gewinnt, bekommt gute Noten. Wer die Kameraden hinter sich versammelt – für ein Abenteuer, für eine Idee –, der wird auch später in führende Positionen einrücken.

Mädchen zu fördern, hieß offenbar bisher, die Jungen zu vernachlässigen. Jungen helfen sich selbst, meinten die Experten. Auch sie hatten aber ihre beste Zeit, als sie von ihrem Männlichkeitsbonus überzeugt waren. Als der Weiblichkeitsbonus aufkam, fielen die Jungen zurück – zumindest bei den Schulnoten. Die Mädchen bauen jedes Jahr beim Abitur ihren Vorsprung aus. Ob sie ihre Schulkarriere mit Anschlüssen und Abschlüssen bestätigen, wissen wir noch nicht.

Was viele Feministinnen nicht wussten, sollten sie schnell nachlernen: Männer sind leicht zu entmutigen. Der Entzug von Aufmerksamkeit und Lob setzt ihnen genauso zu wie den Frauen. Der Ton, in dem wir voneinander sprechen, muss sich ändern. Die Tonlage, in der wir miteinander sprechen, auch. Nichts ist gewonnen, wenn nun die Frauen an den Männern vorbeiziehen, die Schulmädchen an den Schulkameraden, wenn wir das veränderte Bild nicht lesen. Es zeigt uns, dass wir aufeinander achten müssen, auch im Wettbewerb, und dass es keinem von uns nützt, stark zu werden, weil die Starken von gestern schwach werden.

Die »Töchter der Revolution«, wie sie Dan Kindlon nennt, Kinderpsychologe an der Harvard-Universität, liefern zunächst nur das, was Mädchen immer schon den Jungen in der Schule voraus hatten: Sie arbeiten konzentrierter, sind weniger ablenkbar und fügsamer gegenüber Autoritäten. Während Jungen ihre Kräfte mit den Lehrern messen, holen Mädchen sich das Lob und die guten Noten. Traditionell ergab sich für die Jungen ein deutlicher Vorteil – wer sich auffällig verhielt, holte sich Aufmerksamkeit; auch der Tadel des Lehrers war für spätere Führungsrollen nützlich. Der renitente Schüler war also bald ein Held – nicht nur bei seinen männlichen Klassenkameraden, sondern auch bei den Mädchen, die seinen Mut bewunderten.

Dann wendete sich das Blatt. Mädchen wurden zu Schützlingen der Lehrer, weil der Feminismus ihnen allen bescheinigte, sie neigten zur Benachteiligung der braven, angepassten Schülerinnen. Die Regelbrüche der Jungen dagegen seien zu Unrecht eine Quelle für übermäßige Beachtung: der Raudi als Sieger, die sanfte Madonna als Verlicrerin.

Opferpower konnte so schon im Klassenraum trainiert werden: Ganze Forschungstrupps widmeten sich der Trendwende im Umgang mit schüchternen, rechtschaffenen Mädchen, die von großmäuligen Jungen an die Klassenwand gespielt wurden. Mädchensprache und Jungensprache, Männersprache und Frauensprache wurden in zahllosen Diplomarbeiten und staatlich finanzierten Forschungsprojekten verglichen – mit dem Ergebnis, dass die Dominanz der vorlauten Knaben das Selbstvertrauen der leiseren Mädchen im Keim beschädige. Jungen setzen sich durch, Mädchen bleiben im Schatten von Angebern und Raufbolden unterschätzte Begleitfiguren. Wer meldet sich häufiger zu Wort, schon in der Schule? Die Jungen. Wer stellt Behauptungen auf, um den Lehrer für sich zu gewinnen oder die Lehrerin zu provozieren? Die Jungen. Wer stellt timide Fragen? Wer schränkt freiwillig eigene Ideen durch Fragezeichen und Konjunktive ein? Die höflichen Mädchen. Er spielt sich auf, sie nicht. Er inszeniert sich durch Zwischenrufe, sie inszeniert ihre Unterlegenheit. Nachdem sich das Blatt gewendet hatte – alle Aufmerksamkeit den *Loser*-Mädchen, hieß die pädagogische Losung –, begann die Erfolgsstraße für Mädchen auch mit dieser Inszenierung von Unterlegenheit.

Der Benachteiligungsverdacht, eine feministische Handreichung an Erzieher und Erzieherinnen, kam den grollenden Mädchen gerade recht: Er passte zu ihrer Grundstimmung, trotz oder gar wegen ihres Wohlverhaltens Nachteile zu kassieren.

Das Programm zur Begünstigung von Mädchen und Frauen in der Schule zeigt heute, kurz nach der Jahrtausendwende, Ergebnisse, die überraschen: Niemand hätte darauf gewettet, dass die Vertauschung der Vorteilspositionen zwischen Jungen und Mädchen die kleinen Rabauken so entmutigte. Galt doch die These, dass Männer sich selbst mit den Start- und Karrierevorteilen versorgt hätten, von denen sie die Frauen fernhielten. Dass der Konflikt weit komplizierter ist, wissen die zuständigen Wissenschaften seit langem: die Ärzte, die Psychologen und Psychiater, die Evolutionsbiologen und Soziobiologen, die Hirnphysiologen und die Hormonforscher. Aber ihre Befunde passten weder zu dem Menschenbild des Feminismus noch zu dem der progressiven Pädagogik: Ideologie schlägt Wissenschaft aus dem Feld, das gilt auch heute; nur die Schwerpunkte wechseln.

Mädchen zu fördern, erschien zuerst einmal völlig legitim,

weil jedermann beobachtete, dass Jungen sich selbst Gehör und Aufmerksamkeit verschaffen. Ihre Skala, auf der sie Interesse erregen, ist breiter als die der Mädchen – Lob oder Tadel, gleichviel, die Rückmeldung lautet: Aufmerksamkeit. Wichtig sein läuft auch über Störaktionen, Widerworte, Regelbrüche.

Gehorsam zu loben, vergessen Lehrer und Eltern oft. Angepasst und aufmerksam, lenken die Mädchen weder Lob noch Tadel auf sich. Und es kränkt sie. Sie brauchen einen Schuldigen: Der Junge, das Großmaul, stellt sie unverdient in den Schatten.

Seit das volle kollektive Mitgefühl den Mädchen gilt, geschieht das Verblüffende: Die Jungen versagen auf breiter Front. Ihr dominantes Gebaren verbarg eine verletzliche Seele, so scheint es nun.

War ihr Selbstbehauptungswille nur das Ergebnis einer Rangordnung, die ihnen bei Eltern, Erziehern, Lehrern und Ausbildern höhere Erwartungen garantierte?

Seit den Mädchen höhere Erwartungen gelten, rücken sie vor. Sie reüssieren immer noch mit ihren Stärken, die früher Erfolgseinbußen gebracht haben: Fleiß, Disziplin, Verlässlichkeit. Nun, da die Zeichen auf Frauenförderung stehen, entdecken die Pädagogen und Vorgesetzten die Vorteile der weiblichen Anpassungsbereitschaft. Mädchen schieben das Vergnügen aufs Wochenende, um während der Woche topfit zu sein, berichtet eine Ausbilderin. Mädchen sind ›pflegeleichter‹, das schätzen auch ihre Lehrer. Den Löwenanteil an Sitzenbleibern stellen die Jungen. Sie sind es auch, die als ›Saisonarbeiter‹ eine *last-minute*-Strategie verfolgen, um jedes Schuljahr knapp und unerwartet zu absolvieren – oft zum Unwillen ihrer Lehrer, die ihren Stress in Elterngesprächen und einfühlsamen Schülerermahnungen von den robusten Taktierern verhöhnt sehen.

Mit Mädchen passiert einem das nicht, sagt ein Lehrer. »Aber nun haben wir ein neues Problem: die mutlosen Jungen.« Mehr als zwanzig Jahre Frauenförderung zeichnen eine doppelte Spur: die Überholspur für Frauen und die Kriechspur für Jungen. Schlimmer noch: Nun trifft die Jungen genau jener ideologische Vorbehalt, der vorher für die Benachteiligung der Mädchen galt: Sie bekommen schlechtere Noten für Leistungen, bei denen die Mädchen gleich gut, aber nicht besser sind.

In der Mode lebt er auf: der Knabenbonus. Um den kunstvoll verzierten Pullover würde den weichhaarigen Knaben jedes Mädchen beneiden. Die Mailänder Männermode schickt ihn nicht nur auf die Catwalks, den sensiblen schönheitsdurstigen Jüngling; sie ermutigt Tausende junger Männer, mehr weibliches Terrain in Besitz zu nehmen.

Es ist immerhin eine Studie des Bundesbildungsministeriums, die zu diesem Schluss kommt. Das Ministerium vermutet, dass es das »sozial zumeist angepasstere Verhalten der Mädchen« sei, das »in die Note einfließe«. Dennoch, so die Autoren einer vergleichenden Studie, die das Ministerium aus verschiedenen Quellen zusammenstellte, »schneiden männliche Schüler den Experten zufolge deutlich schlechter ab als weibliche«. Eine »Umgestaltung des schulischen Alltags nach geschlechtergerechten Gesichtspunkten« sei das Gebot der Stunde, sagen die erschrockenen Autoren. Man glaubt, den Text zu kennen, aber über Jahrzehnte bezog er sich auf die benachteiligten Mädchen. »Ungeklärt ist«, so das resignierte Fazit der Berichterstatter, »wie ein an Jungeninteressen orientierter Unterricht aussehen könnte, ohne die Interessen von Mädchen zu vernachlässigen.«

So schnell hat sich das Blatt gewendet. Ein verkannter Jungentypus taucht vor unseren Augen auf: Rabauke, eingeschüchtert durch Liebesentzug. Eroberer und Raufbold, leistungsschwach ohne Lob. Und seine Betreuer halten an dem sonderbaren Vorurteil fest, was gut sei für Jungen, müsse Mädchen schaden – und umgekehrt. Die Welt im Kopf schafft Wirklichkeiten, die uns bei der Wahrnehmung der realen Wirklichkeit behindern. So schnell mögen die Experten sich nicht von ihrem Dogma trennen, dass Jungen sich nur behaupten können, weil Mädchen unterdrückt werden. Unterdrückte Jungen sind im Kopfprogramm nicht vorrätig. Erst recht nicht, wenn sie durch Wohlverhalten der Mädchen und durch Begünstigung der Mädchen durch Lehrer – im Klartext: durch ein Programm der Ungerechtigkeit – unterdrückt werden. Dies ist nur eine der überraschenden Lektionen, die wir beim Aufstieg der Frauen über Männer lernen.

Die Selbsteinschätzung – bei den Frauen wussten wir das doch – hängt eng mit der Hochschätzung durch andere zusammen. Warum soll das für männliche Menschen nicht gelten? Dass der Feminismus ihnen die Hochschätzung entzogen hatte, kam bei den Männern ja nur sehr verspätet an; sie fühlten sich so lange völlig sicher in ihrer Nummer-eins-Position, wie die Frauenrechtlerinnen von einer Benachteiligung der Frauen sprachen. Für die meisten Männer galt: Ich habe nicht nur den Vorteil; ich BIN der Vorteil. Ich stehe auf dem besseren Platz und bin daran völlig unschuldig. Die Probleme der Frauen kann ich nicht lösen; ich kann sie nicht einmal ganz verstehen.

Die wechselseitige Arglosigkeit konnte größer nicht sein. Frauen und Männer arbeiteten schließlich relativ friedfertig an dem Projekt, die Welt, die Männer schon besaßen, auch für Frauen zu öffnen. Weiblicher Argwohn blieb, er wirkt bis heute. Warum er so schwer zu zerstreuen ist, wird jede Leserin und jeder Leser dieses Buches bald begreifen.

Nun sitzen sie mit dem Mädchenbonus in den Schulklassen, die Zukunftsfrauen, und ihre männlichen Schulkameraden werden benachteiligt. Stört Sie das? Oder sehen sie diesen Rollentausch als gerechte Strafe für die Großmäuler vom Pausenhof? Ist die Umkehrung der Lage überhaupt schon bei den kleinen weiblichen *Winnern* angekommen? Wissenschaftliche Antworten auf diese Frage fehlen noch. Die Alphamädchen unter den vielen braven Schülerinnen, die gute Noten holen, werden den Windwechsel bemerkt haben. Nun vor dem Wind zu segeln, reicht ihnen; sie wissen, dass es schadet, darüber auch noch zu reden.

Die Siegerin genießt und schweigt. Sozial überbelichtet, wie sie als Frau unterwegs ist, fühlt die Alpha-Eva in der Spitzengruppe aber bereits ein leises Bedauern: »Wir wollen doch zusammen mehr erreichen, zusammen mit den Jungs. Wenn die jetzt schlapp machen, haben wir wieder eine Balancestörung, wie früher«, sagt die Schülerin Andrea. »Die brauchen uns und brechen zusammen, wenn wir *full power* loslegen«, ergänzt ihre Freundin. »Wieso geben die Jungs so schnell auf?« Die meisten Mädchen wollen auf keinen Fall nur mit Mädchen zusammen weiterlernen. Sie wollen doch den jungen Männern zeigen, was sie können!

Amerikanische Forscher zögern nicht, die Schulmädchen mit dem Bonus fürs Bravsein als *Alpha-girls* zu bezeichnen. Was immer der Grund sein mag für die neue Bereitschaft der Pädagogen, das ›angepasste‹ Verhalten stark zu belohnen; pflegeleicht sind Alphatiere weder in der männlichen noch in der weiblichen Variante.

Ehe wir es genauer wissen, dürfen wir mutmaßen, was Männer an den braven *girls* so begeistert, dass sie zur Förderung durch Ungerechtigkeit greifen – über die guten Noten. Ist es die neue Müdigkeit der Männer, die der Ablösung durch ausgeruhte Frauen

Tempo geben möchte? Die weiblichen Pädagogen haben ein Wiedergutmachungsmotiv, wenn sie jetzt Mädchen begünstigen.

Für beide Erziehergruppen, die Männer und die Frauen, kommt es überraschend, dass die Knaben nun in den Seilen hängen. Die *Loser*-Karte zu spielen, fehlt ihnen das weibliche Geschick. Sie geraten wirklich in die Defensive und klagen über Benachteiligung, während viele von ihren Kameraden in die sprachlose Verweigerung fliehen: Versagen als Jungenstrategie ist eine neue Erfahrung für Lehrer und Ausbilder. Mit Jungen, die sich vordrängen und das große Wort führen, haben alle Betreuer Erfahrungen. Für Jungen, die verstummen und gar nichts mehr abliefern, fehlt jedes Konzept.

Wir erleben, wie Mädchenvorteile die Jungen einschüchtern, während die meisten von uns dachten, der Prahlhans sei milieuunabhängig ein männlicher Entwurf. Einiges spricht dafür, dass eine Mischung von Ursachen zu diesem Schwächeanfall des männlichen Nachwuchses führt: Der Anschub durch Lehrer-Vorurteile bleibt plötzlich aus. Der Subtext dieser Vorurteile war immer: »Du packst das, auch wenn du ein kleiner Hochstapler bist. Ich traue dir Großes zu; ich war genauso.« Auch Lehrerinnen haben bei diesem positiven Vorurteil mitgewirkt. Ihre Favoriten sind durchaus nicht die Mädchen, sondern oft genug freche kleine Jungen, denen sie unter der Hand die Boni zuspielen.

Zwanzig Jahre offizieller Anleitung der Lehrer zur Mädchenbegünstigung zeichnen nun eine deutliche Spur. Immer mehr Jungen driften ab auf Verliererpositionen. Die Methoden der Mädchen zu übernehmen, kommt für sie schon deshalb nicht in Frage, weil Gehorsam und Fleiß der Mädchen ein Motiv haben, das den Jungen fehlt: Sie wollen den Lehrern gefallen; ihre soziale Verletzlichkeit macht sie friedlich.

Wenn diese Anpassungsbereitschaft nun stark belohnt wird, so steckt mehr dahinter als eine pädagogische Kehrtwende. Auch unter Erwachsenen beobachten wir eine Ausweichbewegung der Männer[29] vor den neuen Offensivstrategien der Frauen. Eine kulturelle Wende bricht sich Bahn.

---

29 Siehe dazu S. 187–196.

VIII PILOTEN UND PASSAGIERE DES WANDELS

Neue Männer:
Keine Lust mehr auf Härte

Seit Eva sich nicht mehr an seine Schulter lehnt, verliert Adam den Boden unter den Füßen. Evas Längenwachstum ist nur ein Symptom in einem Megatrend, der zu ächten scheint, was Männer am besten können: kämpfen, siegen, Schmerz verleugnen, Systeme bauen und Netzwerke durchklettern, imponieren und dominieren, Frauen verführen. Und vieles mehr.

Der Megatrend ›Männereinschüchterung‹ führt den Siegern in Phase drei ihrer Abschnittsplanung häufig die junge, anlehnungsbedürftige Gefährtin in Gestalt einer Riesin zu: Da kann es schon so aussehen, als lehne er sich an – was ja nie ganz falsch war: Er beugt das Knie, um am Jungbrunnen zu trinken. Horst-Eberhard Richter nimmt die Symptome ernster: Die Frauen haben sich entwickelt, die Männer nicht, lautet seine Diagnose. Die Frauen, so meint Richter, haben auf die männerdominierte Geschichte nicht einfach mit Anpassung an männliche Muster reagiert. Sie haben vielmehr ihre Stärken ausgebaut. Frauen so Richter, haben sich vervollkommnet, »Männer sind geblieben, was sie waren, unvollständige, sozusagen halbe Wesen«.[30]

Die allgemeine Entmutigung ist nicht nur männlichen Geschlechts; aus USA werden längst bekannte Befunde der Hormon- und Hirnforschung in neue Bestseller gepackt, die auch mutlosen Spätfeministinnen helfen sollen, ihre geringe Präsenz in den obersten Etagen der Macht als einen Vorsprung zu begreifen. Wir kennen dessen Text bereits: Menschen statt Dinge, Harmonie statt Wettbewerb, mehr freie Zeit sind die Ziele, hin-

30 DER SPIEGEL Nr. 40, 2006, S. 150.

Boss kennt sie schon, die unschlagbare Alphafrau: Nadelstreifen und Nonchalance, schmal geöffnete Bluse und offenes Haar, Dompteuse unentschlossener, halbbekleideter Männer.

ter denen Geld und Ruhm zurückbleiben – im *female brain* und im Frauenleben.

Die männliche Entmutigung beruht jedenfalls nicht auf der weiblichen Kapitulation vor früher verfochtenen Zielen. Kurios genug ist es, wie die Frauentrends nun auseinanderdriften: Bestseller zerschmettern die *political correctness* von gestern, die den Kampf um männliche Privilegien verlangte. Die neue Botschaft lautet: Weiblich bist du schon in den ersten 35 Tagen der Schwangerschaft; unentrinnbar weiblich bleibst du mit allen Wünschen und Talenten lebenslang. Und du, heute so mutloser männlicher Rabauke, bekommst deine erste Hormondusche schon als Embryo. Lange abgewehrtes Wissen, wie jeder Hormonforscher weiß, wird als *dernier cri* verkäuflich, weil die Beweise sich häufen: Das Leben fügt sich nicht der Ideologie.

Aber die Wirklichkeit ist komplizierter. Einige haben es vorausgesehen, was wir heute erleben, unter ihnen der Psychiater C. G. Jung, der vor fünfzig Jahren voraussagte: »So wird sich der Mann gezwungen sehen, ein Stück Weiblichkeit zu entwickeln, das heisst psychologisch und erotisch sehend zu werden, um nicht hoffnungslos und knabenhaft bewundernd der vorausgehenden Frau nacheifern zu müssen, auf die Gefahr hin, von ihr in die Tasche gesteckt zu werden.«[31] Der knabenhaft bewundernde Mann und die hoch aufgerichtet vorangehende Frau sind heute in den Werbe-Auftritten der Weltmarken für Mode allgegenwärtig – und sicher nicht, weil die Agenturen C. G. Jung gelesen haben.

Neue Frauen machen neue Männer. Wer, wie Hugo Boss, die Zukunftsfrau auf den Catwalk schickt, der führt auch die Männer in eine neue Dimension. Boss kennt sie bereits: die Businesswoman im Nadelstreifen, hochgewachsen, die wir in *business meetings* erst vereinzelt antreffen. »Boss Female« zertrümmert nebenbei das Klischee. Früher brauchten Frauen mehr Zeit, um startbereit zu sein. Die Zukunftsfrau bei Hugo Boss hat längst ihr Jackett übergestreift, während ER mit bloßem Oberkörper vergebens auf ihre Intuition für sein Outfit wartet.

---

31 DER SPIEGEL Nr. 40, 2006, S. 150.

Also kann er heute etwas ganz anderes machen, während sie ins Office geht. *Leasure*-Luxus zum Beispiel. Im Juni 2008 berauschte Boss in Florenz sein Publikum mit Männermodels in wüstenblonden Jacketts und T-Shirts in Abendsonnenorange: Sundowner in der afrikanischen Savanne.

Der Chefdesigner von »Boss Orange«, Andrea Cannelloni, inszeniert die Männerbefreiung. Kein Anzug ohne Jeansbegleitung, kein Topshot ohne *leisurewear*. »Female Boss«, die entspannte Businesslady, überrascht ihn schon wieder mit einem Rollenwechsel: Sie kommt im langen Musselinhemd, ironisches Zitat aus seiner Bürowelt, mit zartem Hohlsaum an den Kanten. Endlich, so sagt ihr hintergründiges Lächeln, dürfen wir beide alles.

Horst-Eberhard Richters mutloser Mann hat sich nicht lange mit seiner Niederlage aufgehalten. Er hat immer noch seine Testosteron-Ausstattung, die ihn stark genug macht, um Niederlagen in Siege umzuschreiben. Ja, er tritt gern als Knabe auf, lässt sich jedenfalls gern von knabenhaften Männern vertreten, wenn es um Lifestyle und Mode – und neuerdings immer häufiger um Düfte, Kosmetik und Jugend – geht, ganz wie bei den Frauen. Abgekupfert, nachgeeifert oder einfach endlich angekommen: Wen interessiert das? Verblüffend nur: Während Frauen als Autorinnen so etwas wie den *roll-back* vorbereiten, mit timiden Büchern über den »Mann als Standard«[32] im Frauenkopf, der ein Programm einblendet, das zu Frauen nicht passt, ist der Mann in Tausenden von Exemplaren in den weiblichen Gärten der Lüste angekommen: als *Beau*, als männliche Kopie der Venus von Milo schaumgeboren, als *Fleur du male* in raffinierter Anspielung auf Baudelaires *Fleurs du mal*, die Blumen des Bösen, bei Jean-Paul Gaultier aber englisch zu lesen: *male*, männliche Blumen des Bösen.

Glattrasierte Männerkörper sind ein Trend, von dem niemand genau weiß, ob er auf Frauenwünschen oder Männerträumen beruht; die Schönheitschirurgie betreut immer mehr männliche Kunden. Das knabenhafte Model, männlich, erscheint als androgyner Wettbewerber zu den linkischen Mädels, die wie Zwölf-

---

32 Vgl. Susan Pinker, *The Sexual Paradox*. New York 2008.

ER ruht im Blumenschaum, und er mag es: Im Zwischenreich, wo weibliche Privilegien von gestern die Männer von heute beglücken, amüsiert er sich mit dem Wortspiel aus Baudelaires *Fleurs du Mal*.

jährige wirken, ausgehungert und frierend erstarrt in den Kreationen für Reiche, während sie mit einwärts gekehrten Füßen wie die Ärmsten wirken – weil das der wahre Luxus ist: *Les fleurs du mal.* Dagegen sind die Knabengesichter bei Gucci *pour homme* oder Prada, bei Joop oder Boss produktabhängig verschlagen bis traumverloren, verlorene Söhne aus gutem Haus und Hinterhofjungs arbeiten hier an einem neuen männlichen Image. Während das Frauenleben immer schon strotzte vor Optionen, holen die Männer sich jetzt Optionen dazu – aus Frauenland. Aufstiegsverdächtig wirken nur wenige von diesen Jünglingen.

Immerhin: das *business behaviour* ihrer Kameraden draußen im wirklichen Leben beeinflusst sie.

Erwachsene Männer sind seltener geworden in der Modefotografie. Es geht einfach nicht: Das Duftwasser, die Bodylotion für die neue Männergeneration lässt sich nicht mit grauen Schläfen bewerben, weil die Produkte dort noch nicht angekommen sind. Der *dress code* fürs Büro wird ab und zu von ausgewachsenen Herren gezeigt – aber nur bei *low-level*-Marken, nicht im Weltmarkensegment. Businessmode aus dem Kaufhaus wirbt mit Erwachsenen; Luxuslabels zeigen Jünglinge mit fragenden Augen und schmollendem Mund.

Der entmutigte Mann wird als ›sanfter Held‹ umworben. Er soll sich ›femininer kleiden‹, meinen die Designer mit Weltgeltung. Lacksandalen und weiche Silhouetten sollen den Sommer 2008 bestimmen. Beobachter sagen: »Männer müssen sich auf das Ende der Männlichkeit einstellen.«

Dass es ›nur‹ die Mode ist, die so mit den Männern umgeht, kann niemand mehr behaupten, der das Alltagsleben betrachtet. Männer erweitern ihre Optionen und bedienen sich dabei im weiblichen Terrain. Keine Frau färbt ihr Haar so raffiniert wie die Männer und ihre kundigen Ratgeber bei Starfriseuren es zeigen. Während Frauen pedantisch Braun oder Blond nachordern, geben Männer altersgerechte Wunderwerke in Auftrag: Oberkopf in sattem Dunkelblond, sanft aufgehellt in Richtung Schläfen und Hinterkopf; hier dann das naturbelassene erste Denkergrau, das sich zwanglos unter dem Braun der Karrierejahre einen schmalen ersten Auftritt verschafft. Ältere Herren kann man mit einer dunklen Blaugrau-Variante auf dem noch nicht ergraut gewünschten Schädel im Zusammenspiel mit einem silbrigen Schläfenweiß erleben; beides zu ergänzen durch eine sonnengebräunte Haut.

Es wird Zeit, dass wir die Frauen warnen: Eure Konzepte für den Umgang mit eurer Haarbiographie werden vom männlichen Know-how bereits übertroffen. Es gilt, was überall gilt: mehr Wettbewerber, mehr Konkurrenz. Und die Männer sind als Eroberer im weiblichen Gelände unterwegs. Es geht nicht mehr um die Frauen als Hüterinnen von Geheimrezepten, sondern es geht um Know-how, um Techniken und Produkte und Methoden, die nicht länger exklusiver Frauenbesitz bleiben.

Sind die sanften nun tatsächlich die mutlosen Helden? Sind die vom weiblichen Aufbruch überraschten Männer nur mit dem Leugnen ihrer Ratlosigkeit beschäftigt, oder haben sie schon begonnen zu profitieren? Kontern sie das Abrücken der Frauen aus der Hilflosigkeitspose mit einem lustvollen Einmarsch in das Frauenlager, wo es so viel zu plündern gibt, dass die Männer um soviel reicher herauskommen als beide, Männer und Frauen, ahnen konnten?

Sind die zahllosen professionellen Köche in den Wohnungen moderner Paare oder Singles nicht ebenfalls Profiteure des weiblichen Aufbruchs? Seit die Küche nicht mehr Frauendomäne ist, entwickelt sie sich zum kreativen Kommunikationsfeld, auf dem beide sich von der virtuellen Bürowelt erholen. Ist ein junger Vater, der vom ersten Tag an sein Baby kennt und kleidet, wickelt, trägt, nachts seinen Atem spürt, nicht sehr im Vorteil neben einem, der im ganzen ersten Lebensjahr des Kindes hilfloser Zuschauer bleibt? Auch das wird es sein, was Horst-Eberhard Richter meint, wenn er die »Vervollkommnung« der Männer einklagt.

Was wirklich geschieht, ist durchaus strittig: Sind die glatthäutigen Flaconschnüffler und Kosmetikfans tatsächlich ›vollkommener‹ als ihre Väter und Chefs? Das neue Männerbild, wie es die Medien transportieren, feiert den Triumph des Unfertigen: Adoleszenz, der Verweigerer des Erwachsenwerdens, tritt als Trendbote der männlichen Zukunft auf. Die harten Krieger umkreisen zwar weiter den Erdball, aber das offizielle Portrait des weiblich infizierten Mannes zeigt laszive Züge. In der – neben

Deutlicher kann man es nicht sagen: Die *life attitude* der Männer verändert sich. Ob schon Rodins Denkerpose einem Duftwasser galt, ist nicht überliefert.

dem Kochen, wo geschmackssensible Männergaumen dominieren – häufigsten Gattung von Fernsehfilmen, dem Krimi, greifen inzwischen mehr Frauen zur Waffe als Männer. Der androgyne Mann als Kommissar beeilt sich, sein verwundbares Herz und seine gescheiterte *privacy* vorzuzeigen. Wenn er als Chef der Mordkommission schon hart sein muss, so verwöhnt er sein Publikum durch Schwächeanfälle, Fahndungsfehler und flächendeckende private Inkompetenz. Androgyn treten auch einige von seinen weiblichen Wettbewerbern im Fahndungsbusiness auf: Ulrike Folkerts, Maria Furtwängler, selbst Hannelore Hoger arbeiten und leben mit einem Fuß im Nachbarterrain: So überschneiden sich ihre Portraits, die der Männer mit denen der Frauen, weil wechselseitige Landnahme der herrschende Trend ist. Selbst James Bond ist nicht mehr so eindimensional Mann, wie er früher war; sein geringschätziger Umgang mit Frauen ist ab sofort Vergangenheit.

Nicht die Vervollkommnung, sondern die Umerziehung der Männer ist das Großprogramm, das kaum Entrinnen zulässt, meint Norbert Bolz. Er nimmt an, die Aufweichung des männlichen *Power*-Profils sei ein spätes Diktat des Feminismus. Der »Mut zur Männlichkeit« sei das, »was heute nottut«.[33] Wenn zur Männlichkeit Mut gehört, dann gibt Bolz offenbar zu, dass sich eine Selbstverständlichkeit zur Gefahrenzone entwickelt hat – Männlichkeit als Mutprobe. Bolz, der mutige Vertreter mutloser Männer, zeigt sich hier selbst als entmutigter Mann. Die Nummer eins der Weltgeschichte so einzuschüchtern, dazu gehört sicher mehr als eine weibliche Umerziehungs-Liga. Der mutlose Mann ist in seiner Selbsteinschätzung erschüttert, nicht weil Frauen den Zeigefinger heben, sondern weil sie ihre Abhängigkeit von seinen Urteilen und Ideen, vor allem aber ihre Anlehnungsbedürftigkeit aufgeben.

Wie die Trends sich kreuzen, ist das eigentliche Rätsel. Keiner der hypersensiblen Knaben, die auch in knallharten Jobs den Nachwuchs stellen, klagt seine Abwendung von tradierten

---

33 Norbert Bolz, »Die Umerziehung der Männer«, in: *Frankfurter Allgemeine Sonntagszeitung* vom 8.4.2007, S. 13.

Männlichkeitsidealen bei den Frauen ein. Männer machen ihre Schwächeanfälle mit sich selbst aus, so könnte eine Erklärung lauten. Männer kommen gar nicht auf die Idee, dass Frauen so mächtig sein könnten, das männliche Selbstbild ins Gegenteil zu verkehren, eine zweite. Und die dritte Erklärung: Männer haben einfach keine Lust mehr auf Härte – das Leben ist hart genug. Alle drei Erklärungen treffen zu. So erscheint der Aufbruch der Frauen nicht einfach kausal für den männlichen Hang zur Unfertigkeit. Was Männer entmutigt, ermutigt die Frauen: dass die Luft voller Zweifel, die Schlachtfelder der Businesshelden voller Opfer sind und die Bilanzen der Weltcompanies ein wachsendes Gebirge von Niederlagen: Das ist Frauenzeit, *it's Alphatime*, so spüren die Besten unter ihnen, es ist Zeit für den Aufbruch all jener, die gestern nicht beteiligt waren, als die Fehlerquoten ins Steigen gerieten.

Kaum eine ›verbrannte‹ Frau ist auf der Weltbühne der Alphatiere unterwegs. Die Frau ist historisch so jung, so neu in dieser Krise, dass sie leichtfüßig zupacken kann. Null Energieverbrauch für Rechtfertigungen der Fehlleistungen von gestern: Es gibt sie nicht.

Unvollendete Männer im Gegenwind

Während die Frauen einsteigen, steigen viele Männer aus. Sie räumen ihre Plätze nicht, aber sie lavieren timide mit verbrannten Händen in der Asche abgefackelter Träume. Und der Zeitgeist kommt ihnen entgegen, wenn sie weniger ›Biss‹ zeigen: Der sanfte Mann beschwichtigt die Rachegelüste all jener Mitbetroffenen, deren Aktienpakete hinschmelzen, während im *closed shop* der Gierigen immer noch Gewinne gebaggert werden, die nicht gemacht wurden.

Männer im Gegenwind: Immer mehr von ihnen lassen sich vom Friseur die Haare über der Stirn hochbürsten, um sturmerprobt zu wirken. Dass sie im Profil wie Schulbuben aussehen, die eine Karikatur des Männlichen liefern, bleibt den meisten von ihnen verborgen. Einige von den ›Männern im Gegenwind‹ haben es schon bis in gute Mittelfeldpositionen geschafft, aber ihre Trennung von der schülerhaften Stehhaarkante über der Stirn scheint ein schwieriger Ablösungsprozess zu sein. Keine Frau berät sie; die Frauen sind grausamer geworden, seit sie sich von unerbetenen Betreuungsleistungen nichts mehr versprechen. Die weibliche Realitätstüchtigkeit lässt Männer auch auf ihren Irrwegen nun häufiger allein. Wer genau hinschaut, entdeckt eine neue Parität: Männer haben schon lange aufgehört, ihre botoxversessenen Frauen mit dem Hinweis zu erschrecken, dass sie ihren Freundinnen zum Verwechseln ähnlich sehen. Nur die Motive sind verschieden: Männer meiden Beziehungsstress, wenn sie ihre Wahrnehmung auf Sparflamme schalten. Frauen werden immer noch überflutet von Eindrücken, aber sie sortieren besser.

Nur die stärksten Marken leisten sich einen raffinierten Mix zwischen dem Heimweh vieler Männer nach dem, was ein Mann einmal war – hart, verschlossen, immun gegen Einsprüche und Schmeicheleien – und dem, was, von wem auch immer kreiert, das neue Knabenideal verlangt. Das Kunststück, an dem sich viele versuchen, verlangt ja einen ähnlichen Drahtseilakt: Der neue Idealtyp des unvollendeten Mannes muss ohne Verluste an ›Männlichkeit‹ in eine eben noch weiblich definierte Produktwelt gestellt werden. Männer und Düfte, Männer und Crèmes, ein heikles neues Spiel, das zumindest Frauen spöttisch lächeln lässt. Aber das Geschäft läuft. ›Skin minerals‹ von Armani, Puder der Linie ›Monsieur‹ von Jean-Paul Gaultier, ›Boss skin‹ mit ›Shine Control‹ von Hugo Boss locken Männer in eine neue Art der Selbstbeschäftigung – ganz wie wir sie von Frauen kennen. Die bärenstarke Marke Davidoff zeigt den jugendlichen Visionär vor surrenden Propellern, während ›Silver Shadow Altitude‹, das Duftwasser im Bild, an den legendären Rolls Royce erinnert. Der Mann hat mehr vor, als gut zu duften; er bemerkt das Produkt gar nicht. Das beste Beispiel, wie der komplizierte Mix von Botschaften an den zartbesaiteten neuen Mann mit Überfliegerträumen inszeniert werden kann.

Unbefangen Mann sein, das kann kaum noch einer. Die letzten Macho-Nischen sind in der Unterschicht, wo auch die Frauen mitspielen: Männer schlagen sich, und gelegentlich schlagen sie auch ihre Frauen – *so what*. Bei den *upper ten* macht sich unterdessen das Heimweh breit: Eben von einem klassischen Macho verlassen, sprechen die Partyfrauen immer häufiger von »Kerlen«, die rar geworden seien. Auf Frauenwünsche kann sich der unvollendete Mann also nicht direkt berufen. Der Verlust der Unbefangenheit bei Männern geht eben nicht geradlinig auf den großen Feldzug der Frauen gegen die Männer, den Feminismus, zurück. Die erschrockene Anpassungsbereitschaft der Männer an feministische Thesen hätte uns bereits zeigen können: Hier war synchron mit dem Wutausbruch der Frauen eine männliche Unlust zur Verteidigung der Vorherrschaft im Spiel. Auch Männern reicht es nicht, nur von Männern bewundert zu werden. Sie wollen Bewunderung von Frauen. Schon Schuljungen versagen, wenn ihnen nicht ›von oben‹ bescheinigt wird, dass man ihnen etwas zutraut.[34]

---

34 Siehe S. 175–184.

Rolls-Royce-Zitat vor Flugpropeller, Stirnhaar im Gegenwind – und ein Duftwasser, das wie der Rolls Royce heißt: Das ist der raffinierte Mix von alter und neuer Männerwelt, den Davidoff präsentiert.

Die Zustimmung der Kameraden reicht nicht; die Antriebslage der kleinen Rabauken, die natürlich Androgene produzieren, reicht ebenfalls nicht: Der Lehrer, der Vater soll ihr Selbstvertrauen stärken. Die Mädchen in der Klasse sollen aufschauen oder wenigstens ängstlich auf Abstand gehen, damit der kleine *fighter* sich stark fühlt: begehrenswert und zum Fürchten; er braucht beides. Die Wissenschaft hat sich von diesem Ergebnis immer noch nicht erholt: So leicht ist es, Jungen zu entmutigen. So leicht ist es, den unvollendeten Mann zu erziehen, der fünf Hemdknöpfe offen trägt wie die Bürokolleginnen ihre Blusen. Er ist nicht sicher, wo er hingehört, seit das öffentliche Echo, gelenkt und spontan, Mut bei Männern verdächtig, bei Frauen dagegen schon ein Fünkchen Risikobereitschaft betörend findet. Seit Mittelmaß zur gefeierten Norm geworden ist, räumen die fleißigen Frauen ab – als Erbinnen oder mäßig erfolgreiche Gründerinnen werden sie gefeiert.

Kühne Entwürfe männlichen Zorns, die häufig zu Abstürzen führen, honoriert niemand. Männlichkeit als Risikotrip will in Europa kaum einer sehen. Frauen triumphieren mit Langweiler-Companies, während die wilden Höhenflüge junger Ikarusse als Verschwendung von Ressourcen verhöhnt werden. *Trial and error*, das Modell Erfolgssuche mit Verlustbereitschaft, steht nicht mehr hoch im Kurs, seit Gleichheit und Bürokratenherrschaft die Staatswirtschaft bestimmen. Gleichheit als Staatsdiktat ist für Männer entmutigender als für Frauen. Wer sich als Wettbewerber erfahren will, wie die meisten Männer, sieht sich gelähmt von hundert Sanktionen im Alltag, die ihn für jedes erreichte Wettbewerbsziel bestrafen: Sanktionen gegen das Verschiedensein. Wettbewerber leben von der Lust, Verschiedenheit zu klären. Vorsprünge machen Verschiedenheit sichtbar. Ein Staat, der Vorsprünge sofort unter dem Gleichheitsmotto egalisiert, entmutigt und entmachtet das männliche Potential. So leben Männer heute nicht unter der gläsernen, sondern unter einer bleiernen Decke, die ihren Tatendrang lähmt. Das Mittel ist einfach: der Entzug von Belohnungen für Spitzenleistung.

Auch aus diesem Männernachteil ergibt sich ein Vorteil für Frauen: Ihre Bereitschaft zur Anpassung wird als Leistung honoriert – während sie häufig höhere Leistung verhindert. Auf diese Weise bestätigt das Konzept der erzwungenen Gleichheit weibliche Talente. Mehr noch: Es entmutigt Männer so gründlich, dass sie auf traditionell weibliche Wohlfühltechniken ausweichen: warmes Bad statt Wutanfall, Wellness-Studio statt abendlicher Grübelstunden im Büro. Einiges spricht dafür, dass es nur ein Interim ist, das Männer bei den Düften und Cremes rasten lässt. Ihr Comeback ist mit einer Vorhut bereits unterwegs.[35] Männer können nicht lange ohne Siege leben. Und das Vergnügen der Frauen an ihren männlichen Kollegen nimmt natürlich ab, wenn diese zur schlechten Kopie von Weiblichkeit werden.

Was der neue Weiblichkeitswahn gebracht hat, ist für beide, Männer und Frauen, tatsächlich nur als Interimseffekt zu verstehen, weil beide, bliebe es dabei, nicht profitieren könnten: Männer müssen sich entschuldigen, wenn sie männlich sind, und Frauen sollen sich entschuldigen, wenn sie weiblich sind. Das macht beide nicht glücklich.

Beide sind damit beschäftigt, die Vorzüge ihrer neuen Lage von den Nachteilen zu trennen – und nur die Vorteile zu behalten. Die neuen *mindsets*, an denen beide arbeiten, sind reichhaltiger als die früheren. Die Streifzüge im Terrain des jeweils anderen bringen üppige Beute für beide. Da fallen die Tabus wie Dominosteine: Krafttraining für Frauen, Hingabe an Babykunde für Männer, unterkühlte Börsenkommentare von Frauen, professionelle Analysen zu neuen *fashion*-Trends von Männern, amüsierte Beobachtungen zum ›Gefangenenchor‹ vom aufstrebenden Angestellten, der mittags uniformiert aus den Toren der Banktowers quillt, um sich dort mit dem Sklaventrupp der benachbarten ›Heuschrecke‹ zu mischen: gleiche Gebärdensprache, gleiche Drillschäden im Habitus – darüber lachen dann beide, Männer und Frauen. Zwischen denen, die ins Offene wollen, weg aus den Rollenklischees, entsteht eine neue Komplizenschaft. Die wird auch den unvollendeten Mann wieder heilen.

Noch sammelt der Unvollendete Kräfte; Männlichkeit ist ein anstrengendes Programm, egal ob Härte oder Sanftmut verlangt

35 Siehe das Kapitel »Das Comeback der Männer«, S. 222–229.

Er greift zu ihren Waffen: die wechselseitige Landnahme schreitet fort.

wird. Einstweilen sehen die neuen Vorträumer noch aus wie der *David* von Michelangelo, Harfenspieler mit der Schleuder, hin und her gerissen zwischen Künstler und Krieger. Die neuen Frauen verwirren ihn, weil sie etwas von frühreifen Knaben haben, ohne Konkurrenten zu sein, wie er sie kennt. Parzival weiblich gibt es nicht, das wissen sogar die Männer, die seine Geschichte gar nicht kennen.

Gab es gestern noch das geflügelte Wort von den »Waffen einer Frau« – heute auf dem *political-correctness*-Index –, so philosophieren die Anbieter heute über ›die Waffen des Mannes‹; wer nun gespannt ist, ob die Geld, Geist oder Macht heißen, findet wieder nur ein Duftwasser: *Gran Valor* von TABAC. Haben wir ihn endlich gefunden, den Mann in Denkerpose à la Rodin, Profil kaum sichtbar, schwer in der Hand ruhendes Kinn und hinter seiner starken Schulter ein Feuerzeug – für Geistesblitze? Nein, weit gefehlt. Es ist wieder nur ein Sprühflacon: »Der neue Duft für den Mann« von Giorgio Armani, *Attitude* heißt er. Das Missverständnis mit dem kleinen Flammenwerfer ist sicher gewollt.

Das Publikum übrigens nörgelt immer. Obwohl beide, Männer und Frauen, dieses Laster teilen, leiden sie als Opfer darunter. Doziert sie über die Finanzkrise, wird über den Verlust ihrer Weiblichkeit geklagt. Zeigt sie sich als Kennerin letzter Modetrends, wird sie als *fashion victim* verspottet. Sinniert er über *Burn-out*-Syndrom und Galeerensklaven in Konzernen, flüstern die Zuhörer einander zu: Karriereknick Richtung Softy? Erklärt er dagegen Belastbarkeit zur überlegenen Führungsqualifikation vor Herzenswärme, ist der Verdacht, er sei ein schlecht getarnter Macho, unabweisbar. Das Publikum wünscht Schwarzweißbilder. Und es verlangt die Lizenz, sich beim Begreifen neuer Lagen zu verspäten. Darum sind die unbeirrbaren Piloten des Wandels so wichtig.

Auch der unvollendete Mann ist so einer: Pilot des Wandels. Er muss nicht mehr den Helden geben, das macht ihn frei fürs Zuschauen: Frauen sind anders, hat er verstanden. Sogar anders, als sie selber meinen. Wer nicht dauernd mit sich selbst beschäftigt ist, wie die Helden aus dem Imponierstück vom vollendeten Mann, hat viel Zeit, neue Lektionen zu lernen: die von der neuen Frau zum Beispiel, die sich selbst noch nicht begriffen hat.

Der junge Unvollendete hat die besten Chancen, als erster an ihrer Seite zu sein, wenn sie erwachen aus dem bösen Traum, Frauen müssten immer die Männer vorbeiziehen lassen. Der unvollendete Mann ist ihr soviel ähnlicher, als sie ahnte: Auch er hat soeben einen Boden unter den Füßen verloren, der gar nicht seiner, sondern der seiner Väter war. Zwei Entwurzelte beginnen neu; sie, die aus der Opferrolle zur Täterin wechselt, und er, der aus der Täterrolle Richtung Opferrolle driftet – stünde sie da nicht im Weg, um ihn aufzuhalten.

IX MÄNNERGHETTO IN EINER WEIBLICHEN WELT

Die Männerbilder der Männer – Traum und Wirklichkeit

Männlich sein in einer weniger männlichen Welt – wie geht das? Die Störung fühlen sie alle, aber ihre Träume vom Mannsein, wie es wäre, wenn man in einer männerfreundlichen Welt lebte, wollen sie alle nicht aufgeben.

Männer haben ein klares *mindset*, was es heißt, ein Mann zu sein. Dennoch spüren sie eine Unsicherheit, die ihre Väter noch nicht kannten. »Das Männerbild erodiert und ist diffus geworden. Die alten Rollen taugen nicht mehr so richtig und neue – die auch verbindlich wären – existieren noch nicht«, sagen die Forscher Winter und Holstein aus Tübingen und Bremen.[36]

Und wie sehen Frauen sich selbst? Was steht in ihrem *mindset* geschrieben, wie ein Frauenleben sein muss, was sie erreichen wollen, um mit sich ›als Frau‹ zufrieden zu sein? Die renommierte Agentur Springer & Jacoby, die 2008 die Studie *Männerzeiten* lieferte, die männliche Selbstentwürfe zum Thema hat, antwortet auf die Frage zum weiblichen Gegenstück: »Daran haben wir noch gar nicht gedacht.«

Schon die Startfrage der Studie: »Wann ist ein Mann ein Mann, oder was ist eigentlich noch wirklich männlich?« lässt sich kaum so an Frauen richten: »Wann ist eine Frau eine Frau, oder was ist heute eigentlich noch wirklich weiblich?« – Im besten Fall lachen beide über die falsch gestellte Frage, Frauen und Männer. Bei weniger gut gelaunten Leuten gibt es Ärger: Die Frauen fühlen sich angegriffen, und die Männer, als Sklaven der

36 Vgl. Springer & Jacoby, *Männerzeiten*. Studie Mai-September 2007. Hamburg 2008.

political correctness, seufzen nostalgisch oder versuchen zu beschwichtigen. Deutlicher kann man die unterschiedlichen Startpositionen nicht beschreiben, die Männer und Frauen wählen, wenn man ihre *mindsets* so nebeneinander stellt. Für Männer ist das eine klare Frage, was denn nun männlich sei, heute, während die Bilder ins Schwimmen kommen, weil die Wirklichkeit sich wandelt. Für Frauen sieht das anders aus. Wer sie naiv fragt, was ›weiblich‹ sei, rührt an turbulente Emotionen, weil im Selbstbild der Frauen die Revolution läuft: Heimweh mischt sich mit Aufbruchszorn, Verlustgefühle kämpfen gegen Gewinnversprechen. Nur die Alphafrauen haben den Kopf bereits frei und wissen: Es lohnt sich, die Hohe Schule der Weiblichkeit zu genießen und nie mehr selbstinszenierte Verliererrollen zu spielen.

Erst in den neu eroberten Regionen, die das Alphatraining erschließt, kommen urplötzlich Deckungsbilder zustande, in denen der Befreiungsstress der Frauen keine Rolle mehr spielt: Die von Männern geschätzten Primärtugenden Stärke, Mut und Kraft gelten für jeden erfolgreichen Weg, auch wenn spontan erst wenige Frauen diese Tugenden als ›weibliche‹ Erfolgsfaktoren nennen. Das Attribut ›weiblich‹, sagen die klügsten Frauen, ist hier überflüssig, und der Besitzanspruch der Männer auf diese zeitlos unentbehrlichen Eigenschaften kann nur mit dem – ›männlichen‹ – Geltungsdrang erklärt werden.

Sorry, können die Männer antworten, wir haben von den Frauen bisher nichts dazu gehört, also gehörten diese Ideale uns. ›Macht und Ehrgeiz‹ seien immerhin Männerziel und Männerwerkzeug, um auf die exponierten Plätze zu steigen, die für die Starken und Mutigen reserviert seien. Männer texten ihre Bedeutung gern, um den Hormonspiegel hochzuhalten. Frauen lernen soeben, nicht nur zu machen, was Mut und Kraft verlangt, sondern auch gelegentlich darüber zu reden.

Das ist wichtiger, als Frauen wissen: Rede von deinen Fähigkeiten und Taten; lass das Ressentiment gegen männliche Großmäuler beiseite, die wie ihre Vorfahren den eigenen Kampfesmut durch Schmähreden gegen gedachte oder wirkliche Gegner hochfahren, den eigenen Machtanspruch rhetorisch illustrieren, um an die eigene Unverwundbarkeit zu glauben. Alphafrauen wissen, dass ihre Überlegenheit nicht darin bestehen kann, die

Maulhelden zu verunsichern. Der weibliche Umgang mit den Zornreserven im Stammhirn, die für große Siege gebraucht werden, kostet weniger Energie und läuft *undercover*, was für Arglosigkeit beim Gegner sorgt und den Sieg sicherer macht.[37]

Die Dissonanz bei den *mindsets* entlarven wir spätestens an dieser Stelle als harmlos für den Siegeszug der Frauen: Männer leben mit veralteten Männeridealen, die erst flüchtig vom neuen Wind des Wandels berührt werden. Die *mindmap* der Frauen verzeichnet die Neuentdeckungen im weiblichen Rollenbild noch nicht, weil die Partisaninnen ihre Arbeit machen, statt rhetorische Auftritte zu inszenieren. Das neue Frauenportrait wird gelebt; die Textskizze dazu wird nachgereicht. Was für Feministinnen noch Anlass zur Empörung war, amüsiert ihre erstarkten Töchter und Enkelinnen heute: Die Selbstüberschätzung der Männer steht immerhin als strategische Maßnahme mit Ermutigungseffekt der strategischen Selbstunterschätzung der Frauen gegenüber – die als Appell gemeint war und niemanden erreichte. Da ist eine Portion futuristische Selbstbetrachtung schon nützlicher, wie die erfolgreichen Frauen wissen. Sich künftig besser einzuschätzen als heute, ist in hohem Maße realistisch, das ist der erste Vorteil. Und es wirkt als Ansporn: Decke deine Prognose ab!

›Eindimensional‹ und ›roh‹ nennen Männer sich auch in der Studie von Springer & Jacoby – und liefern die nächste Lektion für Frauen, die noch nicht ganz von heute sind: Aggressiv seien sie auch, aber das alles sei eher unter männlicher *toughness* zu verbuchen. Wenn Männer ihresgleichen bewerten, dann gilt immer die euphemistische Variante, und die geben sie, um sicherzugehen, selbst vor. Wer will da noch als Spielverderber auftreten? Frauen lernen das noch: ihr Idealprofil, stark überhöht, ins Gespräch zu bringen – und verbindlich zu machen. Genau das lehrt die Hohe Schule für Alphafrauen. Ihre Kurse laufen überall dort, wo Alphafrauen unterwegs sind.

Blättern wir das schmale Schwächenkapitel der Männer auf, wie Springer & Jacoby es notiert, dann erscheinen dort genau jene strategischen Schwächen, die Frauen gern für sich besetzen,

---

37 Zum weiblichen Umgang mit den Reserven im Stammhirn siehe S. 246–251.

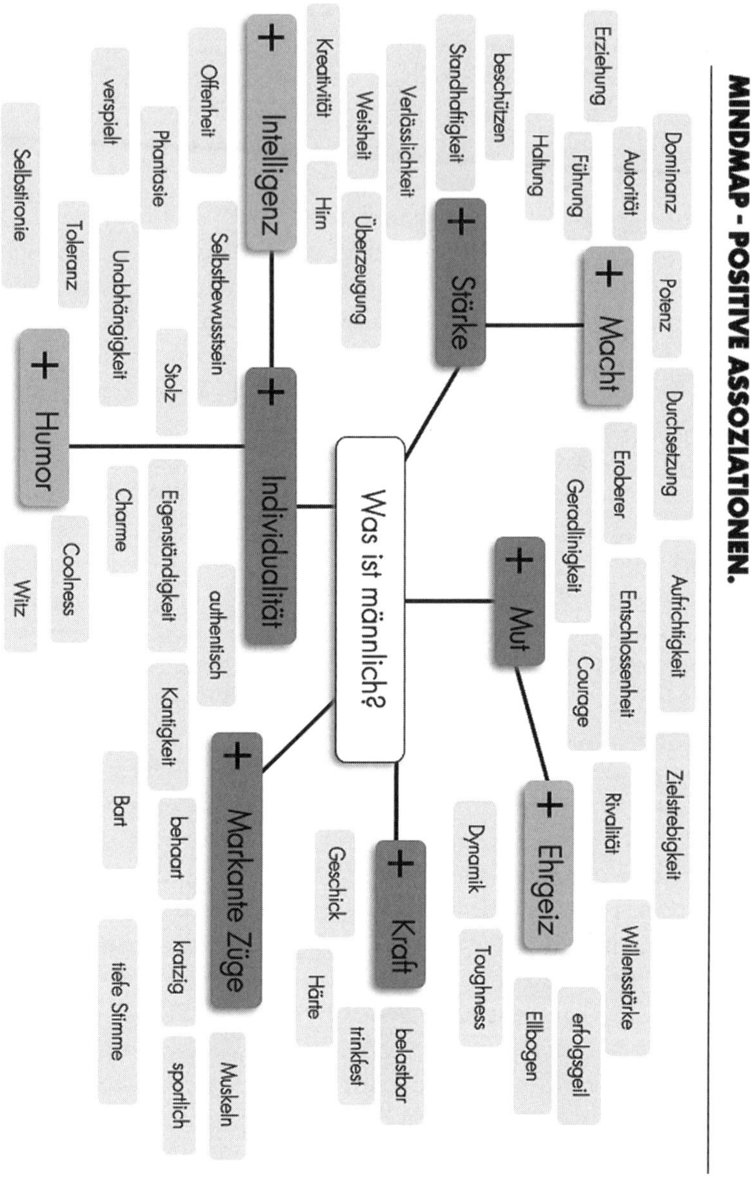

Springer & Jacoby, *Männerzeiten*. Studie Hamburg 2008.

um das *underdog*-Programm durchzusetzen. Der Schwächenkatalog der Männer verzeichnet Ängste, Unsicherheit und die Unfähigkeit, Gefühle zu verbergen. Es gibt immer noch Frauen, die versuchen, Zuwendung und Interesse zu erzwingen, indem sie – sich ängstigen. Sie glauben, dem ›starken Mann‹ eine Schmeichelei zu liefern, aus der sie Kapital schlagen können, wenn sie sich unsicher zeigen. Und sie sprengen jede *privacy*-Spielregel durch überfallartige Gefühlsentladungen.

Warum keines der gedachten Ziele dabei erreicht wird, kann man in diesem Buch nachlesen.[38] Und natürlich geht es keineswegs darum, Gefühle zu unterdrücken, wie die traditionelle männliche Lehre lautet. Im Gegenteil sind es die Frauen, die den strategischen Umgang mit Emotionen lehren können, wenn sie das Laster abgelegt haben, den eindimensionalen Kollegenkopf mit unerbetenen Bekenntnissen zu fluten. Immer mehr Frauen erkennen ihre Chance, aus Opferpower wahre Power im Dialog zu machen.

Die Männer fühlen in diesem Dialog sehr wohl, dass ihre Idee vom Archetyp Mann, der Mut und Kraft durch Taten beweist, kaum noch gefragt ist. Die Studie von Springer & Jacoby spricht von der »Ghettoisierung der Männlichkeit«.

Männer und Frauen haben also ein sehr verschiedenes Problem in der Welt der abgeleiteten Mut- und Kraftbeweise, die das Zuschlagen ächtet und brutale Härte in die Meta-Ebene abdrängt: Er hat eine starke, archaische Idee von sich selbst, die nicht mehr ausgelebt werden darf; sie dagegen lehnt nicht nur die archaischen, sondern auch die viel jüngeren Frauenbilder entschieden ab. Sie holt sich, was wer auch immer ihr vorenthalten hat – das Recht mitzuspielen auf den männerlastigen Bühnen, aber auch jenes, seine starke Gegenspielerin zu sein. Nicht nur er, auch sie hat viel zu verlieren, denn in ihrem Ghetto gab es auch Privilegien,[39] von denen sie sich ungern trennt.

Er lebt im Ghetto, während sie das ihrige verlässt: So betrachtet, ist sie auf dem Vormarsch und er auf dem Rückzug. Aber

---

38 Siehe dazu S. 67–72.

39 Zu Privilegien und Lastern siehe S. 45–53.

das männliche Antriebsniveau schafft auch im Ghetto neue Inszenierungen von Männlichkeit – die freilich viele quasi weibliche Beimischungen zeigen.

Unter zehn Männertypen, die Springer & Jacoby identifiziert, steht er auf Platz eins: der schöne Mann. An der Hand seiner Werbepartner Chanel, Armani, Boss und Co. ist er im weiblichen Terrain unterwegs. Glattrasiert sehen die sanften Hügel und Täler eines muskulösen Körpers eben noch ästhetischer aus, das müsste Frauen gefallen, so meint der Schöne. Er ist Narziss, der in sich selbst Verliebte, perfekt gepflegt und, wie er meint, sehr attraktiv für Frauen. Unter Männern hat er weniger Verehrer: »Ich hasse diese Typen!« sagen besonders viele 25- bis 34-jährige Männer. Die jüngeren sind unschlüssig, ob sie so nach Parfum duften wollen wie diese Typen. Aber sie sind sicher: Frauen mögen solche Männer. Ob sie recht haben, ist noch zu ermitteln. Aber auch Männer jenseits der 35 bis 49 Jahre finden zuviel ›Perfektion‹ ›irgendwie nicht sehr männlich‹; Frauen, so vermuten sie, ›finden den Typ toll‹.

Frauen mögen, was Männer an ihresgleichen nicht mögen, so das Fazit. Ob Frauen tatsächlich den duftenden Schönen so attraktiv finden, bleibt offen. Dass so viele Männer ihn ablehnen, obwohl sie meinen, er habe leichtes Spiel bei Frauen, hat wahrscheinlich einen verschwiegenen Grund: Sie sehen ihre eigene Chance, bei den Glatten und Perfekten mitzuspielen, als gering an.

Hätten die 2007 befragten Männer aber schon gewusst, was uns heute, 2008, die Forschung präsentiert, würden sie in ihrer Ablehnung gegenüber ihren ›schönen‹ Kumpels unsicher werden: Schöne Männer verdienen mehr, lautet die überraschende Botschaft. Und das Staunen geht weiter: Für die Karriere von Männern spielt ihre Schönheit eine größere Rolle als bei Frauen. Frauenschönheit, wie sie heute verstanden wird – zarter Körperbau, kleine Nase –, ist für Toppositionen sogar kontraproduktiv, Weil sie mit den *mindsets* für Durchsetzungsfähigkeit (markante Gesichtszüge) und Dominanz (kräftige Hände, ausgeprägtes Profil) kollidiert, so die Forscher der Columbia University. Das ist auch eine Botschaft an die Schönheitschirurgen, die ihre Klientinnen immer verwechselbarer mit immer kleineren Nasen *step by step* in die Bedeutungslosigkeit operieren.

Die Schönheitschirurgie hat aber auch immer mehr männliche Kunden. Die freilich lassen sich nach den archaischen Männlichkeitsidealen die Wangenknochen betonen, Kinn und Brauenbogen stärker modellieren. Getönte Augenbrauen sind längst nicht mehr nur bei ›schönen‹ Männern zu beobachten, sondern als amüsante Akzente in vielen öffentlichen Männergesichtern zu beobachten.

Frauen fügen sich beim Schönheitschirurgen einem Weiblichkeitsideal von vorgestern, wenn sie gepolsterte Bäckchen und ein puppenkleines Näschen mit auf die nächste Party nehmen. Was bei ihnen ein Rückfall in ein Frauenideal ist, dem sie als Feministinnen zunächst entkommen waren, ist für Männer die Heimkehr zu archaischen Träumen vom harten Mann, der nur noch aggressiv aussehen darf – aber immerhin.

Der schöne Mann nimmt dagegen auch homoerotische Signale in seinen Auftritt: Sein Sinn für das Schöne überschneidet sich mit Fraueninteressen, und sein häufig knabenhafter Habitus sagt überdeutlich: Streichle mich, meine Schönheit braucht Schutz. So verteilen sich Männer im früher verschlossenen weiblichen Gelände.

Beachboys und *beachgirls*, Stereotypen für Sorglosigkeit, Ungebundenheit und jugendliche Leichtigkeit, bespielen unbekümmert gemeinsame Schauplätze. Der junge männliche Typ *beachboy* gilt als Frauentyp; aber schon die 25-Jährigen finden ihn unrealistisch. Auf *cool* getrimmt, ohne eigene Leistung als Tagträumer unterwegs zu sein, das finden die meisten Mittzwanziger schon »nicht mehr relevant« für sich selbst. Eine flüchtige Rolle, von der sich Männer und Frauen sicher Verschiedenes versprechen. Das *beachgirl* wird sich mit dem *beachboy* langfristig seine Wünsche nicht erfüllen können. Wann sie zum älteren Playboy überwechselt, ist nicht belegt. »Alter und Kohle«, sagt Typ drei in Springers Studie, der *Connaisseur*, »macht attraktiv für Frauen.« Und die Zuschauer des Konzepts ›Schönheit‹ bilanzieren zufrieden: »Da spielt Schönheit dann gar keine Rolle mehr.«

Ob diese Diagnose bald auch für erfolgreiche Frauen gilt? Einzelfälle machen noch keinen Trend, aber die Frage bleibt spannend: Genügt es irgendwann auch für die Attraktivität von

Frauen, erfolgreich und wohlhabend zu sein? Was die Männer der Kategorie *Connaisseur* begehrenswert macht, kann ohne weiteres auch für Frauen gelten – wenn wir unsere *mindsets*, in denen die Objektfrau[40] allein durch Jugend attraktiv ist, geändert haben werden. »Reif und entspannt«, sagen die Bewunderer, mit Macht ausgestattet, über den Dingen stehend. »Seriös und stilbewusst« nennen sie Männer dieser Spezies, ›reflektiert und erwachsen – allerdings auch einsam‹.

Was dieser Typus vor allem verkörpert, ist Status. Es kann nicht sein, dass alles, was dazu gehört, auch im Zeitalter der Alphafrauen für Männer reserviert bleibt. Wer würde Madeleine Albright, Golda Meir, Maggie Thatcher, Indira Gandhi nicht genau dies zusprechen: Status. Die Spielfelder überschneiden sich, und Männer und Frauen machen dabei große Gewinne – auch an Menschlichkeit. Alles hängt ab von den Bildern in den Köpfen.

Der Abenteurer, so denken wir spontan, ist ein Traum-Ich jedes Mannes. Weit gefehlt. Die Männer, die Springer & Jacoby zu diesem ihrem Konterfei in der Werbung befragten, gehen überraschend entschieden auf Distanz. Die Jungen fühlen sich zu jung, um Abenteuer zu suchen, die mittleren reagieren etwas gereizt, und die ›älteren‹ ab 35 verstehen zwar, was gemeint ist: ›An seine Grenzen gehen und darüber hinaus‹, aber sie fühlen sich dafür bereits zu alt. Immerhin: Es handelt sich um eine *der* Männerkategorien; die Jungen drücken sich, die in der Mitte sind genervt, und die Etablierten wollen kein Abenteuer mehr. Ein alarmierendes Ergebnis, wenn man bedenkt, dass Abenteuer auch für viele Frauen ein Lebenstraum ist, der nie zur Ruhe kommt – und dass es weltweit viele Männer und Frauen gibt, die das Abenteuer suchen – und finden.

Immerhin verbinden die Autoren der Studie das Bild vom Abenteurer nicht mit *outcasts*, sondern mit – Leistung. Wenn die Männer tatsächlich so wenig mit Leistung im Sinn haben wie mit Abenteuern, dann sind die Ermüdungserscheinungen sehr deutlich. Der Weg ins Abenteuer ist für Frauen entspre-

40 Zu Subjekt- und Objektfrauen siehe S. 18–28.

Frauen an der Macht: Nancy Pelosi, Sprecherin des amerikanischen Repräsentantenhauses, Tzipi Livni, Außenministerin Israels, und Condoleezza Rice, Außenministerin der USA.

chend offener, als diese wissen: Mit Frauen, so wird versichert, habe der egozentrierte Abenteurer nichts im Sinn. Er sei außerhalb der sozialen Gemeinschaft unterwegs. Anders gelesen, heißt diese Botschaft: Frauen können heute unbehelligt in männlich dominierten Abenteuer-*crews* mitspielen, wie eben erst auf dem Schilfboot RA, das fast sechzig Tage in Sturm und Flaute auf dem Atlantik unterwegs war – mit einer Studentin zwischen vielen Männern.

Auch die Lieferanten von Idealbildern für Männer und Frauen, die Werbeagenturen, gehen auf Abstand zum ›Abenteurer‹. Einzig Davidoff, die Marke, die den Dreitagebärtigen vor einem Flugzeugpropeller zeigt: *Silver Shadow* heißt das Duftwasser, allein diese Weltmarke riskiert ein Konterfei des Abenteurers. *Davidoff Adventure* heißt das Parfum, und der Gewährsmann – Ewan McGregor – schaut mit fragenden Augen auf den Betrachter: »Lust auf Abenteuer?« Ganz ohne die wilde Montur ist er unterwegs, luftig und leicht, mit einem dünnen weißen Schal, kurzärmeligem T-Shirt über langärmeligem Baum-

Leichte Kleidung genügt – Abenteuer ist eine Sache der Sinne, weiß der erfahrene Duftliebhaber.

wollpullover, dessen Ärmel hochgeschoben sind. Ein wenig ironisch, abwesend streift sein Blick den Betrachter. Morgen schon wird er wieder da sein, wohin die Wolken ziehen. Goldgelb leuchtet der Flacon neben ihm: *Adventure*. Er hat verstanden: Abenteuer ist eine Sache der Sinne.

Männer bestehen auf ihrem Idealbild, das sie selbst für überholt halten: Mut, Kraft, Stärke, Ehrgeiz und Individualität gehören dazu. Zeigt man ihnen einen Typus, der gleich mehrere dieser Züge ›echter‹ Männlichkeit trägt, dann weichen sie zurück. Resignative Angepasstheit durchzieht ihre Antworten, durchflackert von Traumstoff, der sogleich wieder abgewehrt wird: ›Anstrengend‹ ist es, gegen den Strom der Zeit zu schwimmen, und ›im Alltag keine Chance‹ sehen die meisten für ihr Ideal vom ›männlichen Mann‹.

Das gibt es bei Frauen nicht – ihr Ideal von der ›weiblichen Frau‹, das sie als Traum begleitet, vor dem Verblassen geschützt wird und dennoch im Alltag ohne Chance ist. Frauen haben ganz andere Probleme. Sie wehren traditionelle Frauenbilder ab und fügen sich ihnen dann doch – wie sie hoffen, nur auf Zeit, und finden dann den Absprung nicht mehr. So geht es den Objektfrauen, den Frauen in der Schönheitsfalle und all den Dienerinnen, die auf Belohnung eines fernen Tages hoffen, der dann nie kommt.

Auf den ersten Blick ist es dieses Handicap, das Frauen benachteiligt: Sie leben mit Bildern, die nicht von ihnen, sondern von andern entworfen wurden – von Männern? Lizenzen und Verbote, Ansprüche an das Weibliche, Erwartungen der Männer oder Vermutungen der Frauen über Erwartungen und Wünsche der Männer an das Weibliche mischen sich im zornigen Kopf der Frauen. Nicht wie sie sein möchten, sondern wie sie sein sollen, was ihnen zugewiesen wird, weil Männer es nicht machen wollen, das alles gerinnt zu einem Frauenbild, das nicht ein Wunschprodukt des weiblichen Selbstbewusstseins ist, sondern ein Mischprodukt aus Wünschen von außen.

Auf den zweiten Blick ist dieses ›Handicap‹ die große Chance, die von den Alphafrauen als ersten erkannt wurde: Wo keine Idealbilder in unseren Köpfen uns täglich resignieren lassen, weil wir sie nicht erreichen – ganz so wie die Männer es offenkundig erleben –, da können die *mindsets* frisch entworfen werden. Was Frauen sind, was Frauen können, was Frauen wünschen, das fließt als breiter Strom in die Gesellschaften der Gegenwart ein. Dass dieser Strom des endlich authentischen, selbst entworfenen weiblichen Auftritts schneller fließt in den Ländern, die zuvor ein besonders schmales Frauenprofil zugelassen haben, beweist, dass ein ›Handicap‹ den Aufbruch in neues Gelände beschleunigt. Wo kein Programm war, da kann alles sein. Die stolzen Alphafrauen in Arabien, in Persien, in den Emiraten, in Indien betreten die Bühne des globalen Business mit einer Selbstverständlichkeit, die kaum eine Europäerin zeigt: Europas Frauen schütteln immer noch die Schlacken der Kriegsphase ab, und sie kämpfen immer noch mit ihrem Zorn aus der feministischen Ära. Das weibliche Gehirn bearbeitet Kränkungen anders und langsamer als das männliche, erklären uns die Hirn- und Hormonforscher. Die Woge der Kränkungen ist flach und lang im weiblichen Gehirn, während Männer per Wutausbruch den Schmerz in Zorn verwandeln und sich schnell von der Niederlage befreien. »Limbisches Nachglühen« nennen die Hirnphysiologen die langsame Schmerzbearbeitung von Frauen.[41] Der fast poetische Ausdruck sollte auch Frauen amüsieren.

Aber reichen die Erklärungen aus, um zu begründen, dass beste Chancen die Entschiedenheit von Frauen beschädigen, sich nun auch das Beste zu holen? Ist der Wohlstand selbst ein Karriereblocker?

Völlig unerwartet zeigen sich die größten Errungenschaften der Wohlstandsstaaten, Demokratie und Freiheit, als Versuchungen für Frauen, den steilen Karriereweg zu meiden. Neue Forschungen verblüffen uns mit dem Befund, dass mehr Wahlfreiheit Frauen zu Ausweichbewegungen verführt: Wo viele Wege zum Glück führen, da darf es doch vielleicht der bequemere sein, sagen sich junge Frauen in Wohlstandsländern und entscheiden sich für ein Lebenskonzept, in dem andere Regie führen – als Lebenspartner, Geldverdiener und Prestigelieferanten. Geltungskonsum, der in die Kreise der Herrschenden führt,

---

41 Vgl. dazu Höhler/Koch, *Der veruntreute Sündenfall*, a. a. O., S. 128 ff.

MINDMAP - NEGATIVE ASSOZIATIONEN.

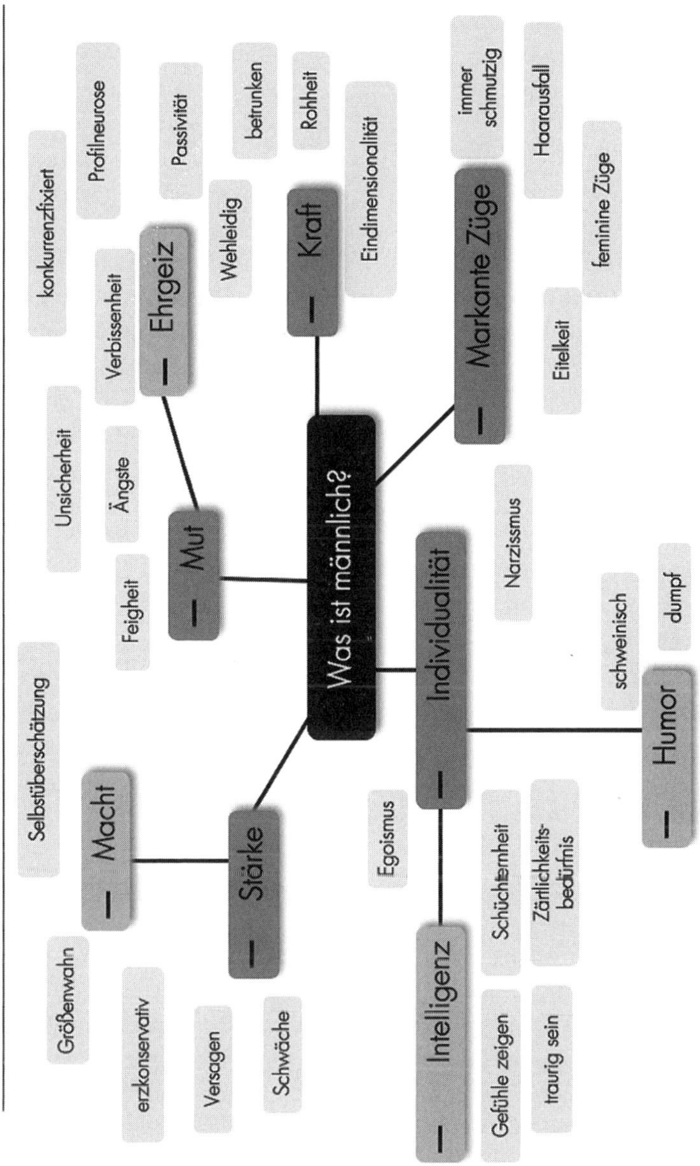

Springer & Jacoby, *Männerzeiten.* Studie Hamburg 2008.

ist auch so zu erreichen, gesponsert von Männern, die ohne eigene Lebensleistung nicht unterwegs sein möchten.

Der konzentrierte und entschlossene Aufstieg von Frauen aus männerdominierten Gesellschaften ist so leicht zu verstehen: Für Perserinnen, Araberinnen, Inderinnen oder Chinesinnen und die vielen aufstrebenden Frauentalente aus erwachenden Kulturen gibt es keine Wahlfreiheit, die vom Weg nach oben ablenken könnte – sie erobern die Welt durch Leistung. Sie sehen keine Alternative; deshalb können sie alle Kraft für ihr Ziel, oben mitzuspielen, einsetzen.

Der Ausbruch der Frauen aus dem Ghetto der fremdbestimmten Bilder hat also weit mehr Schubkraft, als viele Beobachter meinen. Es ist eine globale Aufbruchbewegung, die aus vielen Kulturen gespeist wird. Die Weltrevolution der Alphafrauen ist dort am erstaunlichsten, wo alle Voraussetzungen zu fehlen schienen: Frauen brechen auf aus ihren Heimatländern, weil rückständige Männer von ihrem Gewaltregime nicht lassen wollen. Wir blicken bewundernd in ihre Gesichter, weil wir in ihnen die unbeugsame Kraft, den Mut, die Entschlossenheit erkennen, die vielen verwöhnten Europäerinnen fehlen.

Da selbst geschlossene Männergesellschaften exzellente Frauenkarrieren kampflos zulassen, ist hier mehr am Werk als nur eine Neuplazierung von Minderberechtigten in der Weltgesellschaft. Die Hälfte der Menschheit ist mit einem späten Erwachen aus fremd- und selbstverschuldeter Unmündigkeit beschäftigt: die Frauen. Ihre *Power* ist endlich und erstmals nachhaltig. Die ›Opferpower‹[42] früherer Jahrzehnte erscheint nun wie ein Album Fingerübungen, während die Frauen von den Lastern ihrer Privilegien noch nicht lassen wollten.

Das ist die Kernbotschaft dieses Aufbruchs in die Alphawelt, der unzählige Frauen folgen, auch jene, die als Betafrauen weiterleben, bis hin zu den Omegas, die uns am Abend die Geschichten von früher erzählen – dass erstmals Frauen selbst sagen, wie Frauen sein wollen, dass endlich Frauen selbst ihr Ideal

42 Zur Opferpower vgl. Höhler, *Wölfin unter Wölfen*, a. a. O., S. 66, 69 f., 135 f., 141 f., 266 f., 270, 274.

von Weiblichkeit entwerfen. Diese Botschaft der Alphafrauen bedeutet immerhin das Ende aller Vorwürfe an die Männer, sie macht Ressentiments überflüssig und gibt die Verantwortung für das, was Frauen erreichen, in die Hände der Frauen.

Von hier aus zurückgeschaut: Der Feminismus war ein umständliches, zeitraubendes Vorspiel. Noch hatten die Frauen nicht verstanden, dass es vor allem um ihre eigene Energieleistung ging, ein Idealbild des Weiblichen zu schaffen, das nicht nur den Wünschen anderer an sie entspricht. Frauen sind wunschsensibel, weil sie gemocht werden wollen. Sie haben daher viel Zeit gebraucht, bis sie begriffen haben: Wenn du als Dienerin anfängst, bleibst du Dienerin. Du kommst nie über Unterwerfung zur Überlegenheit. Was du opferst, belastet die andern, statt sie dankbar zu machen. Sie wollen nicht daran erinnert werden, was du für sie getan hast. Das gilt für Männer und Kinder gleichermaßen. Daher musst du mit deinem *multitask*-Talent deinen eigenen Erfolg sichern, statt ihn von denen zu erhoffen, die dir dankbar sein müssten.

Das neue *mindset* ›Frau‹ ist ein weibliches Produkt – so wie das steinzeitlich gesättigte *mindset* ›Mann‹ ein männliches Produkt ist. So wollen wir sein, sagen endlich beide für sich, teilen beide einander mit als souveräne Spieler im großen Kooperationsprozess, der Leben heißt. Ohne ein Idealbild fällt man zurück. Ohne den Traum von Männlichkeit in seiner Vollendung, von Weiblichkeit in ihrer vollkommensten Form erreichen beide, Männer und Frauen, nur einen Bruchteil ihrer Möglichkeiten. Männer hätten sich nichts Besseres wünschen können als die Selbstentdeckung der Frau – auch wenn sie das erst Schritt für Schritt erkennen.

Das Comeback der Männer

Männer suchen ein Comeback. Während Frauen ihre Anzüge tragen und oft zwei Köpfe größer als sie daherkommen, inszenieren Männer den Stilbruch. Falsch geknöpfte Hemden als Machtsymbol liefert der Designerstar Joop; Stilbrüche werden zum Statussymbol der Erfolgreichen, sofern sie männlich sind. Frauen steigen ja eben erst in das männliche Business-Suit ein, sie genießen soeben ihre Perfektionsphase – und sind schon dabei, wenn es um eine andere Ausweichbewegung geht: den Retro-Spießerlook für *coole boys and girls*.

Beide stillen Revolten laufen parallel. »Je nachlässiger, desto mächtiger« ist ein Männermotto, das in kreativen Nischen schon lange läuft. Nun aber erreicht es auch die Bürotürme, die früher voller Knechte saßen: Stockwerk für Stockwerk dieselben Anzüge, Sakkos, Krawatten, die gleichen perforierten Schuhe, die der *Upperclass* längst entwendet wurden – Aufsteigerschuhwerk und Anpassertextil waren mindestens zwei Jahrzehnte Vorschrift. Allenfalls ein Schal in der Mittagspause signalisierte den Freiheitsdurst des strangulierten Individuums.

Seit die Frauen mittun beim klassischen Businesslook, wagen die Männer den Ausbruch, um sich endlich wieder zu unterscheiden. Ihr Vorsprung kann nur weg von der Perfektion führen, weg von dort, wo die Frauen sind. Jil Sander liefert für die Flucht aus alten *dress codes* die bauchfreie Hose für Männer – ja richtig: Das hatten wir Frauen schon. Robuste Militärstiefel unter grauseidenem Tuch zum offenen Hemd: für selbstgewisse Aufsteiger am Laptop ein Kontrastvergnügen, das nicht jeder Gesprächspartner teilt. Oft reicht die Mischung von Toplabels mit Discountmarken aus, um den Eigensinn eines modebewussten

Mannes zu beweisen. Kontraste, bis zum Tabubruch getrieben, transportieren die für entmutigte Männer wichtigste Botschaft: Männer dürfen alles. Was durchs Abkupfern nicht wahrer wird, sondern falsch bleibt: Nur Frauen dürfen alles. Früher, als sie ihres Vorsprungs sicher waren, hat das Männer nicht gestört. Heute stört es sie. Da wirkt das Schiesser-Unterhemd direkt unterm Sakko eben gar nicht sexy, wie es bei einer Frau der Fall wäre, sondern so hilflos wie der Blick des experimentierfreudigen Jungmanagers zu seinem Partner in der Kanzlei: Kann ich das wirklich, als Entlastungsdress zwischen den Gerichtsterminen im Talar, hier im Büro tragen? Der Partner grinst unsicher.

Beim Heimweg auf der Straße fühlen beide sich sicherer; der Definitionsdruck aus dem Büro reicht nicht hierher. Niemand erkennt sie. Der mutige Schiesser-Träger schlingt einen Dior-Schal um seinen nackten Hals, den peinlich korrekten Strenesse-Anzug verfremdet ein weißer zotteliger Mantel aus Schafwollimitat, und seine schwarz-weißen Schuhe sollen das Feuer eines Toreros in Zivil entfachen. Der vorsichtigere Freund wagt den schwarzen Lackschuh von Dior zum Trench und immerhin weißen Hosen von Jil Sander. Die Kolleginnen aus der Kanzlei kichern in ihren Nadelstreifen-Anzügen.

Die kühnen Stilmischungen zeigen Unsicherheit an: Weil Frauen so perfekt geworden sind, jene Mädels, die früher im Teppichflausch der Topetagen vor Ehrfurcht ganz kleine Schritte machten, proben Männer das Imperfekte. Die Lust am Stilbruch hat ihre Spielregeln, nur darum macht sie Spaß. Nur die allerbesten von den *female Alphas* sind bereits dabei: Polohemd statt gebügelter Bluse, 3Y-Turnschuhe mit dem magischen Streifentrio an der Flanke unter messerscharfen Hosenbügelfalten. Ein elitäres Spiel beginnt, und kaum einer versteht.

Wir konnten wissen, dass er bevorstand, der Turnaround der Niederlage in einen Sieg. Männer wollen Täter sein, und sei es im Abseits. Wenn die weiblichen Riesen-Egos die Mitte besetzen, springen die Männer über den Zaun der *dress codes*, die sie selbst kreiert haben, in freies Gelände – *the wild side* ist ihr neues Gelände. Und die paar Alphas der neuen Spezies, Superfrauen, die schon begriffen haben, was läuft, sind ihnen hochwillkommen: endlich ein konspirativer Treff in undefinierter Landschaft,

Ein Weltstar des Business, der keine Businessuniform mehr braucht: Apple-Chef Steve Jobs bei der Vorstellung des iPhones 2007 in Berlin.

Der Tugendapostel braucht sie noch, die Uniform: Al Gore mit Richard Branson bei dessen Virgin Media Launch Party 2007 in London. Das Genie Branson ist, wie Jobbs, im Olymp der *dress codes* angekommen.

wo kreativer Mut wieder etwas gilt. Retro mischt sich mit Future, und das verfeinert den Genuss, dabeizusein. Was war kommt wieder, Zukunft ist immer auch dieses *Déjà-vu*, aber nur für Leute, die damals schon die Augen offen hatten – und für ihre hellwachen Kinder, die die sechziger und siebziger Jahre nur aus Büchern und Filmen kennen.

Es sind die Männer, die gegenwärtig einen neuen *dress code* der Oberklasse kreieren. Die weibliche Eroberung ihrer Statussymbole von Lloyd-Schuhen bis zur Krawatte mit großem Knoten, Manschettenknöpfen und Kirchturmuhren am Handgelenk hat eine Trotzreaktion in Gang gesetzt, die auch Empfindlichkeiten beweist: Es ist durchaus nicht gleichgültig für Männer, ob Frauen in ihren Look einsteigen, ohne zu fragen. Schon der Zustieg der *Parvenus* männlichen Geschlechts war schwer erträglich: Nicht mehr zehn Anzüge aus Japan, sondern zwei aus London zu ordern, bringt Prestige; wer über Boss hinaus ist und in Kiton-Sakkos hineinwächst, gehört zu den Siegern: Alle Geheimnisse der *Winner* haben sich herumgesprochen.

Also gibt es mehrere Gründe, umzusteigen in einen ganz neuen Auftritt: Polohemd und Segelschuhe, weiche Schlabberhosen ohne Bügelfalte, wie sie sich kürzlich der Präsidentschaftsbewerber und New Yorker Bürgermeister Michael Bloomberg bei einer Konferenz leistete, sollen nicht nur einen Blick in die vielseitige Lebensführung der Tops gestatten, sondern vor allem Souveränität beweisen: Eure Spielregeln breche ich, wann ich Lust dazu habe, sie gelten nicht für mich. Ich bin kein Herdentier, sondern ein höchst interessanter, kreativer Einzelfall. Mich knechtet kein *dress code*, den andere ängstlich einhalten. Wo ich bin, ist oben, gleichviel in welcher Montur ich auftauche.

Das ist natürlich das Non plus ultra eines Auftritts für Alphawölfe: niemandem eine Erklärung schuldig, *shocking*, unbekümmert, eigensinnig im radikalen Wortsinn.

Nicolas Sarkozy, der französische Präsident, führt dieses neue Aufbegehren gegen die *comments* einer Weltelite noch weiter: Er liefert einen koketten Mix von Exhibitionismus in seiner *privacy* und Großmannssucht in der Politik. Sarkozy setzt den traditionellen Restriktionen für die politische Elite einen Kult der Indiskretion entgegen, der brüskiert und amüsiert – auf jeden

Fall aber Publicity garantiert. Plötzlich wird klar, zu welchen Verhaltensmustern der Staatschef greift: Es sind mediengerechte Exaltiertheiten, wie wir sie von Frauen kennen. Bei Frauen würden wir diese oszillierenden *News* unter ›Launen‹ verbuchen. Bei Männern aus den seriösen Machtzirkeln sind wir so wenig daran gewöhnt, dass diesem quasi weiblichen Habitus kaum Widerstand entgegenschlägt.

Sarkozy treibt das auf die Spitze, was die männliche Elite an den Brennpunkten des Wandels, in Paris, New York und Mailand, einstweilen mit subsprachlichen Botschaften erprobt: Schau, wie ich den *dress code* sprenge, meine Einzigartigkeit kann kein Label abbilden. Ich bin ich, da müssen die Zegnas und Dolces und Pradas dieser Erde erst einmal neu nachdenken, wie sie mich erreichen. Lass die Frauen in meinem perfekten Look von gestern durch die Business-Quartiere laufen, ich bin es nicht mehr, den sie nachahmen. Ich bin schon einen Quantensprung weiter. Ich bin ein Mann, dem niemand etwas vorschreibt – und wer abschreiben will, kommt immer zu spät.

Bügelfalten sind spießig, sagt Richard Bransons Auftritt. Seit Gründung seiner *Virgin Group* heftet sich sein Weltruhm auch an die raffinierte Nachlässigkeit, mit der er sich kleidet. Steve Jobs, der *Apple*-Chef, hat ähnlich irreführende Gewohnheiten; in Wahrheit ist die vorgespiegelte Gleichgültigkeit in Kleiderfragen ein hermetischer spezieller *Code*, den kaum einer knacken kann: Die Welt der Label-Klaus und Geschmacksplagiate funktioniert hier nicht. Der Grund: Die Herren fallen durch ihr Outfit auf, weil es in einen triumphalen Kontrast zu ihrer Leistung tritt. *Understatement* pur, das ist nichts für *Parvenus*. Oben unter sich sein, das geht nur durch das Abtauchen unter alle beschädigten *dress codes*. In denen wetteifern die vielen, die nie ganz oben ankommen.

Wann werden die ersten Topfrauen in diesem neuen Club der Tiefflieger unterhalb der Standards mitspielen? Wer eben erst eingestiegen ist in die asketische Eleganz des Olymps, der braucht offenbar eine Bewährungsfrist, um glaubwürdig zu werden. Aussteigen darf nur, wer schon länger da ist. Aber das ist nicht alles. Wann wird Condoleezza Rice in Polohemd und Segelschuhen im Oval Office zu einer Konferenz über die Nah-

Ein *early bird* der neuen Lockerheit im Vortrupp der Alphafrauen. Sie könnte morgen mitspielen im Olymp der vom *dress code* befreiten Männer. Benetton war schon immer gut für Regelbrüche, das Model mischt in Outfit und Gebärdensprache männliche und weibliche Codes. Morgen wird sie in T-Shirt und Segeltuchschuhen zum Topmeeting kommen.

ost-Politik erscheinen können? »Nie!« werden die meisten sagen. Frauen können den *dress code* nicht ohne die Zustimmung ihres Publikums – und das heißt auch: ihrer männlichen Kollegen – verlassen. Auch eine Carly Fiorina, Konzernchefin, hätte es nicht riskiert, die gnadenlose Perfektion ihrer Auftritte gegen einen eigenwilligen Auftritt in Jeans und Rollkragenpullover einzutauschen. Das Publikum mag das nicht, glaubt sie zu wissen. Sie selbst braucht die ›Rüstung‹, weil Tausende Blicke sie abtasten.

Die Absetzbewegung der Männer in freie Zonen neben dem gemeinsamen Gefängnis der *dress codes* wird also noch eine Weile erfolgreich bleiben: Hier sind sie wieder unter sich, und zwar in der allerbesten Gesellschaft. Einige Nachrücker üben schon, aber weibliche sind noch nicht darunter. Wenn die ersten Frauen dort oben eintreffen, wo der Stilbruch den Könner zeigt, dann haben sie es wirklich geschafft. Spannend die Frage, wohin dann die Männer ausweichen.

Downdressing, sagen die praktizierenden Stilknacker, füttert die Flirtlust der Frauen. Umgekehrt ist es wahrscheinlich genauso: Die weibliche Riesenpersönlichkeit mit lässig um die Schultern gelegtem Pullover in schrillem Türkis, verwaschenen Leinenhosen und Sneakers wäre die Flirtversuchung *par excellence* – wenn sie zugleich CEO einer Riesencompany wäre. Genau das ist es, was die zahllosen Objektfrauen in den Flirt mit männlichen Tops lockt: Nonchalance, eben: *Downdressing* als Zeichen der äußersten Souveränität.

Die höchste Stufe der Vollendung für Mitspieler auf den obersten Stufen der Macht ist also der locker hingeworfene Widerspruch zu allen Privilegien, die man in der Welt der Statusmerkmale erkämpft hat. Die umwerfende Wirkung der *underdressed people* hat aber immer mindestens zwei Gründe: Erstens, man kennt ihren wahren Status, den sie durch Kleidung nicht mehr zeigen müssen. Zweitens: Selbst ihr *wildlook* zeugt von Geschmack. Quer zur Situation gekleidet zu sein, heißt für diese neuen Sieger-Outfits immer: mit Stilgefühl nie gesehene und von niemandem erdachte Kombinationen vorstellen, situativ genial zu sein – wie man es eben im eigenen Business auch ist. UNITED COLORS OF BENETTON, ein Label, das mit visionären Werbekampagnen Weltruhm errungen hat, zeigt sie bereits: die souveräne Businesslady der Zukunft. Sie mischt männliche und weibliche *dress codes* zu einem unwiderstehlichen, multifunktionalen Outfit. – Aber Moment mal! Benetton war doch immer ein Provokateur! Diese Businesslady mit der Raubtiermähne ist – ein Mann! Raffinierter als alle Wettbewerber inszeniert das skandalerprobte Label das Comeback des Mannes: Er gibt lässig-locker die Businesslady der Zukunft – falls ihr einstweilen noch der Mut dazu fehlt. Warten wir auf die ersten *female Alphas*, die hier mitspielen: Es könnte, wenn die Männer nicht in die nächste schräge Variante der Selbstdarstellung fliehen, ein faszinierendes Konzert der Stilzertrümmerer werden.

X EIN NEUES SPIEL

Alphazeit: Zeit für Kinder – Die geflohenen Mütter kehren zurück

Mit den Alphafrauen kehren sie zurück: die Kinder. Alphazeit ist Kinderzeit, weil Alphafrauen nie mehr das Kind als Konkurrenten um Lebensglück wahrnehmen werden. Solange sie ihren eigenen Wert nicht selbst bestimmen durften, sahen die Frauen jeden andern – den Mann, das Kind, die andere Frau – als Bedrohung. Wer fremdbestimmt lebt, kennt nur Feinde oder verschworene Verbündete. Die Zeit der Frauenverschwörung gegen alle Feinde war der Feminismus. Er konnte nur Durchgangsstadium sein für das, was jetzt erreicht wird: die Befreiung der Frauen von ihren Feindbildern. Die endlich erreichte Freiheit, mit allen andern – Männern, Frauen und Kindern – so umzugehen, dass alle profitieren.

Was auch immer die Hochseilartisten uns berichten: Frauen sind die natürlichen Verbündeten der Kinder. Sie bleiben es auch in Zeiten, die ihnen den Mut nehmen, darauf zu bestehen: Eine lange Durststrecke für beide, Frauen und Kinder, geht mit der Selbstentdeckung der Alphafrauen zu Ende. Die Kinder zu opfern im Wettkampf um Entfaltungschancen war eine absurde Idee – nicht nur wegen des ökonomischen Schadens, den wir uns damit zugefügt haben. Die Kinder überhaupt als Rivalen zu definieren, das kann nur in einem gesellschaftlichen Klima gelingen, in dem niemand mehr wagt, an die Rangordnung der Güter zu erinnern. Frauen sind Anpassungsmeisterinnen, sie opfern vieles, um zurückzufinden in die Zonen gesellschaftlicher Anerkennung.

Das Kind als Rivalen zu sehen, heißt alle Tatsachen umdrehen: Kinder sind den Erwachsenen hoffnungslos unterlegen, wenn diese den Wettkampf ausrufen: du oder ich! Da siegt immer das erwachsene Ich.

Die Unterlegenheit der Kinder macht jede Wettkampfidee zu einer Farce. Sie ist vielmehr ein einziger, völlig selbstverständlicher Schutzappell an die Stärkeren. Nicht nur Frauen wissen und fühlen das, wo immer ihnen Kinder begegnen. Wenn Frauen aber aufhören, die Kinder gegen die Unterstellung zu verteidigen, dass sie vor allem Konkurrenten im Lebenskampf der Erwachsenen seien, dann sieht es schlecht aus für die Schwächeren. Sie haben keinerlei Protestmöglichkeit, keine Sprache, in der sie an ihre Schutzverweigerer appellieren könnten: »Es lohnt sich! Ihr werdet profitieren, wenn ihr uns ein paar Jahre euren Schutz gewährt und eure Erfahrungen mit uns teilt.«

Wer Kinder als Konkurrenten einstuft, verliert sie. Das gilt für die geborenen wie für die ungeborenen Kinder. Wo die geltende Ideologie den Erwachsenen absolut setzt, wandern die Kinder aus. Sie sind auf ihre einzigen ›natürlichen‹ Verteidiger angewiesen, und das sind die Frauen. Wo Frauen massenhaft mitspielen bei der Rivalenversion, da liefert niemand mehr die richtigen Argumente: dass die Schwachen und Abhängigen das Maß geben für den Takt der Erwerbssysteme und nicht umgekehrt, weil die Schwächsten dann auf jeden Fall die Verlierer sind. Nachdem wir das über Jahrzehnte so praktiziert haben – Maschinentakt zwingt Menschenleben in die Knie –, steht die Alterspyramide Kopf, und die Subventionssysteme entgleisen. Die Anwältinnen der Kinder haben zu lange geschwiegen. Erst heute, mit dem Auftritt der Alphafrauen, kommt die Chance der Kinder wieder.

Alphafrauen wollen sie: die Macht über die Zukunft. Nicht nur über die Zukunft der Wirtschafts- und Politsysteme, sondern Macht über die Zukunft des Lebens. Frauen sind es, die entscheiden, was das Mütterliche wert ist. Geben sie dieses Wissen aus der Hand, folgt eine falsche Entscheidung der andern. Als das Frauenbild noch von Männern gemacht wurde, von Männern, deren Prioritätenliste ohne die Hilfe der Frauen die Rangordnung der Werte auf den Kopf stellt: *high risk gambling*, *networking* auf den ersten Plätzen, Frauen im Reservat für Privates, Kinder im Frauenreservat, haben die Frauen Männertexte nachgesprochen, um ins Männer-Reservat zu gelangen: Kinder auf Platz drei, Business Platz eins, Networking üben, quasi männlich reüssieren.

Die spanische Verteidigungsministerin Carme Chacón schreitet ihre Truppen ab. Die Hüterin werdenden Lebens als Befehlshaberin der Kämpfer, die das Leben und die Freiheit der spanischen Bürger durch Einsatz ihres Lebens schützen sollen.

In Wahrheit bestimmen die Frauen, ob es Väter gibt. Eine Gesellschaft, die das Mütterliche geringschätzt, verhindert auch das Väterliche. Die politische Rückholaktion für Väter, die wir heute erleben, sieht nicht lebenslange Vaterschaft vor, sondern ›Vätermonate‹ – ein Programm aus dem Geist der Rivalitätskonzepte: du oder ich? Ein Kompromiss, den wir den Wehrlosen aufdrängen: ein paar Monate ein bisschen du. Dann wieder ich, dein Teilzeitvater. Nur du hast Pech: Teilzeitkindheit gibt es noch nicht. Aber da wir ohne dich können, wirst du bald ohne uns zurechtkommen müssen – immer noch und lange Kind, länger, als wir das tolerieren können.

Alphafrauen reagieren anders. Die amerikanische Parlamentssprecherin Nancy Pelosi, Mutter von fünf Kindern, setzte mit Anfang sechzig zu einer glanzvollen Politkarriere an. Erst sollte

Kein Primatenkind ist so schutzbedürftig wie der neugeborene Mensch. Die wärmenden Riesenhände von Vater und Mutter wird es noch lange brauchen.

ihre fünfte Tochter das Abitur machen, so berichtet sie, dann wandte sie, die Mutter, sich ihrer Karriere zu. Souverän und erfahren, konnte sie aus dem Stand steil nach oben fliegen: Alphafrau mit unbeugsamem Willen, mutigen Statements zu brisanten Themen und klaren Positionen. Die meisten Alphafrauen auf der internationalen Szene sind nicht ohne Kinder unterwegs: Frauen, wenn sie einmal verstanden haben, dass ihnen mehr Optionen offenstehen als den Männern, legen ihr Leben auf einer breiteren Skala an.

Lassen Frauen sich diesen Vorteil ausreden, verlieren mit ihnen auch die Kinder Entfaltungsspielraum. Was Kindern in den letzten Jahrzehnten an Chancen weggenommen wurde, das haben auch Frauen verloren: Wo Kinderleben nicht alle Sorgfalt der Erwachsenen herausfordern, da verlieren auch Frauen an Wertschätzung. Sie sind es, die erlauben oder verhindern können, was Kindern genommen und was Kindern gegeben wird. Wenn sie das entschieden vertreten, gewinnen Frauen den vollen Respekt der Männer. Erst dann passen sich die männlich geprägten Systeme den Bedürfnissen der Kinder an.

Die Frau ist die Herrin über das Leben. Verlässt sie diese Machtposition, wird gerade das wehrlose frühe Leben zur Manövriermasse von erwachsener Lebens- und Geldgier. Überall, wo Erwerb und Konsum die höchsten Werte sind, flüchtet das schutzbedürftige Leben.

Es sind die Alphafrauen, die beginnen, ihr Wissen mit den Männern zu teilen. Nicht mehr vorwurfsvoll, wie ihre Vorgängerinnen, sondern souverän, geduldig und humorvoll führen sie Männer in jenen Teil der Welt, der nicht von Männern, sondern von der Natur selbst gestaltet ist: Frauen sind es, die als Schutzherrinnen der Kinder den akuten Sieg-Interessen der Männer eine Perspektive in die Zukunft geben.

Und es spielt eine große Rolle, welches Gesicht die Zukunft unseren Kindern zeigen wird. Ist es das Gesicht der Planwirtschaft, dann kühlen schon die Kinderseelen ab auf eine Temperatur, die keinen Aufschrei, keinen Protest mehr zum Zuge kommen lässt. Staatswirtschaft braucht kühle Seelen. Wo Kinder ohne den Schutz ihrer mächtigsten Verbündeten, der Frauen, leben, da werden aus frierenden bald gefrorene Seelen – Manövriermasse für einen mächtigen Staat, der keinen Respekt vor den Schwachen kennt.

Frauen haben einen viel kürzeren Weg zu Kindern als Männer: Das Hormon der Stille, Oxytocin, das die Geduld der stillenden Mutter erklärt, wird nach Jahrzehnten der feministischen Abwehr gegen die Hormonforschung nun auf dem traditionellen Weg über die USA erneut ins europäische Bewusstsein importiert. Oxytocin ist den Forschern als das Hormon der Zuneigung bekannt; es wird nicht nur im Gehirn produziert, es wirkt auch von dort aus: Die feine Haut des Säuglings zu berühren, bringt der Mutter Oxytocinschauer, die ihr Wohlbefinden verstärken. Das Oxytocin ist auch ein Beschwichtiger und Beruhiger; es bannt Ängste und liefert Gelassenheit und Freundlichkeit. Wer Mütter mit ihrem Neugeborenen sieht, staunt über die Hingabe und Ruhe, die von ihnen ausgeht: Das Hormon der Stille schützt beide vor Ruhestörern und prägt ihre Verbundenheit.[43]

Wer Frauen genau davon ›befreien‹ möchte, der vernichtet für beide, Mutter und Kind, eine natürliche Quelle der Zustimmung zueinander – die Wissenschaftler sagen es klarer: der Prägung aufeinander. Für feministische Ideologen eine wahrlich unbrauchbare Botschaft.

Dass die großen Weltreligionen den Erlöser als ein Kind vorstellen, spiegelt auch diese Erfahrungen wider. Die Verehrung für die Frauen, die Halbgötter und Götter zur Welt bringen, ist schon im antiken Mythos zu finden. Auch die Göttinnen des griechischen Mythos verteilen die Optionenfülle unter sich, die das Weibliche begleitet: Athene und Aphrodite belegen die Spannweite des Weiblichen im Gegensatz zum relativ schmalen Rollenrepertoire der männlichen Götter. Frauen dagegen wechseln in ihrem Spielplan so abrupt die Rolle, dass Angreifer in die Flucht geschlagen werden, die eine friedlich den Säugling wiegende Mutter für arglos hielten. Blitzschnell wird der sanfte Engel zur jagenden Löwin, die ihr Kind mit Zähnen und Pranken verteidigt.

---

43 Vgl. dazu Höhler/Koch, *Der veruntreute Sündenfall*, a. a. O., S. 57, 71 f., 76 f.

Das eine bedingt das andere: Wäre die Prägung von Mutter und Kind nicht ein unsinkbares Rettungsboot für beide, von der Natur gebaut, dann könnte Angst die Mutter in ihrer wilden Verteidigungsleistung hemmen. Die Bedrohung eines Kindes ist für das weibliche Reptilhirn, so sagen uns die Hirnphysiologen, der klassische Extremfall, der die ultimative Aggression auslöst: Das Steinzeithirn stellt alle Energien zur Rettung der Brut bereit. Dieser vorrationale, archaische Schutzimpuls für die Nachkommen ist ein Alleinstellungsmerkmal von Frauen: Hier ist die Frau die Herrin; der Mann, durch Ratio blockiert, ist nur Gast, im besten Falle Wilderer. Das ist der Kern unserer Botschaft, dass Frauen die Hüterinnen des Lebens sind. Es ist eine Expertenschaft, die ihnen von der Natur zufällt.

Alphafrauen, die nicht mehr die eigene Freiheit gegen Kinder verteidigen müssen, werden ihre Optionen auskosten: Nicht, weil sie verspätet die entgleisten Sozialsysteme der reichen Länder aufs alte Gleis zurückschieben wollen, sondern weil Kinder die erfolgreichsten Therapeuten für entgleiste Erwachsene sind: Sie lehren die Rangordnung der Güter, sie lehren die Liebe neu, sie vertrauen bedingungslos und beschämen uns täglich; sie brauchen nicht unsere Reichweite, sondern unseren nahen Schutz. Sie überschätzen uns grenzenlos und machen uns dadurch bescheiden; sie eifern uns nach und schärfen unsere Selbstkritik. Sie lehren uns, stürmischer zu umarmen als jemals; sie lehren uns weinen und lachen wie niemals zuvor. Sie schenken uns hellwache Nächte und angstvolle, überschwengliche Tage. Sie sind alles, was wir nicht mehr sein können. Sie bringen alles wieder, was wir verloren haben. Sie kommen aus einem Land, das wir wehmütig und achtlos verlassen haben. Sie gehen in ein Land, das wir niemals betreten werden: Dafür brauchen sie von uns alles, was wir geben können – unsere Liebe, unseren Glauben an sie, unsere Nachsicht und unsere Treue. Und immer wieder: unsere Liebe.

Ein wunderbares Projekt für Alphafrauen.

Feiert den Unterschied!

Endlich löst sich die eiserne Faust des Feminismus um Frauenhirne und -herzen. Was jeder von uns längst weiß, was Hirnforscher und Mediziner aus der Hormonforschung mit großer Geduld jahrzehntelang bewiesen und erklärt haben: Es stand auf dem Index nicht nur der Feministinnen und ihrer männlichen Anhänger, sondern auch aller ideologietrunkenen Pädagogen und Sozialforscher: Es darf nicht sein, dass wir wirklich verschieden sind. Dass wir schon verschieden – nicht nur an den Start gehen, sondern im Mutterleib mit je ›unseren‹ Hormonduschen ausgestattet werden, die uns als zwei verschiedene Spielarten des Wunders Mensch ins Leben schicken.

Die USA sind es regelmäßig, von denen wir uns Altbekanntes als *dernier cri* auftischen lassen, wann immer zweierlei geschieht. Erstens: Wir sind unsere ideologisch verfärbten Vorurteile leid. Zweitens: Wir sind enttäuscht über das Ausbleiben von Erfolgen mit unserem wirklichkeitsfernen Menschenbild aus diesen Vorurteilen. So wird der absurde Fall zum Bestseller, den Susan Pinkers Buch *The Sexual Paradox* darstellt, aller Voraussicht nach ein Hit in Europa ab Herbst 2008. Die simple Botschaft: Hormone sind es, die uns unterscheiden. Hormone machen Frauen »Lust auf Menschen statt auf Dinge« und Männern auf Geld und Karriere. Zugleich sei der Mann »als Standard« immer noch im Frauenkopf verankert. Der Mann als Basismodell lasse die Frau nur als eine Variante erscheinen. – Wer denkt das wirklich noch? *Women's Lib* in Amerika?

Gleichzeitig verblüfft uns Pinker durch das Bekenntnis, von Hormonen eigentlich nur im Leistungssport gehört zu haben: »Ich meinte früher, Hormone seien, was Sportler schlucken, um

Rennen zu gewinnen.«[44] Solche Bestsellerautoren wünscht sich Amerika – und vielleicht auch Europa, *wait and see.*

Fatal an diesem Auftritt ist nicht nur der weibliche Habitus: Mein Name ist Häsin, ich wusste von nichts. Sorry, dass ich jetzt *politically* nicht *correct* bin – denn auch das reklamiert Pinker für sich, weil es dem Buch nützt. Zugleich kann sie von den alten Heilsversprechen nicht lassen: Mit Frauen werde die Berufswelt ›weiblicher‹, sagt sie am Schluss ihres Buches, während sie vorher ausdrücklich dafür plädiert hat, dass man Frauen gar nicht erst dorthin schicken solle, wo die Berufswelt zu männlich ist – und viele Geschichten erzählt hat, die vom Abzug der Frauen aus der schonungslosen Männerwelt berichten. Pinkers Buch beweist einmal mehr: Es kommt nicht darauf an zu erzählen, was neu ist, sondern es kommt nur auf das *timing* an: Wann du den Leuten erzählst, was die meisten längst wussten.

Pinkers Buch ist ein Symptom. Es bedient die Enttäuschung vieler Frauen, die ihr Privileg, beachtet und gefördert zu werden, immer noch für legitim halten; die ein Argument suchen, warum es wieder einmal nicht an ihnen liegt, dass sie nicht wichtiger geworden, nicht höher aufgestiegen, nicht besser vernetzt sind. Sie greifen erleichtert zu Pinkers Angebot, den männlichen *way of life* nun endlich nicht mehr als ›Standard‹ zu begreifen, der zu ihren Bedürfnissen nicht passen will.

Aber ist das wirklich noch das Thema? Es ist das Thema von gestern. Alphafrauen werden so nicht mit ihren Potentialen vertraut gemacht. *Mindsets* von Männern und Frauen über Männer und Frauen werden so nicht verändert. Mehr Glück für beide wird so nicht verfügbar. Denn es reicht für unser Lebensglück nicht aus, unsere Verschiedenheit als eine Mauer zu verstehen, die uns trennt. Was Hirn- und Hormonforschung uns zeigen, ist in Wahrheit Anlass zur großen Umarmung der Geschlechter: Welch ein Glück, verschieden zu sein! Und welch ein Fest, ausgelassen und voller Bewunderung miteinander zu spielen. Feiern wir die Verschiedenheit, die so lange ein Tabu war. Feiern wir damit endlich einander und nicht mehr ohne oder gegen einander.

---

44 Susan Pinker, in: DIE WELTWOCHE Nr. 12 vom 20. 3. 2008, S. 32.

Was Mann und Frau verschieden macht, ist die eigentliche Quelle des gemeinsamen Erfolgs.

Wer nicht ideologisch an der Leine lag, wusste es schon lange: Nicht er ist der ›Standard‹, sondern sie. Was den Mann zum erfolgsorientierten Vereinfacher macht, ist zuallererst eine erfolgreiche Vereinfachung der Natur. Der weibliche Entwurf ›kann mehr‹, und nicht nur irgend etwas mehr, sondern das Wesentliche – Leben weitergeben. Das Paar ist ja nicht Laune, sondern Lösung: Nach Jahrmillionen von Probeläufen blieb es als Siegervariante übrig. Vielfalt sichern, Aufwand verringern, Aufgaben verteilen. Der Standard ist weiblich, mit mehr Optionen, einer größeren Bandbreite von Wahrnehmungen und Reaktionen. In den ersten Lebenswochen des Fötus entscheidet sich, ob die Optionenfülle des Weiblichen oder der einfachere Entwurf, reduziert auf ein hohes Antriebsniveau bei geringerer ›Ablenkbarkeit‹ durch Sensibilität, aus dem werdenden Leben ein weibliches oder männliches macht. Die erste Hormondusche in diesen ersten Wochen entscheidet: Mann oder Frau.

Er ist die reduzierte Variante, er wird entscheidungsstark durch Weglassen – von Beobachtungen, die sie macht, durch Gefühle, die sie blockieren, durch Dominanzgelüste. Er will siegen, Androgene treiben ihn an, sein Leben als seines zu begreifen. Sie dagegen ist schon als Säugling ein Genie des Dialogs: Sie lächelt früher, fixiert Gesichter, sucht Zustimmung, versucht zu gefallen, indem sie Erwartungen erfüllt.

Ihn macht es schon als kleinen Jungen stolz, wenn er alle Erwartungen missachtet oder übertrifft. Später erst kann sie ihr *mindset* korrigieren, wenn sie versteht, was das Alphalatein ihr erklärt: Egal was die Leute denken, mach deinen Weg. Und auch er wird erst später lernen, dass es noch größere Siege gibt, für alle errungenen und nicht den Kameraden entwundenen Siege, die Anerkennung und Ehre bringen. Kämpfen, Fliehen, Jagen, Angreifen, Siegen oder Unterliegen, im Zweifel aber in jeder Niederlage einen Sieg sehen: Das ist nicht Steinzeitwelt, sondern immer noch Männer-*mindset*, auch in den Bankhäusern und Konzernen rund um den Globus. Frauen sichern, was Männer in ihrer Kampflust vernachlässigen: Wachstum, Sicherung des Erreichten, Schutz der Ressourcen. Nicht von ungefähr reden

Manager von diesen Zielen viel häufiger als von ihren expansiven Impulsen: Es sind Ziele, denen niemand widerspricht, weil sie Friedenssignale senden – ohne die auch siegreiche Mannschaften nicht kampffähig bleiben.

Wenn es tatsächlich so ist, dass Männer, um ihre Reputation, ihren Ruf und das *standing* ihrer Firma zu fördern, eher von Zielen reden, die Frauen für sie durchsetzen könnten, dann ist dies eine visionäre Botschaft, die unsere Prognose bestätigt: Männer studieren bereits das nächste Erfolgskapitel ihrer Geschichte, das ohne Frauen nicht aufgeschlagen werden kann; und viele von den besten Männern haben längst Frauen an Bord.

Die Besten auf beiden Seiten, Männer wie Frauen, wissen es längst, dass die Hälfte ihres Erfolgs von der anderen Seite kommt. Dass sie buchstäblich ›verschiedene Köpfe‹ sind und dass ›sein‹ Hang zur Vereinfachung immer wieder von ›ihrer‹ Leidenschaft zum Detail eingeholt werden sollte.

Die verschiedenen Köpfe sind es, die das neue, gemeinsame Spiel so vielversprechend machen. Seit Mann und Frau es ›sich leisten können‹, mehr gemeinsam zu tun, erfahren wir die Produktivität des verschiedenen Zugriffs.

Sein Gehirn ist, wie in der Regel auch sein Knochenbau und Muskelapparat, etwas größer als das der Frau. Mit Spannung warten wir auf die Ergebnisse der Hirnphysiologen, wenn sie die hochgewachsenen Einsachtziger-Frauen unserer Tage hirnanatomisch vermessen: Kommen auch ihre Gehirne an jene ihrer männlichen Kollegen heran?

Wie wenig die Größe des geheimnisvollen Organs sagt, wissen wir aber auch längst. Das Frauengehirn hat feinere Strukturen bei den Nervenzellen; die Brücke zwischen rechter und linker Hirnhälfte ist dicker, eine Signalautobahn mit viel mehr Nervenbahnen als beim Mann. Die Konsequenz ist bekannt: Frauen ›mischen besser‹. Sie verbinden rechte und linke Hemisphäre spontaner und erfolgreicher als Männer. Männer greifen fast doppelt so oft auf die linke Hirnhälfte zu, die für logische Antworten zuständig ist, Frauen dagegen kombinieren linke und rechte Hirnleistungen: Hier beginnt ihr Vorteil im Umgang mit der komplexen Welt: Sie haben – und nutzen! – mehr Optionen. Denn die rechte Hälfte (beim Linkshänder gilt das seitenverkehrt: die linke) liefert die emotionale und kreative Färbung in dem Disput der zwei Köpfe. Der Mann trainiert seine linke Hirnhälfte auf Alleingänge: Logisch-exakt sollen die Lösungen sein, er will nicht durch Einbrüche der rechten Hemisphäre aus dem digitalen Takt seiner Gedanken geworfen werden. »Er tut das mit großer Zähigkeit (...) wird exakter, verliert aber an *overinclusion*: an allumfassender Unschärfe und Flexibilität. Die Schwäche ist, dass die eingegebenen Daten konkret, exakt, detailliert – eben hart sein müssen, sonst kann die linke Hemisphäre nicht viel mit ihnen anfangen. Diffusere Eindrücke, Atmosphärisches, Stimmungen, Färbungen entgehen ihm.«[45]

Deutlicher kann man es nicht zeigen: Wo sein Blackout beginnt, da startet ihre Leistung. Frauen gehen erfolgreicher mit unvollständigen Signalen um; sie assoziieren zielgenau, wo Männer ›nur‹ rechnen. Wenn sie aber rechnen, brauchen Frauen dafür weniger Hirnzellen als Männer – ein amüsanter Befund, der vor allem eines richtigstellt: Frauen hätten Probleme mit Mathematik. Sie treiben weniger Aufwand, um richtig zu rechnen – ganz einfach, weil es sie weniger interessiert. Männer lösen dieselbe Aufgabe im Flutlicht ihrer linken, intelligent schlussfolgernden Hemisphäre; sie verbrauchen für dieselbe Aufgabe mehr Energie.[46] Mehr Interesse treibt den Energiebedarf nach oben – wir finden dafür unzählige Entsprechungen auch im Stressverhalten der beiden.[47]

Eva hat mehr Optionen, und sie nutzt sie. Sie ist es auch im Garten Eden, die eine weitere Option sieht, während nach Adams Meinung eigentlich alles stimmt. Was aber ist draußen? Gibt es überhaupt eine Welt außerhalb des Gartens? Das sind Gedanken an ein Abenteuer, die nur im Dialog der beiden Hirnhälften entstehen können: kühn und neugierig, assoziativ statt

45 Zu den Befunden über hirnphysiologische und hormonelle Verschiedenheiten von Mann und Frau vgl. Höhler/Koch, *Der veruntreute Sündenfall*, a. a. O.

46 Vgl. ebenda, S. 315.

47 Vgl. ebenda, S. 389–392.

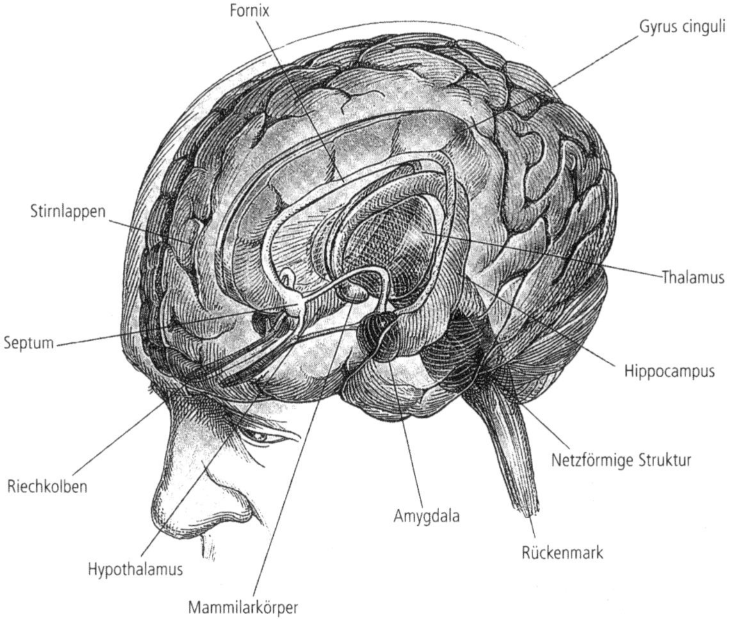

rational gefolgert. Die Hirnforschung fand inzwischen viele Beispiele für diese ›gemischte‹ Methode, Lösungen zu finden, deren Weg rational nicht nachvollziehbar ist. Eva liefert, was Adam nicht liefern kann.

Solange Eva sich anpasst, scheint sie benachteiligt – und fühlt sich auch so, weil sie ihre Originalleistung nicht ins Spiel bringt: Das komplexere, gemischte Bild der Wirklichkeit ist nur mit ihren Sinnen zu haben. Weil sie gefallen will, braucht die konsensfreudige Frau so lange, bis sie aufhört, das Männliche auf Platz eins zu setzen, so unvollständig es ihr auch oft erscheint. Lieber gemocht werden und Frieden halten, lieber im Stillen mehr durchschauen, als ins digitale Feuer männlicher *hard facts* zu geraten. Lieber heimlich mächtig bleiben, als offen entmachtet werden.

Schnee von gestern. Aber die moderne Wissenschaft liefert uns nun genau die *hard facts*, die uns **die Geschichte einer überflüs-**

sigen Unterlegenheit verstehen lassen. Alphafrauen sind stark durch dieses Wissen.

Zwei verschiedene Köpfe, endlich in Kooperation: Die Frau ist es, die weltweit nicht nur rechte und linke Hirnleistungen besser verbindet als der Mann, sie ist es auch, die alte und junge Hirnregionen nie getrennt, sondern immer verbunden in den Wettbewerb der Ideen und Lösungen schickt: *Neocortex*, die jüngste Schicht unter unserer Schädeldecke, empfindlich nah an der Außenwelt und sehr verletzlich – diese Schicht ist die erste, die durch Drogenkonsum verwüstet wird, zusammen mit den verwundbaren Arealen hinter unseren Schläfen, wo das ethische Vermögen lagert –, *Neocortex* also ist die Waffe des Mannes. Hier werden die Attacken gemacht, die von der aggressiven Vereinfachung des Problems leben, den Gegner einschüchtern, ihn matt setzen mit kurzgeschlossenen Beweisketten, die jeden Funken von Anteilnahme an der Unterlegenheit des andern niederwalzen. Seine Unterlegenheit ist ja das Ziel, weil der Sieg gelingen muss; alles andere muss sich diesem Ziel unterordnen. Die Frau lässt ihren *Neocortex* selten allein in die Schlacht. Sie kombiniert immer rechte und linke Hemisphäre, alte und junge Areale unter ihrer Schädeldecke. Wann immer sie schlussfolgert, fragt sie auch im limbischen System an, jener Region, die dicht unter dem *Neocortex* lagert, die für Gefühle, auch jene der andern, also Empathie und Betroffenheit, zuständig ist. Ja, sie mischt besser. Sie kommt der Wirklichkeit näher, die den erfolgsversessenen Mann bei seinem Parforceritt gar nicht interessiert; er sieht sich als Macher von neuen Wirklichkeiten. Sie dagegen weiß: Gegen die herrschende Wirklichkeit lässt sich dauerhaft nichts durchsetzen. Er spricht und hört Worte im Disput. Sie hört und schaut zugleich: Sie verarbeitet komplexer, Mienenspiel und Text gehören für sie zusammen. Er dagegen braucht gar nicht hinzuschauen, weil es ihm nichts brächte: Männer sind außerstande, Zorn oder Trauer in Frauengesichtern zuverlässig zu deuten. Wo 10 Prozent der Frauen unsicher mit der Deutung sind, wissen 70 Prozent der Männer mit der Frage »Wut oder Trauer?« in Frauengesichtern nichts anzufangen.[48] Den zornigen Mann erkennen sie zuverlässig. Die Antwort der Forscher ist einfach: Unter Starken ist es wichtig, den

Zorn des Starken zu erkennen, weil er eine Bedrohung bedeuten könnte. Der Zorn der Schwachen ist irrelevant.

Frauen nutzen ihr Gehirn effizienter, sie sind *multi-task*-Spezialisten. Wer das verstanden hat, kann ihren Erfolg als ein Wunder der Rechtzeitigkeit verstehen. *Multi-task* und *multi-view* sind die avanciertesten Produkteigenschaften, die IT-Spezialisten heute zu erreichen versuchen. Ohne weibliche Gehirne geht das nicht; hier liefert die Natur selbst die Schaltkreise, die ein vollkommeneres Bild der vielstimmigen Wirklichkeit geben als die reine Ratio.

Das hatte der Feminismus noch nicht verstanden: Wir müssen den Männern nichts entreißen, weil wir etwas anderes liefern, was sie ohnehin nicht können – was die meisten von ihnen überhaupt erst mit unserer Hilfe verstehen. Frauen befassen sich ständig mit dem, was ihnen fehlt. Männer können sich nur schwer vorstellen, dass ihnen etwas fehlt, weil sie mit der Botschaft aufwachsen, dass sie das erste Wort der Schöpfung sind, die Nummer eins sozusagen. Auch dieses Wissen macht sie zu Kämpfern, die im Testosteronrausch dann auch die eigenen Kräfte überfordern.

Frauen reden nie von Evas Idee, das männlich dominierte Areal zu verlassen, nicht um reich, sondern um »klug zu werden«[49] und unsterblich – ein absolut weibliches Ziel, wie wir nun endlich aus der jüngsten Forschung wissen: Für Geld nimmt keine Frau eine Position an, die sie nicht erfüllt.[50] Frauen machen auch nicht geltend, dass sie, als das zweite und letzte Wort der Schöpfung, schon deshalb vollkommener, vielseitiger und chaostüchtiger sein könnten – was sie ganz offenkundig sind.

Was auch die Spätentdeckerin von Hormon- und Hirnforschung, Susan Pinker, nicht entdeckt zu haben scheint, ist das älteste Erbe aus unserer Vorgeschichte: das Reptilhirn. So archaisch es klingt, so raubtierhaft ist auch seine Leistung. Tat-

48 Vgl. Höhler/Koch, *Der veruntreute Sündenfall*, a. a. O., S. 316.

49 1, Mose 3,6.

50 Vgl. dazu den Forschungsbericht in: DIE WELTWOCHE Nr. 12 vom 20. 3. 2008, S. 35.

sächlich ist das, was tief unter den modernen Errungenschaften unseres Gehirnwachstums gut verpackt auf Kommandos zum Ausbruch wartet, ein Relikt, das wir mit den Krokodilen teilen. Ihnen wie uns hilft es in Entscheidungslagen, das Rettende blitzschnell vom Tödlichen zu unterscheiden – viel schneller als die männliche Ratio und der weibliche Kontrakt zwischen *Neocortex* und *Limbex*, Verstand und Gefühl, es könnten. Wer nachdenkt, wer Eindrücke sortiert, ist tot, wenn die Gefahr akut genug heranrollt. Das Reptilhirn brüllt uns an: »Kämpfen!« wenn wir siegen können. Es befiehlt: »Fliehen!«, wenn wir im Kampf unterliegen würden. Und es treibt uns zum Feiern unserer Erfolge, was wir so gern vergessen, weil kaum noch einer von uns weiß, dass der ›Tanz ums Feuer‹ nach dem Sieg oder der geglückten Flucht die Kraftquelle für morgen ist: Mehr als heute wird uns morgen gelingen, so versichern wir uns. Wir sind noch stärker, als wir dachten. Unsere Kräfte wachsen, während wir den Sieg feiern. Unser Selbstvertrauen macht Sprünge nach oben, während wir den Kampf, die Flucht und vor allem die Treffsicherheit unserer Entscheidung preisen.

Dass wir auch im steinernen Dschungel der Bürostädte und Bankenpaläste solche Blitzentscheidungen treffen können, ist ein Geschenk der Steinzeit an uns. Und wieder ist die wichtigste Lieferung der Natur an uns für zwei verschiedene Köpfe passgenau dosiert: Der Mann greift mit alarmiertem *Neocortex*, mit einem kühnen Sprung über das limbische System, das Emotionen anbietet, die ihn ängstigen könnten, auf das Reptilhirn zu: »Fliehen oder Kämpfen?« – Und das Reptilhirn liefert, was beides braucht: Schwarzweißbilder der Lage, kantig und stark vereinfacht. Die Entscheidung ist klar. Die Frau aktiviert ihr bewährtes Bündnis: Ratio gemischt mit Emotionen, *Neocortex* plus *Limbex*. Sie federt so den fast unerträglichen Kontrast zwischen der grellen Reptilhirnbotschaft und den jüngsten Hirnarealen ab. Sie liefert ein paar Farben ins Schwarzweißbild des Mannes, sie könnte Gründe nennen, warum man fliehen, warum man kämpfen sollte. Sie sieht mehr Details und hat weniger Stress im Reptilhirnfeuer. Sie sammelt die Menschen schneller wieder, während der Mann noch vom Kraftakt der Entscheidung erschöpft ist. In jeder Extrembelastung erfahren es Männer und Frauen: Es lebe der Unterschied! Niemand könnte den Part des andern übernehmen. Nie brauchen wir einander wegen unserer Verschiedenheit so sehr wie in Gefahr.

Das konnten die einäugigen Feministinnen noch nicht begreifen: Feiert den Unterschied! Ohne Männer sieht es für Frauen schlecht aus und ohne Frauen noch schlechter für die Männer. Jeder Biologe weiß das, aber jede evolutionäre Errungenschaft, die der Biologe sieht, hat ein psychisches Pendant. »Es ist nicht gut, dass der Mensch allein sei«, dieser schöne Luther-Satz in der Genesis wählt die schlichteste Form, um Adam zu erinnern: Ohne das Alphatier Eva bist du nichts. Sie ist es, die ihn in die Welt führt, auch wenn er weltweit, was Eva tat, als seine Entscheidung und seinen Sieg berichtet. Eva taucht als Maria wieder auf und liefert die Rettung, nun endgültig.

Welcher Botschaft auch immer man folgt: Alle Erzähler sind männlich, und alle berichten sie von der Macht der Frauen, wenn es um das letzte Wort in unseren Schicksalsgeschichten geht. Der Mythos, eine Männerdomäne, was die Berichterstatter angeht, stellt die Alphafrauen auf die höchsten Plätze – als Menschheitsmütter und als Mütter der *ultima ratio*, der Rettung durch den Helden, der ein Kind ist. In allen großen Religionen kehrt dieses Motiv wieder. Mit den Alphafrauen kommen auch heute die Kinder wieder. Ganz gegen die Absicht der Feministinnen, die die Alphafrauen gar nicht auf ihrer Rechnung hatten, holen die Alphafrauen die Kinder zurück. Sie sind die stärksten, weil natürlichen Verbündeten der Kinder.[51]

Mit der Steinzeitzentrale für die rettenden Kommandos in unserem Kopf, »Fliehen!« »Kämpfen!« »Feiern!« – moderner Businesstext: »Risiko!« »Chance! Boni verteilen! Incentives gewähren!« – treten die aufgeklärten Autorinnen der jüngsten Erweckungsliteratur für Frauen nicht in Kontakt. Als gäbe es eine stille Verabredung, den Urkontakt mit Echsen- und Krokodilgehirnen zu verschweigen, der in unseren Köpfen lesbar ist, beschweigen Frauen als Autorinnen das Stammhirn, mit dem sie alle leben, das sie alle leugnen. So amüsant diese Weigerung

51 Siehe dazu S. 260f., 264.

wirkt, die Evolution unserer siegreichen Spezies vollständig zur Kenntnis zu nehmen; so ›weiblich‹ diese Zaghaftigkeit sein mag, verständlich wird sie nicht. Schon die frühen Fische, Schlangen und Eidechsen lebten mit dieser Alarmzentrale[52], die schnellste Reaktionen: Richtung Sieg, Flucht oder Niederlage durchsetzt.

Sendet das Stammhirn seine Affektsignale aber in ein denkendes, fühlendes und ethisch empfindsames Gehirn, dann erst wird der Kontrast spürbar, den der Blitzschlag aus der Steinzeit dem kalkulierenden und viel zu langsam die Gefahr erkennenden modernen *Homo sapiens* liefert. Viele Menschen können von Extremsituationen berichten, aus denen dieser irrationale Stromschlag aus der Urgeschichte sie fluchtfähig, kampfstark oder auch nur zornig genug für einen eigentlich unmöglichen Gegenschlag und Sieg gemacht hat.

Wer, wie die Autorinnen der meisten neuen ›Frauenbücher‹, mit dieser archaischen Macht nichts zu tun haben will, weist die stärkste Ressource, mit der wir das gefährliche Leben bestehen können, nicht nur für sich selbst zurück, sondern auch für die Leserinnen und Leser. Diese merkwürdige Auskunftssperre unter Frauen bedeutet immerhin: Frauen zeigen Frauen nicht, wie man wütend genug wird, um andere aus der Bahn zu werfen. Sie verweigern den Frauen auch den Zugang zum Fluchtimpuls, wenn ein Szenario ihnen schadet, statt ihnen zu nützen. Beide Verluste sind dramatisch, weil Frauen damit die Waffengleichheit einbüßen, die ihnen unter Männern – und Frauen – zusteht: Sie missverstehen die Wutsignale aus ihrem Stammhirn als unerlaubte Affekte, statt genau auf diese Affekte in der Kraftprobe mit Männern zu setzen. Genauso missverstehen sie den Fluchtreflex, der sie packt, um einen imponierenden Abgang zu liefern, weil sie gegensteuern: Nur nicht weglaufen, durchhalten, so ihr verfehlter Impuls, weil sie die Sprache ihres Reptilhirns nicht verstehen. Niemand hat ihnen erklärt, welche klaren Diagnosen tief unter den jüngsten Hirnschichten gestellt werden.

Wer das alles weiß, muss die unerklärliche Verabredung unter Frauen, das Stammhirn zu ignorieren, fast für ein Komplott

---

52 Zum Reptilhirn vgl. ausführlicher Höhler/Koch, *Der veruntreute Sündenfall*, a. a. O., S. 108–112.

halten. Wollen Frauen nicht, dass Frauen mit den besten und zuverlässigsten Waffen kämpfen? Soll Alice in Wunderland weiter mit staunenden Augen auf die rohe Kraft männlicher Alphatiere schauen?

Viele Frauen, die sich als Retterinnen ausgeben, sind in Wahrheit Frauenverhinderer. Dass im Frauenkopf ein archaisches Kraftpaket schlummert, wussten die großen Dichter und Denker; die Frauenbefreierinnen haben es vergessen.

Gut, dass wir im Jahrhundert eins nach der feministischen Isolation der Frauen stehen. Alpha-Eva weiß, dass sie von Athene genausoviel in sich trägt wie von Helena und Aphrodite. Ihre Siegesgewissheit ruht auf dem Wissen: Sie hat mehr Optionen. Und sie wird sie nutzen.

BILANZ – DAS ENDE DER SCHONZEIT

Die Rückkehr der Alphafrauen in die Geschichte

Weibliche Alphatiere kennen ihre Macht, aber sie schweigen. Wenige verteilen sich als Voraustrupp in Spitzenämtern weltweit. Sie wissen: *Die Schonzeit ist zu Ende.* Nein: Nicht die Jäger sind los; die besten Frauen verlassen die Deckung, um ihre Machtmelodie einzuspielen ins globale Männerland. Die Maschinenlust der Industriekultur, die Käfige der Kleinfamilie, versunkenes Land. Die Frauen kauerten in der Deckung, die Männer waren beschäftigt.

Schließlich *der Zornesausbruch im Feminismus*, eine globale Woge von ungeheurer Kraft. Kopflos vor Zorn ist es ihnen nicht gelungen, die Männer mitzunehmen. Töricht besonders, weil die Frauen doch deren Funktionen mit ihnen teilen wollten. Oder auch nicht.

Höchste Genugtuung der Frau: unberechenbar zu sein. Das eine zu wollen und auch das andere und jedes, wenn niemand es erwartet. Und schließlich keins von beiden. Ein Geheimnis sein.

Eva, die das Paradies knackt, weil sie Autorität anzweifelt. Adam wollte bleiben. Es ist Eva, die den Chef in Frage stellt. Die nicht hört, was er gesagt hat, sondern fragt, was er wohl gemeint hat. Sie ist sicher – das ist ein Unterschied.

Maria, die den männlichen Erlöser, ein Kind, in die Welt setzt ohne einen irdischen Erzeuger. Die Weltmacht Frau hat eine lange, schon mythisch belegte Geschichte.

Auf der Bühne des 21. Jahrhunderts erscheint sie wieder, die mächtige Alphafrau, zunächst in wenigen Vorausexemplaren, Kundschafterinnen sozusagen, die den andern zurufen: Die Schonzeit ist zu Ende! Kommt raus aus eurem Tarnkappenspiel, das kein Mann versteht.

Teilt aus von euren Stärken, trennt euch endlich von der Lust am Unverstandensein. Stoppt die Kultur der Missverständnisse, mit der ihr die Männer so lange in Schach gehalten und verunsichert habt.

Alpha undercover ist ein widersprüchliches Spiel. Nur Frauen spielen es. Männer würde es zerreißen, sie sind verliebt ins Gelingen. Noch mehr als in jede Frau.

Feminismus: Das war Reptilhirnzeit bei den Frauen. Alles schwarz-weiß. Freund oder Feind. Fressen, um nicht gefressen zu werden. Sie waren als Männerfresser unterwegs, die radikalen Feministinnen. Und beschrieben die Männer als Frauenfresser.

Sie haben beim wichtigsten Kapitel versagt, die Feministinnen. Weil sie letztlich ihre eigene Macht unterschätzt haben – ihre Macht über die Natur und über die Geschichte. Ihre Macht über Männer. Und über Kinder. Ihre Macht über die Zukunft. Darum stolpern wir heute, verspätet, durch die damals im Schatten vergessenen Kapitel.

Das eine: *die Männer mitzunehmen in die neue Zeit.* Frauenmacht, die unterschätzte, nicht gegen sie, sondern mit ihnen und für sie zu entfalten. Das andere: die Kinder. *Die Frau ist die natürliche Anwältin des Kindes.* Nicht obwohl, sondern weil sie es tief in ihrem Stammhirn immer noch ist, gibt es fast keine Kinder mehr. Die Alphafrauen werden viele männliche Verbündete finden, wenn sie damit beginnen, ihre unerkannte Macht, die sich mit exklusivem Wissen verbindet, das nicht aus Lehrbüchern kommt, zugunsten der Kinder einzusetzen. Viel schneller als eine Welt ohne Alphafrauen glauben will, werden sich die Lebensbedingungen für Kinder – und damit die für Männer und Frauen – verbessern. Denn alle leisen und mutlosen Frauen sind geheime Verbündete der Wortführerinnen, der starken Frauen mit *leadership*, die beides in die westliche Welt bringen: die Hochschätzung für Frauen und die hohe Schätzung von Kindern.

Es hat sehr lange gedauert, bis einzelne Frauen der Moderne das alte Wissen wiedergefunden haben, *dass männliche Dominanz ohne Alphafrauen scheitert.* Der trügerische Ausgang des Feminismus war eine Schonzeit für Frauen, die den Mann immer noch als Jäger definierte. Die Vorteile dieses Waffenstillstandes sind verführerisch für Frauen. Nur die Starken unter ihnen brechen aus – und zeigen der Welt, was Männer und Frauen vergessen wollten: *Alphatiere haben zwei Gesichter, ein männliches und ein weibliches.* Und es gibt kein Pardon mehr für die Frauen im Versteck: Sie müssen sich von ihren liebsten Täuschungsmanövern trennen.

Weibliche Macht ist komplexer als männliche. Sie ist, wie die Frauen selbst, ›schwer lesbar‹. Weibliche Macht ist vieldeutig und schillernd. Die Hormonforscher beschreiben das lapidar: *Die Frau hat mehr Optionen.* Ihre Grundausstattung ist *multiview, multi-task. Sie ist die Herrin über das Leben.* Weder Männer noch Frauen geben das heute zu. Männer und Frauen tun heute, als hätten sie das vergessen. Nie in der Geschichte haben die Frauen so zornig und folgenreich daran erinnert, dass sie es sind, die das Weiterleben ihrer Kultur in ihrer Hand haben. Niemand liest das Problemszenario von dieser Seite. Niemand begreift.

Die Frauen reagieren mit Verweigerung auf die Missachtung ihrer Macht. Alles Geplänkel um Frauenförderung und Quoten ist vordergründig. Die frauenfreundlichen Businesstexte sind gelernt, sie werden hergesagt. Die Frauen sind es, die mehr verlangen als ein paar Alphaplätze. Sie machen es sich hinter altfeministischen Nörgelsätzen bequem, weil auch ihnen der größere Zusammenhang ihres Zorns nur schattenhaft vor Augen steht: Hellhörig und scharfäugig wie sie sind, kauern sie lieber weiter im Versteck, wenn man sie nicht so ehren will, wie es ihnen zusteht. *Und kein Mann wird kommen, um sie zu erlösen.*

Frauen spielen immer mit vielen Karten. Sie pflegen die Leidenschaft des Auswegs, während der Mann alle Leidenschaft auf das eine Ziel richtet. Während sie ihre Niederlage bereits auf sein Konto gebucht hat, weiß er sicher: Seine Niederlage bleibt seine Niederlage. Für andere ein Sieg. Deshalb setzt er alles auf eine Karte. Er opfert alle andern.

Megamacht Frau: Weil sie viele Karten gleichzeitig spielt, bemerkt sie gar nicht, wie mächtig sie wäre, wenn sie ihre Stärken koordiniert einsetzen würde. Sie eilt von Versteck zu Versteck und *fordert immer Sonderkonditionen.* Frauenbeauftragte, Quoten, Gleichstellungsbeauftragte – das sind Sonderkonditionen, die der weiblichen Strategie Tribut zollen, Männer behindern Frauen, heißt die These. Im Schatten dieser Behauptung warten Frauen in der Deckung auf noch mehr Sonderkonditionen. Eva, Maria und die Schlange im Bündnis, ein fatales Verwirrspiel, dem Männer nicht gewachsen sind. Als erfolgsorientierte Vereinfacher hüten sie sich, von diesem Komplott mehr zu verstehen.

Frauen fahren derweil das Megamachtmodell ›verfolgte Unschuld‹ weiter. Sie *lassen sich als Spielverderberinnen hoch bezahlen* – von männlichen Zusammenspielern, die ihre Ruhe wollen. ›Verfolgte Unschuld‹ als Paraderolle ist für Männer ein bedrohliches Konzept, weil sie als Tiefschlag sein Gewissen trifft. Er wehrt sich mit allen Mitteln. Um sich nicht schlecht zu fühlen, gibt er alles zu – auch jene Taten, die er weder geplant noch begangen hat.

»Macht durch Ohnmacht« heißt das weibliche Erfolgsprogramm des 20. Jahrhunderts. Opferbücher werden Megaseller. *Loserinnen* als *Winner* – ein Stellvertreterspiel der Frauen in den reichen Ländern. Auch eine Fortsetzung der Anklägerrolle für Frauen, die den Auftritt der Alphafrauen immer wieder in den Schatten der Ohnmacht durch Stellvertretung stellen. Das Bündnis mit Verliererinnen weltweit entspricht einem virtuosen Wendemanöver, mit dem Frauen ihre Stärken in Schwächen umschreiben: Empathie, Betroffenheit, die Neigung, sich auf den Platz der andern zu setzen, schiebt ihren kraftvollen Auftritt im gemischten Spiel weiter auf. *Strategische Selbstunterschätzung ist ein wirksames Machtmittel von Frauen.* Es ist deshalb so wirksam, weil die männlichen Adressaten sich nur begrenzt für die Selbsteinschätzung von Frauen interessieren. Zu oft haben sie unter den oszillierenden Bildern, die sie in der weiblichen Innenwelt erwarten, den eigenen Kurs verloren.

Frauen sind schwer lesbar, darin sind sich die meisten Männer einig. Sie *wollen* schwer lesbar sein, das wissen nur wenige Männer. Die Abwehrstrategie gegen die Verstrickung in weibliche Vieldeutigkeit lautet: Schutz. Artenschutz, der sich schnell als Diskriminierung anprangern lässt. Frauen siegen immer, lautet das Fazit. Du fängst sie nie. *Frauen sind Spezialisten für heimliche Herrschaft.*

Auch ihre Hingabe ist verschlüsselte Macht. Wenn sie aber das Ende der Schonzeit begriffen haben und dem Voraustrupp der Alphafrauen folgen, wird ihre Hingabemacht auch den Problemen zugute kommen, die wir gemeinsam lösen müssen: Da werden sie anfangen zu begreifen, dass sie Vorsprünge haben, uneinholbare, die sie bisher nur als Ohnmachtskarte gespielt haben. Hingabe an Probleme bedeutet Ausdauer und hohe Frustrationsschwellen, idealer Flankenschutz für ungeduldige Männer, die den kurzlebigen Kurzschluss fürs Problem schon präsentieren wollten – um morgen vor noch größeren Problemen zu stehen.

Die große Männerverunsicherung unserer Tage ist Frauenwerk. Die Defensivmaßnahmen laufen seit einigen Jahrzehnten und werden virtuoser. Das komplette Vokabular der Gleichstellungsleidenschaft in den oberen Etagen, die freiwilligen Plädoyers für Frauenbeauftragte im mittleren Management, das Loblied auf Pflichtbewusstsein und Fleiß im unteren Mittelfeld – hier schließt sich der Kreis zur alten Welt der Mägde und Dulderinnen.

Aber die Frauenversteher sind auch unterwegs. Virtuos die jungen Erfolgsmänner, die coole Freundinnen haben und ihnen warmherzig übers Haar streichen dürfen – auch im Job. Da dämmert ein ganz neues Morgenrot für beide.

Aber noch leben wir im Zwischenreich. Nur die Fackeln der Alphafrauen des Voraustrupps flackern. *Die große Männerverunsicherung hat viele Gesichter.* Auf den Werbeseiten der Edelmagazine lagern sie, die Jünglinge, denen man einen Schnuller reichen möchte, nicht einmal Davids Schleuder könnten sie halten, geschweige denn den Stein plazieren und gegen den mächtigen Macho schleudern. Der Oberschicht-Appell aus den Häusern der teuren Labels läuft über kampfunfähige Knaben, die häufiger lagern und liegen als stehen. Milchbubengesichter flehen uns an: Küss mich, aber sacht.

Nur die etwas preiswerteren Labels werben noch mit vorwärtsstürmenden oder schreitenden Männern. Folgerichtig: Ihre Kunden wollen noch aufsteigen. Die Erben der längst Aufgestiegenen lagern bei den Luxusmarken, sie laufen keinem Erfolg mehr nach.

Die weiblichen Pendants sind auf ihre Weise mächtiger. Sie beherrschen als Opfer seit Monaten die Debatte. Magersüchtig staksen sie über die Catwalks der Modemetropolen. Kinder wie aus dem Wasser gezogen. Die Türöffner und Machthaber über diesen schwindsüchtigen Kinderkörpern sind – Frauen.

Die weibliche Verweigerung, *ihr Undercoverspiel auf allen Bühnen der Welt hat auch den Mann aus der Balance gebracht.* Er bezieht Plätze im Zwischenreich, wo alle Entscheidungen hinausgeschoben werden – vor allem die übers Erwachsenwerden.

Seine unbekümmerten Brüder ziehen als Krieger um den Erdball. Sie kooperieren mit den Alphafrauen, die sich abgesetzt haben vom klagenden Mittelfeld.

Weiblicher Argwohn trifft auch die Alphafrauen, weil sie sich der Vorwurfs-Lobby entziehen.

Die Alphafrauen meiden die Infektion durch Loser-Strategien. Sie argumentieren nicht mehr, sie zeigen nur: So kann es gehen. Alles ist möglich. Aber der Erlöser ist nicht männlich, der Retter aus der Falle deiner Ohnmachtsstrategien bist du selbst,

Leuchtfeuer leuchten. Unser Schiff müssen wir selbst steuern. Wenn der Feminismus nicht zu einem Aufbruch ohne Ankunft werden soll, *müssen Frauen aus der Deckung kommen.* Die Schonzeit ist wirklich zu Ende. Und die Zeit ist der Jäger, nicht der Mann. *Männer sind schon lange nicht mehr gleichberechtigt.* Sie werden aber keine Debatte lostreten, weil sie wissen: Frauen sind nicht fair.

Alphafrauen wissen längst: Schwer lesbar zu sein ist nur punktuell ein Vorteil. Berechenbar und lesbar zu sein, bringt höchste Macht. *Männer zu verunsichern kostet einen hohen Preis:* Es kostet gemeinsames Terrain, das die Alphafrauen bereits unbefangen bespielen – mit verbündeten Männern.

Das schillernde Antlitz der Alphafrauen zu lesen, können nur Frauen den Männern anbieten. *Es sind die versprengten Alphafrauen, die Partisaninnen des Epochenwechsels am Ende der Schonzeit, die Lese-Anleitungen für Männer und Frauen schreiben.* Denn die meisten Frauen sind in ihren Tarnkappenspielen schon so lange unterwegs, dass sie gar keine offenen Spielformen mehr kennen. Sie verbergen ihr Gesicht, ihren Kopf, ihre Gefühle und ihre Seele. Nur widersprüchliche Signale erreichen ihre Umwelt, die das Angstbild der unübersichtlichen weiblichen Persönlichkeit bestätigen – und die Rückzüglerin immer neu bestätigen: Niemand versteht mich, keiner rettet mich. Stimmt. Außer du selbst tust es.

Die Megamacht Frau hat Kindern den Zutritt in diese Welt der verstörten Erwachsenen verwehrt. Frauen bestimmen, ob es Väter gibt. Frauen wissen, was Kinder brauchen. Wo alles und alle auf erwachsene *players* gepolt sind, da finden Kinderspiele nicht mehr statt.

Die Frau ist die Herrin über das Leben selbst. Sie kann ganze Kulturen sterben lassen. Alphafrauen wissen das. Weil sie es wissen, stehen sie so fest auf ihren Füßen, gehen sie mit soviel Stolz und Würde durch das globale Szenario, wo immer noch die meisten Männer glauben, sie hätten die Macht.

Nur die Frauen können dafür sorgen, dass der Megatrend sich dreht. In ihrer Hand liegt alles. Ohne sie geht nichts. Ohne sie geht immer weniger in Europa, immer weniger in den hochentwickelten Zivilisationen, die gegen Kinder leben, ohne es zu begreifen.

Wer gegen Kinder lebt, der lebt auch gegen Frauen. Wer die Schutzbedürftigen nicht achtet, muss auch die Frauen geringschätzen, die ihre Mütter sein könnten. *Kulturen gehen unter an der Geringschätzung von Frauen. Es gibt kein sichereres Mittel für Niedergang und Verschwinden.*

Alle Alphafrauen im Wartestand sollten es wissen: *Die Schonzeit ist zu Ende. Wo Frauen dauerhaft scheitern, da scheitern auf die Dauer auch Männer.* Aber die verweigerte Macht der Frauen können die Männer nicht wahrnehmen. *Die Frauen sind es, die endlich begreifen müssen, was sie der Kultur schulden: den offenen, verlässlichen Auftritt ohne Schillern und Flackern. Keine Sonderkonditionen mehr.* Keine Tricks. Keine moralischen Tiefschläge. Und sie werden staunen, wie begeistert die Begrüßung ausfällt – von Männern und Frauen – für die Rückkehr der Alphafrauen.

Hohe Schule für Alphafrauen – und solche, die es werden wollen

1. Mit der Schonzeit endet die schillernde Geschichte vom ›unbekannten Wesen‹. Alphafrauen sind berechenbar. Die Zeit der Unterlegenheitsrituale ist abgelaufen.
2. Alphafrauen meiden den Megabonus für Frauen. Verlassen Sie den Schonraum der Frauenförderer! Trennen Sie sich von Betreuern, die den Gleichstellungszauber zelebrieren. Die Befreier sind Gefangene alter Muster: Wer sich täglich auf das Falsche bezieht, um das Richtige durchzusetzen, verzögert das Neue.
3. Alphafrauen opfern Privilegien, die zu Lastern werden. Meiden Sie Sonderkonditionen! Vergessen Sie den Benachteiligungsverdacht, der niemandem schadet außer Ihnen selbst! Artenschutz isoliert. Wer ganz nach oben will, sollte nicht die Last einer schützenden männlichen Hand auf dem Scheitel fühlen.
4. Alphafrauen steigen aus. Brechen Sie Objektlebensläufe ab, um Subjektfrauen zu werden! Morgen könnte es zu spät sein. Know-how und Kompetenz liefern Attraktivität, die belastbar ist. Alphafrauen zeigen, wie schöne Frauen klug werden und warum Klugheit eine Form der Schönheit ist.
5. Alphafrauen bringen neue *mindsets*. Sie sind mit Wettbewerbsvorteilen unterwegs. Ihr Aufmerksamkeitsvorsprung, ihre Empathie liefern Männerkonkurrenzen eine neue Dimension. Die Alphafrau ist der Solitär aus dem fremden Rudel: Mit ihr wird die Männercrew zur *multi-task-force*.
6. Alphafrauen haben verstanden: Seit SIE sich nicht mehr an seine Schulter lehnt, verliert ER den Boden unter den Füßen. Die große Männerverunsicherung beweist die neue Stärke

der Frauen. Alphafrauen öffnen die Männerghettos in eine weiblichere Welt.

7. Alphafrauen beherrschen die Gebärdensprache der Macht. Tauschen Sie die fragenden gegen die raumgreifenden Blicke! Jeder Raum ist Ihr Revier, sobald Sie ihn betreten! Alle spüren die Macht, die von Alphafrauen ausgeht. Und alle Männer akzeptieren sie.
8. Weibliche Gehirne mischen besser. Alphafrauen kennen ihren Vorteil: Rechte und linke Hemisphäre, Steinzeit- und Neuzeit-Areale kooperieren, während der Mann auf die schmale Spur der Ratio setzt. Die *brain power* der Alphafrauen sichert den entscheidenden Transfer, damit aus Möglichkeiten neue Wirklichkeit entsteht.
9. Alphafrauen kombinieren ihre Kräfte. Trainieren Sie Ihre physische Energie, weil Sie verstanden haben: Muskeln, Gelenke und Organe liefern *brain power*. Wer sich nicht bewegt, schickt sein Gehirn in eine Hungerkur. Alphafrauen wissen noch mehr: Sie holen sich die Rauschdrogen, die das Kraft- und Ausdauertraining zur Belohnung liefert. Dominanz und Selbstvertrauen sind Ergebnisse von Fitness-Management.
10. Alphafrauen sind die natürlichen Verbündeten der Kinder. Mit ihnen kommen die geflohenen Mütter zurück. Alphafrauen bestimmen, ob es Väter gibt. Frauen entscheiden, ob Kulturen überleben. Alphafrauen sind es, die den Takt der Erwerbssysteme mit den Bedürfnissen der Wehrlosen versöhnen werden. Alphafrauen sind die Anwältinnen des Lebens.

Dank

Ich danke

der Lektorin Dr. Annalisa Viviani in München für ihre kluge, feinfühlige und geduldige Begleitung;

dem Verlagsleiter Jürgen Diessl für seine lebhafte Anteilnahme an meinen Berichten über kleine und größere Entdeckungen beim Schreiben;

Christian Koth im Econ Verlag für detektivischen Spürsinn und diplomatisches Geschick beim Kampf um die Bildrechte.

Bildnachweis

AFP/Getty Images: S. 27
Associated Press: S. 235
Beauté Prestige International/Jean Paul Gaultier Parfums: S. 191
Benetton/FABRICA, Treviso: S. 227
Coty Prestige Lancaster Group GmbH (Davidoff): S. 199, 216
dpa/Report: S. 224 unten rechts
dpa: S. 181, 224 oben links
epa-Bildfunk: S. 134, 215
Gertrud Höhler/Michael Koch, *Entzweiung oder neues Bündnis?* Deutsche Verlags-Anstalt München, S. 111: S. 245
Gertrud Höhler, *Herzschlag der Sieger. Die EQ-Revolution.* Econ Verlag, Düsseldorf/München 1997, S. 328, 331: S. 173
Getty Images: S. 23, 33, 36, 134 oben, 157
Hugo Boss AG Deutschland: S. 188
INTERFOTO/Toni Schneiders: S. 145 oben links
L'Oréal Luxusprodukte GmbH (Giorgio Armani): S. 194
Lufthansa Woman's World 1/2007/Stephan Abry: S. 77
Mäurer und Wirtz GmbH und Co. KG (Gran Valor): S. 202
Men's Health 04/2008/Bastian Groscurth: S. 171
Men's Health 04/2008/Sebastian Schupfner: S. 166
Photo Lennart Nilson/Albert Bonniers Förlag: S. 236
Springer & Jacoby, *Männerzeiten.* Studie Hamburg 2008: S. 210, 219
ullstein bild/dpa: S. 124 unten, S. 145 unten links
ullstein bild/fotofeeling.com: S. 122
ullstein bild/Friedrich: S. 127
ullstein bild/Reuters: S. 145 unten rechts
ullstein bild/Still Pictures: S. 145 oben rechts
ullstein bild/TopFoto: S. 124 oben

Register

Gertrud Höhler

Jenseits der Gier

Vom Luxus des Teilens

ISBN 978-3-548-36909-9
www.ullstein-buchverlage.de

Immer mehr Menschen ordnen die Rangfolge ihrer Werte neu. Viele von uns entdecken die Lust auf weniger, denn: Gier frisst Freiheit, macht nicht satt, sondern süchtig. Und wir erkennen: Wer herrschen will, muss durch Geben glänzen.

»Überzeugend entwirft Gertrud Höhler die Vision einer Gesellschaft, deren Glücksbringer nicht länger Macht, Reichtum und Konsum sind, sondern Freundschaft, Vertrauen und Wahrhaftigkeit.« *Hörzu*

»Gertrud Höhler ist eine der begehrtesten Beraterinnen für das europäische Top-Management.« *Süddeutsche Zeitung*

Gertrud Höhler

Warum Vertrauen siegt

ISBN 978-3-548-36717-0
www.ullstein-buchverlage.de

Misstrauen regiert – auf den Märkten, an den Börsen, in der Politik. Diese Abwärtsspirale beschädigt unser Selbstvertrauen. Wir müssen die Richtung ändern – mit einem Wagnis, für das wir reichlich belohnt werden: Vertrauen. Vertrauen macht mächtig, weil es Grenzen verschiebt: in den Köpfen und auf den Märkten. Wir haben keine Wahl – wir müssen uns aufeinander verlassen.

»Die Forderung nach einer Ökonomie und Politik, die sich Berechenbarkeit und Kompetenz, Offenheit und Ehrlichkeit auf die Fahne schreiben.« *Handelsblatt*

»Gertrud Höhler gehört zu den gefragtesten Kommunikations- und Unternehmensberatern Deutschlands.« *Vogue*

US144